静安"拔尖人才项目"人选教育研究系列丛书

姚伟国 著

横看成岭侧成峰
生活地理教育求索

Hengkan Chengling Cechengfeng
Shenghuo Dili Jiaoyu Qiusuo

上海教育出版社
SHANGHAI EDUCATIONAL PUBLISHING HOUSE

丛书编委会
主　任

胥燕红

陈宇卿

总　序

　　为实现更高品质的教育国际化和更高水平的教育现代化,建立教育高端人才培养梯队,确保静安区普教系统名校长名师队伍的可持续发展,静安区教育局自2009年起实施"教育拔尖人才项目"培养工程,致力于教育高端人才的培养。

　　"教育拔尖人才项目"培养工程有着清晰的目标,即通过项目的实施,培养出一批专家型、学者型的校长(书记)和教师,促其成长为教育管理、教育教学领军人才,成长为上海市的知名校长(书记)和教师。

　　教育高端人才的成长有着自身的规律,区教育局依据"因材施教"和"做中学"的理念,遵循个性化、自主性和实践性的培养原则,尝试了区域高端教育人才培养工作的创新实验。

　　"教育拔尖人才项目"培养人选,根据自身特点和潜能,自行确定发展目标,自主选择最佳发展路径,真正做到学习进修成才途径的个别化而自主灵活、多样性而不拘一格,这是我区"教育拔尖人才项目"培养工程创新实验的主要特点。

　　"教育拔尖人才项目"培养人选,自行选择发展路径的有:自行选择市内教育名家带教培养,选择硕士、博士学位进修,区内外轮岗锻炼,主持区、市级科研课题研究,出版个人学术专著,等等。

　　我们教育行政部门需要做的是:积极拓宽学习进修渠道,尽心搭建高层次锻造磨炼平台,充分创造条件满足培养人选发展需求。

　　在区教育局"积极引导、尽心服务,自主学习、主动发展"的工作思路指引下,部分入选的校长、书记和教师选择了出版个人学术专著为自己学习进修成才的主要途径。

　　在学术专著的撰写过程中,作者们刻苦学习钻研当前教育改革的新理论,努力夯实自己的专业基础;他们紧密联系教改实践,聚焦教育热点,积极地对教育的改革和发展提出新问题、新观点、新方法,并力图揭示新规律或总结新经验。

可喜的是,"教育拔尖人才项目"培养工程实施以来,已有九位校长、书记和教师出版了学术专著。

每位作者在个人学术专著撰写和不断完善的过程中,经受了淬炼,并取得了难能可贵的进步;他们在专著中体现了广博深厚的教育理论功底和精湛的教育教学艺术特色。我们殷切希望,他们能以此为发端,坚持不懈地探索与实践,继续前行。同时也希望,这些专著作者对教育改革的探索和实践,取得的经验和案例,能为本区及至全市、全国的基础教育改革,提供一些参考和借鉴,并经受得住实践的检验。

在此,对在我区"教育拔尖人才项目"培养人选个人学术专著的选题、撰写、完善过程中给予指导、帮助的各位带教导师,在项目实施过程中参与对专著评估、研讨的各位评委专家,以及为作者成书给予各种支持的同行们,表示衷心的感谢!

静安区教育局
2017年5月15日

序言　开拓教室以外的地理课堂
——简述姚伟国的地理教学思想

我欣喜地阅读了姚伟国老师撰写的《横看成岭侧成峰》一书的初稿，不禁回想起2009年也读过他撰写的第一部专著《生活地理新视角》(上海教育出版社出版)。时隔十年了，两部著作一脉相承，始终围绕着"生活"与"地理"展开着他的思考与探索。如果说前部著作还只是阐述了自己的教学追求，那么这部著作可以清晰地反映他作为一名地理名师是如何带领学生走出教室、走出校门，走进社会、走入生活，脚踏实地地践行着自己的教育理想。在这本即将面世的新作中，他以大量生动的案例表达了如何从教学设计到活动设计，如何从课堂教学到社会考察，如何从研读教材到探究社会，如何从教师主导到学生主动，如何从遵循课标到开拓课程……总之，这两本著作相隔的十年，是他的教学思想在教学实践中不断丰富成熟的过程。

姚伟国老师担任副校长十多年了，他在学校行政管理工作十分繁忙的情况下，始终没有放弃自己的专业，也没有放弃履行一名地理教师教书育人的职责。他不仅坚持给学生上课，还始终饶有兴趣地探索地理科学，研究教育规律。他1988年毕业于上海师范大学，曾经在奉贤区担任过教研员，后来调入民立中学以后被评为静安区地理学科带头人，曾经是上海市第一批名校长名教师培养基地的学员。他，一直行走在教师专业成长的道路上。

20世纪80年代末期，上海开始了基础教育的课程改革。在这二三十年期间，课程改革不断深化，新的教育理念、新的课程标准、新编写的教材、新的教学方式、新的教育技术，以及新的考试改革，前所未有地冲击着陈旧的课程体系和传统的教育方法，也给许多中学教师带来了强烈的挑战，促使中学教师们在课程改革中不断思考与学习。而姚伟国老师始终以高度的专业敏感寻找自己的前进方向，在这期间他参与了很多课程改革的任务，包括编写《奉贤乡土地理》教材、指导学生参加地理科技创新活动、组建学生地理社团、开发微课程与建立"吾遥地理"微信公众号等,取得了成功,也获得了不少奖项。可以说,他是主动地投身于课程改革的浪潮,审时度势地寻找自己专业发展的突破口。由于在地理教学领域取得的优秀业绩,2017年他被上海市政府授予特级教师的光荣称号。

我与姚老师相识多年,相同的专业背景使得我们拥有共同的语言。他个性热情,思维活跃,善于言谈。对于他"生活地理"的教学思想,我不止一次听他诉说,也看到他不断地深入思考并且丰富实践的内涵。其实,上海有许多优秀的地理教师,他们都是兢兢业业地在三尺讲台上辛勤耕耘,赢得了学生的爱戴与社会的尊重。但是,很多优秀教师在繁忙的工作中未必会对自己的教学思想进行思考和提炼。然而,姚老师却能多年来围绕着"生活地理"逐渐明晰了自己的教育追求,逐渐形成了自己的教学思想。一名优秀的中学教师,还要有教学特色、有教学思想、有与教学思想相呼应的教学实践,这是研究型、专家型教师的重要标志。其实,能提炼出自己的教学思想,不仅需要多年的实践探索,也需要有理论研究的基础。我之所以赞赏姚老师的"生活地理"的观念,是因为它是符合地理学科的育人特点,而且是有一定的理论根据,也是符合时代对于培育人才的需求的。

地理学科是一门具有独特育人价值的学科,最近修订的国家《地理课程标准》提出了以"人地协调观""区域认知""综合思维""地理实践力"为地理课程的核心素养,引起了地理教师们的广泛认同。在教学中坚持把地理学习与学生生活相联系,坚持把地理课堂延伸到社区与社会,无疑是培育地理核心素养的有效途径之一。特别是当前社会处在剧变之中,地理课本和课堂教学都包容不了真实的社会与万千世界,学生在他们生活环境中存在许多现实的地理问题,可以让他们学以致用。

倡导"生活地理",从教育理论上来说,也与杜威(John Dewey,1859—1952)关于"教育即生活""学校即社会"的教育观相呼应。杜威作为20世纪杰出的教育家所阐述的教育理论至今还具有重大的现实意义。被誉为"人民教育家"的陶行知在1922年也提出了"生活教育"的理念,针对当时教育的弊端,他大力提倡"知行合一""教学做合一"等观念,同样对今天的教育改革也有指导作用。从这一背景而言,姚老师提出的"生活地理"的观念是有理论传承的。

教学特色与教学思想的凝练,也与教师个人的专业修养有重要关联。

姚老师所在的民立中学地处上海市的中心地区,这里的街区留下了许多的城市文化遗存,许多上海的石库门弄堂与别墅洋房,见证了这所城市中外建筑文化交融的印迹;改革开放以后在这一带的旧城改造中,工厂外迁、商场兴隆、高楼林立又见证了城市功能转变的现实过程;同时,社区中的外来人口迁入、老龄化的问题又是学生生活中接触到的真实地理问题。在他的眼里,除了学校附近的街区,还有整个上海城市与长三角的广大地域,都是地理教学的活生生的素材,包括新闻媒体中国际与国内的种种事件也都蕴含着地理科学原理。所以,他在此书的前言中说"地理,不仅仅是一种知识",这句话提醒我们每一位地理教师,如果把地理仅仅当作知识,那么"教学"就会蜕变为"教书",也不需要走出教室,只需要针对考试,那么,地理学科也就失去了作为一个社会公民必备素养的价值。

我作为一位地理教育工作者,曾经在大学和中学都工作过,所以我很理解中学教师在专业发展过程中的艰难与困惑。我推崇这本专著,是希望有更多的地理教师也能在课程改革的大潮中,像冲浪运动员那样,顺势而为,驾驭方向,驶向彼岸。我敬重并点赞每一位有教育情怀、有地理情结、有同行情谊、有专业情愫的地理教师!

陈胜庆

(华东师范大学教授、

华东师范大学第二附属中学特级教师、

上海市地理名师培养基地导师)

2018年1月

CONTENTS 目 录

前言　地理，不仅仅是一种知识 / 1

第一章　生活地理课程资源开发的思考与实践 / 7
一、地理课程资源的功能与价值 / 9
二、地理课程资源的类型划分 / 10
三、地理课程资源的开发与使用 / 12

第二章　基于生活地理的知识建构 / 34
一、建构生活地理知识网络的价值 / 34
二、建构生活地理知识网络的途径 / 40
三、建构生活地理知识网络的方式方法 / 44

第三章　生活地理走进课堂教学 / 61
一、基于生活问题的地理教学设计 / 61
二、生活地理课堂教学的实施 / 80
三、生活地理增值课堂教学 / 103

第四章　基于生活地理提升学生核心素养 / 110
一、关注地理综合思维培养 / 110
二、培养学生的地理实践力 / 117
三、"微型"生活地理课程建设 / 129

第五章 基于生活地理的校本教材和校本课程开发 / 135
 一、地理校本教材开发的缘起 / 135
 二、奉贤乡土教材开发 / 138
 三、《陕西北路——文蕴探奇》教材开发 / 142
 四、《东方绿舟》军训教材开发 / 145
 五、基于学校屋顶花园的校本课程开发 / 148

第六章 生活地理问题拓展性思考 / 155
 一、生活地理焦点问题的众说纷纭 / 155
 二、仰望星空:建构自己的"地理世界" / 159
 三、地理本原问题探讨(以海洋知识教育为例) / 160

第七章 与青年教师共研生活地理 / 168
 一、教师资格面试应对 / 168
 二、与青年教师共研课堂教学 / 171
 三、与青年教师共商课题研究 / 185

附录 基于生活的地理课程资源开发与实施的系列研究 / 200

后记一 生活地理与地理生活化 / 205

后记二 教学科研让地理教师的工作更有意思
    ——悠悠教改探索心路 / 207

前言　地理，不仅仅是一种知识

苏轼有云：横看成岭侧成峰，远近高低各不同。在地理教学中，如何处理教学内容、教学目标的远与近，是我这么多年来一直在思考的问题。

"物产加地名"曾经被认为是地理学科的代名词，其实，地理不仅仅是一种知识，更重要的是一种思维方式、一种思想。高质量的地理学习可以给人一种特殊的思维品格、思辨能力和创造素质。学生真正走进了地理学，就会学会用地理的眼光终身欣赏和认识这个世界，进而完善自己的生活方式。如果地理教育只重客观知识的灌输，则难以培养学生的自我认知能力，"情"和"意"更难得以发展。1994年，美国《生活化的地理学：国家地理课程标准1994》（以下简称《生活化的地理学》）出版，明确规定该课程的目标是培养"地理上见多识广的人"，这样的人"能领会地球表面事物排列的意义，能鉴赏人、地方和环境之间的关系，能使用地理技能，并且能应用地理观点于生活情境"。这给了我很多启发，结合实际情况，我在高中地理教学中践行以下几种地理理念。

一、鉴赏地理

鉴赏是对文物、艺术品等的鉴定和欣赏，是人们对艺术形象进行感受、理解和评判的思维活动和过程。鉴赏地理则是在特定事物上地理视角与人的鉴定和欣赏能力的有机结合。常见的如地理视角对文物与艺术品、人民币上的山水风光，古代诗词，古代建筑等进行鉴赏，其实，如果教师"借用"身边的地理去感受与评判，把一些"地理存在"当作艺术品去品评，可能更能激起学生的共鸣。

例如"工业生产和产业结构转移与升级"，这对静安区学生来讲感性认识上是有缺陷的，而且随着静安的老区改造和"新经济"的崛起，学生的这部分认识日益模糊。其实，仔细审视周边的环境，还是有"料"可用的。如临近学校的"同乐坊"和常德路地铁站的"800秀"就是两处工业遗存，犹如"固化艺术品",可供鉴赏。根据1947年的英制地图记载,当时的同乐坊内坐落着中国钢铁工厂、马宝山糖果饼干制造厂、三元橡皮印刷厂、上海锡纸厂等弄堂小工厂。还有芷江大戏院、竞华中小学、大明书店等文化体育场所,与石库门弄堂相伴同乐坊。"800秀"的前身是20世纪红色资本家周志俊在上海创办的赫赫有名的"三信""三新"之一的新安电机厂所在地。今天,经过改造的同乐坊成为首批上海18家创意产业集聚区,以"文化、休闲、创意"为导向,构成了上海"文化地图"上的一个坐标;而"800秀"则由老厂房华丽转身为承接梅(梅陇镇)泰(中心泰富)恒(恒隆)"金三角"无暇顾及的国际时尚品牌推广、演绎和发布重任,产业形态发生了变化,迎来了老厂房发展的"第二个春天"。以上两处历史痕迹依然存在,充满了"工业和产业地理元素"。由学生自由组合成立小组,结合地理教材要点,设计方案、访查、探究,并用文字、图片资料加以记录,汇总相关资料,以地理视角"鉴赏"两处"存在形态"的过去和今天,地理课堂则给予小研究者们展示"研究成果"的平台。活动中,学生的地理鉴赏活动从学校附近的"静安乡土地理",延伸至石库门、新式里弄建筑等,同时,学生从"城市产业变化"的路径中熟悉了事物发展的规律,了解了静安的过去并对其未来的发展作出一定的预判。

二、体验地理

体验,是指通过实践来认识事物。"地理体验"就是学生在地理实践中认知,在体验中成长。整合学校活动,创造体验时机,提升单位时间的活动效益,通过"活动式体验""参观调查"等主题社会实践活动,让学生走出教室,走出课本,进行"体验学习",在学习中体验,在体验中成长,内化地理教育要求并外显为行为,同时实现实践"情、智、能"等体验多元化。"地理体验"因此成为数字化时代不可替代的一种学习方式。以下通过四个案例说明。

案例一是人口学习,布置学生完成一份关于"民工潮对上海的影响"调查,并用微视频记录访谈过程,要求体现不同人群的观点。在访谈结果视频中,学生展示的是"政治、语文老师谈""食堂阿姨和清洁工人谈""路人谈""白领谈""新老上海学生谈"等。由于访谈对象、问题视角不同,观点差异很大,尤其是"政治、语文老师谈民工潮对上海的影响",引发学生的更多关注和兴趣。综观整个访谈体验活动,无论访谈形式、过程还是观点都触动了学生的心灵。

案例二是商业地理学习,任务是绘制完成学生本人居住小区附近的商业布局图,要求设计图例,可附文字说明。学生将家门口熟视无睹的地理存在作为一个研究对象,绘制的平面图不仅直观阐述了商业布局的区位条件,学生对位置、人口流量、消费群体水平、交通通达性以及商业集聚形态如何影响商业布局的理解画在纸上,而且平面图本身可供教学的资源可谓丰富多样,如比例尺问题、方向性问题、图例标注问题。好多学生连居住了多年的小区的大门朝向都不清楚,而辩识方位是人的基本生活技能之一。

案例三是整合东方绿舟实践,编制校本教材,变无意识行为为有意注意体验行为,开展"市区不清晰的月相和秋天星空"观察,还结合定向越野项目进行阅图辨识方位训练等,看到学生手拿地图选择路径跑步到达目的地时的高兴劲,知道他们经历了智慧和体力双重体验。

案例四是考察绍兴社会。学生带着课文游绍兴,不仅在活动中领略了兰渚山兰亭的"崇山峻岭、茂林修竹、清流激湍"的自然风景,感悟"地灵人杰"的人地关系,而且对于"绍兴三乌"文化,尤其是乌篷船,有了更直观的认识,连同水乡环境、特色建筑和乡土食品,学生真正体验了一把典型的江南水乡韵味,再回到地理课本上"地域文化",展开课堂交流,学生则有了更立体的认知。

三、理趣地理

趣味地理能激发学生探究地理的兴趣,影响学生学习的投入程度。如果把趣味性建立在理性思考基础上,两者结合,则会使地理不仅有趣,而且能启人深思、激活思维。有些话题,如规划问题,话题本身具有很强的思考性,需要寻找较好的切入点;又如,"从菜价问题看市场需求",话题原本简单,可以逐步引向更深层次的思考,同时又不失趣味;月相、地球转动"问题则需要激发学生创意,使学习变得主动、积极。

如"城市功能分区",传统学习过程是学习相关原理后,呈现一地城市布局进行应用分析,或者以案例导入进行剖析。我受《中国国家地理》杂志启发,尝试在学生自主学习城市布局相关原理后,差异性布置学生任务:以小组为单位,参照马尔代夫首都的城市布局,对我国海南省永兴岛(市)进行城市规划。提示,这不仅是一件挑战智力的事情,更是一次有关我国海岛开发、巩固国家海洋权益的"参谋"行为。小组成员推选美术功底较佳的学生为"画图操盘手",而后各成员运用智慧,听取学生、教师、家长多方意见,依据原理考虑风向、交通条件、功能特征以及海岛特点等进行规划设计。经过几次反复,完成的作品精致且思考缜密,商业区、行政区、文化区、旅游休闲区、物质循环型的生态有机农场以及机场等一并出现在规划图上,其中即使有瑕疵也是极佳的教育资源。又如学习"农业生产",为增强学生对于农产品的感性认识,要求学生新认识三种蔬菜并关心菜市场的蔬菜和超市中农产品加工品,拍摄照片说明。学生在家中、市场上拍了不少蔬菜的照片,在课堂上进行了"认新蔬菜"知识冲浪。谈到蔬菜价格时,意外发生了,相同的蔬菜,学生报价差异很大,有时段差异,有市场类型差异,有加工与否的差异,有包装差异,还有保质期因素等导致的差异,体现了"农业生产市场需求的多样性和复杂性",学生思维由低阶走向高阶,认识深刻了,学习变得更有意思了,原本呆板的文字也生动起来。再如学习"月相、地球运动",设计任务"结合教材相关知识与图片,完成能反映自己的生日日期与时刻的创意图",把地理难点学习变成价值追求的行动。学生任务完成得极具个性色彩,同时隐含着学生需要和家长一起重温出生那一时刻、那一季节。

四、怡情地理

地理不仅仅是知识的还有一个表现是,从时空、动静、自然人文综合等多维度视角看待世间事物,地理视角将成为人的生活伴侣,服务于生活方式的完善。公民的地理素养使旅游休闲、音乐与绘画欣赏、品茗、体育运动参与与点评等活动增添色彩,地理教育中需要渗透这样一种地理思想。如莫奈艺术展,许多组照片描绘的是不同地区的地域环境和文化特征,海岸地貌、湿地环境、森林植物、城市文化等跃然画布上,删繁就简、去粗存精。提供一定的地理课堂时间,在音乐声中师生一起欣赏艺术佳作,走进另一"地理世界"。

如2014级高一年级有一支爵士乐队,曾在东方绿舟以及上海大剧院作过汇报演出;请乐队成员从地理视角介绍爵士乐:19世纪期间,音乐是美国南部种植园黑人奴隶们表达自我生活和情感的重要手段;从19世纪末开始,爵士乐以英美传统音乐为基础,混合了布鲁斯、拉格泰姆及其他音乐类型,是一种"混血"产物;美洲的黑人音乐保存了大量非洲特色,节奏特色明显;爵士乐发展还与19世纪新奥尔良非常开放及自由的社会氛围有关;等等。最后在铜管乐声中结束了学生的课堂交流,"地理环境影响特色文化的形成"由此变得具体生动起来。通过观察,我发现班中有两位能说会道的学生,适时开设"以学生姓名命名"的课堂时空,扬他们之长,剖析某些地理难点,用学生自己的语言演绎地理知识。两人搭档合作的传统地理相声表演十分出彩,唤起其他学生对地图地名的"追寻"。再如学校有一鱼池,相当别致,其中静的是假山、草、树、小桥,动的是流水、大小不一的金鱼,仔细聆听瀑布声、滴水声,犹如身居山间。山水是自然地理环境的主要构件,带着学生去欣赏、聆听山山水水,可想象进入纯自然的环境。此外,学生的假期旅游以及外国学生带来异域风情等,都可起怡情的效用。

  地理成为一种思维方式、一种思想,要有以下几方面的思考。一是确定学生在课堂教学中的主体地位,并让他们自主学习。地理课堂适度给予学生时空,选择适合自己的学习内容和形式,同时课堂应该是一种汲取知识的途径和交流的平台,通过这个平台,学生学会地理表达、地理呈现。地理教学应该是对每位学生潜能的发现,对学生个性的理解和尊重,使学生获得差异性成长。二是师生关系不再是传统的。教师不再是教学资源、教学设计、教学实施和评价的完全掌控者,教师是学习主导者同时也是学习者,学生是从学者同时也是学习设计者,师生是学习的共同体。三是教学内容和教学方式是开放的。教材回归学习辅助的地位,课堂学习的内容基于教材但不拘泥于教材,完善的教材应是师生在教学过程中共同构建的,是独一无二的作品。开放式地理教学的成效虽然不能直接在地理考试中表现出来,但能提升学生的地理素养,甚至给他们的人生带来启迪。我对于地理学习的粗浅认识是:从学习角度看,学生会学了;从地理素养养成看,学生见多识广,从地理视角看世界成为一种习惯和思维方式。

  为此,我认为地理课程应尽量生活化,日常的教学工作中应该努力做到以下八点:

一是课程回归学生的现实生活,而非虚拟生活;

二是课程回归学生的少年生活,而非人为拔高的成人生活;

三是课程回归学生熟悉的大众生活,而非陌生的特殊生活;

四是课程回归对学生有价值的文明生活,而非无意义的庸俗生活;

五是课程回归学生的有序生活,而非无章的杂乱生活;

六是课程回归全面的多元生活,而非狭隘的单调生活;

七是课程回归有特点的个性化生活,而非呆板的模式化生活;

八是课程回归有时空变化的生活,而非一成不变的格式生活。

第一章　生活地理课程资源开发的思考与实践

　　上海市二期课改始于1998年,2004年全面推广,教材新编,教学理念也发生了极大的改变:"课程为学生提供学习经历并获得学习经验;以学生发展为本,构建体现时代特征和上海特点的课程体系;以德育为核心,强化科学精神和人文精神的培养"的观念,开始被学校、教师广泛接受。上海市民立中学是一所1903年创办的百年老校,我进去那年正赶上百年校庆盛典,宾客、校友云集,民立老建筑熠熠生辉,但学校最宝贵的财富应是一批极具人文修养的老教师。民立中学是上海市首批课改基地学校,因此学校虽有百年,但教师、课堂不老套,而且还有教育教学学术自由探索的空间。我进入民立大家庭,担任地理教研组组长,我自认为参加过大小不少总结会、报告会,开组长会议时,还是时常会为老教师们教育研讨中的独特视角和认真态度而折服。当时,我在地理组教师中年龄排倒数第二,要率领这样一个组去探索基于二期课改的校本教学,"让地理学习变得有意思"是我的思考出发点。

　　如何让地理学习有意思? 我粗浅的想法是:地理教学应该是开放的,内容开放、形式开放,生活中诸多的物理存在可以开发为地理课程资源。那时,民立中学的对面是上海汽车大厦,有天中午我趁午休时,走进对面大厦,发现了一项极佳的教育资源。原来汽车大厦里一到二楼展示各类汽车,三楼展示汽车的构成部件、发动机工作原理,还有汽车模拟驾驶舱,四楼布展了"汽车发展陈列馆"和"上海汽车发展历史馆",世界名牌汽车模型、车标及其文化解释,乃至汽车实验撞击后的状态,都一一陈列其中,令我大开眼界。"去汽车模拟驾驶舱驾驶汽车"在2003年对学生是十分有吸引力的,最令我高兴的地点只离校两分钟路程。当时还有一个背景:上海F1赛车场2002年开工,2004年9月将举行上海"赛车首秀"。那时候的汽车是少数人拥有的奢侈品,学生对汽车相关知识不太熟悉,地理学科上出现"汽车",是在"工业知识"板块,但我经过思考,发现汽车文化内涵极为丰富:世界各地品牌汽车的发展史是世界工业发展史的一个缩影;

汽车工业部门的复杂组合;世界品牌汽车的标志极具有地域文化;世界各国人民喜爱的汽车颜色各有差异;世界F1赛车场布局的自然与人文因素;等等。这些知识完全可以与地理学习、地理学科接轨。

　　于是我三管齐下。首先在地理基础课程中导入"汽车文化",如摩纳哥F1赛车开幕时上海在北京时间几点观摩,大众的德国总部城市位置分析,F1干胎和湿胎的赛前准备对哪几个赛场尤为重要(谈世界气候),等等,学生觉得有点意思。其次在学校中开设"漫话汽车"校本课程,带领学生走进上汽大厦,了解汽车发展史,认识林林总总的汽车标志及其蕴含的文化,走进汽车驾驶舱模拟驾驶汽车,等等,这些带给学生的是兴奋与参与的欲望。走出校外的学生们就"汽车颜色文化的地域差异""汽车总部经济""汽车与人""F1赛车场世界布局"等话题积极展开讨论与学习。当年校长还与学生一起走进汽车驾驶舱模拟驾驶汽车,可见,领导对于威海路汽配一条街上出现关于汽车及其文化的校本课程,还是十分肯定和认同的。第三,对学生小课题进行指导。当时好几位高二的学生参加校本课程后做了有关汽车文化的小课题研究,其中一位学生想对即将开始的F1赛车比赛作市场调查分析。我肯定了她的想法,并就课题名称、研究目标、研究方法、课题组员分工、问卷设计以及课题成果的呈现方式一一进行指导,这个课题最后取名为"激情F1",从2004年上半年开始,历时近一年,至下半年高三阶段她还在完善课题成果。说实在话,那个学生课题研究至少打动我三次:第一次是调查问卷分析,她把每一题都做成彩色的柱状分析图,背景是自己去F1赛场观摩拍摄的照片,并附带文字说明;第二次是她把厚厚的研究成果文本在暑假中全部翻译成英文,要知道高二学生的暑假是最忙碌的,全英文难度可想而知;第三次是她把撰写的关于上海应该怎样更好地迎接F1比赛的建议书发送给F1组委会并得到回音与鼓励。至今,我还保留着她的课题成果,当年,她申报美国大学并获得奖学金时该课题成果成为要件之一,我还专门为她写了推荐信。基于学校及其附近的资源,思考并开发成为地理教育资源,丰富地理教育的内容和形式,也是二期课改"提供学生多样的学习经历、发展学生"的探索方向之一,关键还是让学生觉得地理教师能够带给他们一些有意思的东西。2004年有10位学生率先选择地理学科成为她们"3+1"科目,在当时对口高校专业比较少的情况下,这是十分不容易的。2004年民立中学迁入新校区,首届(2005届)民立地理班也随之诞生。

一、地理课程资源的功能与价值

地理课程资源就是能进入地理课程实施过程并且能够发挥一定教育价值的各种资源的总称。《国家基础教育课程改革纲要》要求:"积极开发并合理利用校内外各种课程资源。学校应充分发挥图书馆、实验室、专用教室及各类教学设施和实践基地的作用;广泛利用校外的图书馆、博物院、展览馆、科技馆、工厂、农村、部队和科研院所等各种社会资源以及丰富的自然资源;积极利用并开发各种信息化课程资源。"上海地理学科二期课改顺利进行也离不开地理课程资源的开发和利用,课程资源的丰富性适切程度决定着课程目标的实现范围和实现水平。置身课改浪潮中的地理教师不仅是课程资源的利用者,更是地理课程资源的开发者,这既是提高教学质效的需要,也是学生全面发展的需要。

二期课改中教师不仅仅是"传道、授业、解惑"的角色,不只是消极地接受专家学者开发出的课程,对课程进行解释并推向学生;新课程的实施使教师角色发生很大的变化,由课程的实施者变成了课程的开发者和实施者,教师对自己角色的这种变化的理解,对于地理课程开发价值的理解,会影响到他们能否参与课程的开发。因此地理教师要从促进自身专业发展的角度去认识参与地理课程资源开发的意义,认识地理课程资源开发的功能,进而增强课程资源开发的自主意识和内在动力。我理解的地理课程资源开发的功能与价值有以下几点。

(1) 地理课程资源是课程开发与地理教学改革实施的前提和基础。课程开发和地理教学改革的基石是地理课程资源开发,有了资源仓库,教师才有可能基于自身特点和条件加以选择性的利用,对部分资源进行编排、重组,开发成课程,或者作为改进教学之依托。如果不重视课程资源挖掘,课程开发成为无源之水、无本之木,无从谈起。各地各校所处位置不一样、学校生态不一样,地理课程资源也有差异,这种差异某种程度上就是学校、教师、课堂教学改革个性化、特色发展的前提。

(2) 地理课程资源开发能丰富地理课程内容。国家地理课程所提供的课程内容是固定的,地理教师实施国家课程时有一个校本化的过程。而校本化的实施,不仅看你是否拥有足够的地理课程资源,而且要看这些课程资源是否具有学校地域性特征,是否具有时代特征,是否是动态的。如果能够做到这些,地理课程内容必然丰富多彩。

（3）地理课程资源开发能促进学生的综合素质发展。地理课程资源校本化开发，必然在地理教学中带入"生活化地理课程资源"，引领学生去面对复杂的地理现实问题。教师可以通过课堂情境设计、课外学生微课题等学习途径使用好课程资源，进而提升学生的综合素质。其实，教师的地理课程资源开发意识，其本身对于学生启迪更多。无论是地理综合思维，还是地理实践力的提升，都需要借助地理课程资源开发。

（4）地理课程资源开发能促进教师专业化发展。地理环境、地理现象等本身就已存在，如果这些"存在"没有为地理教育及其实践使用，它"地理性"再强，也无法成为地理课程资源。因此，开发地理课程资源，需要教师动用智慧，发挥想象力，创造"为我所用"的课程资源。课程资源开发的过程，也是教师专业化发展的过程。

（5）地理课程资源开发有利于引导教学方式和学习方式的转变。地理课程资源的开发，丰富了课程内容，为地理教育、地理活动组织带来更多的资讯，也拓展了学生学习的时空范围。在这样的背景下，教学方式更加显得灵活而又有生气，学习方式也不再拘泥于地理教材的诠释。

（6）课程资源开发促进学校特色的形成。综上所述，地理课程资源开发会促进地理教学、学生学习方式的变革，会丰富课程内容，会促进教师专业化发展，这一系列的相关变化，势必会形成与众不同的学科文化、学校文化。因为，每一所学校、每一位地理教师开发地理课程资源都会有个性化的行为、个性化的内容。

二、地理课程资源的类型划分

地理学科由于是普教中唯一一门跨自然科学和人文科学的学科，它拥有丰富的课程资源。地理教师过去、现在都在利用课程资源实施教学，二期课改关注学生的已有经验和兴趣爱好、个性特长，要求学校、教师拓展基础内涵，加强课程资源整合和开发，并赋予学校和教师一定的课程自主权。现实是每一所学校由于所处的环境不同，学生层次也不一样，潜在的地理课程资源也有差异，结合二期课改理念开发基于校本、生本的地理课程资源，是地理教师贯彻新课改精神的保障。开发之前，教师有必要了解课程资源的分类。

按与课程的关系分，有核心课程资源与外围课程资源；按空间分析分，有校内课程资源、校外课程资源与网络课程资源；按存在形态分，有显性课程资源与隐性课程资源；按载体性质分，有文本类课程资源、实物类课程资源与活动类课程资源。

由于长期以来地理教师只是地理课程资源的利用者、实施者，开发意识、开发能力相对薄弱。而今，新课程改革理念从"学科中心""知识为本"转变为"以学生发展为本"，要求教师从课程的忠实实施者转变为一个开发者、创造性的实施者。积极有效地开发利用地理课程资源，既是新一轮课改中的亮点，也是难点。应对知识经济和信息化社会挑战，推进地理二期课改顺利进行，我们必须走出课程资源开发利用的传统误区。

误区一：地理课程资源就是地理教材。教材是课程资源，但如果将地理教材视为唯一的课程资源，教师不仅将无视地图、矿石标本、教学软件、视频等资源的存在，也将无意识去动用丰富的生活地理课程资源，就会造成地理课堂了无生趣、单调枯燥。

误区二：地理课程资源开发只有在课堂上进行。如果认为教师在课堂上引入一些生活案例、时事资讯等就是地理课程开发，那么地理课堂以外丰富的地理活动、地理观察、地理实践将被无视。

误区三：地理课程资源开发是少数专家、学校的事。专家、学者凭借广阔的视野、高深的知识，拥有较高的地理课程资源开发能力，地理课程资源开发的敏锐度也较高，这不假。但是基层地理教师拥有了解自己学生层次和心理所需、了解学校周围的课程资源情况的天然优势，其开发的资源因能走进学生的心里而容易引发共鸣。

误区四：地理课程资源的开发利用必须有大量的投入。地理课程资源开发起步时不宜贪大、贪快，需要由简入繁、由浅入深，一些新闻资讯、天气现象、重大工程、会议信息等，完全可以信手拈来。

误区五：硬件比软件更重要。硬件是需要的，如地理专用教室、世界海底地形模型、等高线模型等，这是物理形态的地理课程资源。软件如前述的动态资讯、文化形态、活动氛围等，是一种非物质存在，作为课程资源更具有动态性特点。硬件与软件应该同样重要。

误区六：一切都是地理课程资源。地理存在，是需要选择甄别的，选择适切的资源开发成课程资源，选择有利于学生综合素养发展的资源加以利用，是应有之义。不加甄别地利用开发，不仅费力不讨好，反而会使学习混乱、课堂无序。

三、地理课程资源的开发与使用

如同自然资源的范畴随着生产力的发展而不断扩大,地理课程资源的范畴也随着科技的进步和教育理念的提升而扩大。根据新的教育理念,课程资源除教材外,还包括学生生活中以及学校、社会、自然界一切有利于课程实施、有利于达到课程标准的教育资源。从空间分布看,校内资源除教材以外,还有地理教学模型、教学用图、地图册、矿物标本、各种教学参考书、练习册、教学软件等;校外资源包括博物馆、展览馆等社会资源与自然资源。目前,以网络资源、远程教育资源为特色的信息化课程资源异军突起,并以其传输快、信息量大、能突破时空局限等优势日益凸显。地理教师只有摈弃过分依赖课本这单一课程资源的传统习惯,根据学校的设施条件、学生情况,开发出不同特色的地理课程资源,综合利用校内外各种课程资源促进学生全面发展,才能将本身鲜活的地理课程演绎得更加有声有色。仅仅依赖专家统一开发提供的课程资源是达不到这样的效果的,这是专家不愿意看到的,也是违背他们本意的。上海市民立中学是二期课改的试点学校,以下是我们在地理课改中按课程资源的空间分类对于课程资源开发与利用的实践与思考。

(一) 校内课程资源的开发与使用

1. 教材的二次开发与使用

教材是基本的地理课程资源,新教材秉承新课程改革"以学生发展为本"的理念,编写时在保证基本要求的前提下注意为师生留有再开发与创新的空间。教师对教材进行二次开发,激发教材中所蕴含的生命活力,使知识以活化状态抵达学生心灵并产生深深的共鸣,从而使学生在思维活跃的状态中生成自己的知识,建构自己的知识,而不是知识搬家。二次开发教材是具有个性化特点的创造性劳动,是从完善学生学习方式的角度出发提高课程实施有效性的举措。

"等高线地形图的判读"这个知识点是教学的重点,也是难点;改变以往按部就班使用教材的习惯,从激发学生学习的内在动力、改变学习方式出发,开发和使用教材。我们设计通过学生自己动手在电脑上绘制个性化地形图来求真知,要求如下:(1)绘制标有方向、标注和图例三要素的丘陵地区地形图,自定等高线数值;(2)绘制内容包括指向标、地形最高点、最低点、缓坡、陡坡鞍部、洼地以及相对高差200—400米的悬崖,并用图例表示等高线、山脊线、河流、一条山区公路和一个山村;(3)自主要求可包括大坝、水库、梯田、森林等;(4)附绘图简要说明;(5)展示、交流。通过熟悉教材—教师要求—学生动手—展示交流—纠错更正,学生学会等高线地形图的判读。

"城市地域结构和城市发展"的教材内容学生都能看懂,但要内化为学生的知识,需要教师创新地使用教材,开发新的课程资源。变"被动学"为"主动学",我们要求学生设计心目中未来的理想城市,进行如下实践。(1)从介绍世界最年轻的人类文化遗产——巴西利亚入手,激发学生创作欲望。巴西首都选址条件:是否有宜人的气候(20分);水源是否方便(15分);是否有充分的电源(10分);地形是否良好(15分);附近是否有建筑材料(10分);是否已有土路(10分);土质是否良好(5分);附近是否有农业(5分);风景是否美丽(5分);是否容易购买到土地(5分)。(2)依据城市土地利用的空间结构、新城市主义、霍华德田园都市理论以及上海临港新城的规划,规划设计一座你心目中的理想小城市。(3)用图例标注城市土地利用情况。(4)根据你的设计理念为你的城市取一个名称。通过动机激发—任务驱动—达成目标来实现三维的二期课改地理课程目标。虽然学生设计还是稚嫩和粗糙的,但是所思、所做的过程体验是令人难忘的,城市规划意识因此油然而生。

2. 师生、生生互动产生新的课程资源

古人朱熹曾说过:"问渠那得清如许,为有源头活水来。"教师就要做源头活水的开掘者。教师需要善于发现每一个可能会涌流无限生机的"泉眼",精心地疏通、引流。

下面以"时区的划分"教学为例说明教师如何在教学过程中引导学生观察思考想象学习,从而活跃学习气氛,并生成新的课程资源。

教师引导:观察全球理论时区图,你会得到哪些信息?"全球分24个时区,每个时区15度""北京、伦敦、纽约等城市所在时区"等直观的、显性的地理现象难不倒学生。"国际日期变更线为什么是折线""国际日期变更线唯一经过的大洲是哪一个"这些略带思考性的问题,学生之间自问自答也能完成。

教师引导:在图上有没有隐藏的信息?"地球上哪两点跨24个时区""为什么本初子午线定在经过伦敦格林尼治的经线,而不定在亚洲、北美洲等""国际日期变更线为何定在180度经线"……这些问题对教师都是一个挑战,但还是属于有案可查的。

教师引导:既然明白了时区的划分是人为的,你可以进一步探究的问题有哪些?"地球上时区不是24个,而是25个,零时区加东西12区""为何不把0—15度定为一时区""地球上各地处于两个日期,而这两个日期的分布范围是平分的吗""假如由我来定本初午线,应该定在……其理由是……"等学生的联想生成的问题丰富了学习内容,活跃了学习气氛,无形中生成了新的课程资源。

再举一例说明教师如何有差异地布置小课题探究,从而丰富课程资源。

结合高中地理教材专题内容,成立课题小组,自主选择探究的切入点,以一学期为周期,进行小组合作探究,成果形式包括演示文稿、资料包。提示:(1)共12个专题,每一个专题组4—5个人,要有组长,有分工;(2)认领相关专题,根据完成的时间节点早晚和完成的质量,评定小组成绩,小组成绩即成员成绩;(3)可以考虑挖深教材内容,可以结合专题内容与地理时事、热点,可以结合专题内容与静安乡土地理,可以设计相关地理实践活动方案,等等;(4)演示文稿要图文并茂,凸显地理性,语言表述要流畅、理性。学生通过分工—合作—交流—展示的学习活动过程,提高了各方面的地理能力,掌握了知识,拓展了思维。由于我们布置的任务比较明确,任务时间比较充裕,并且针对不同的学生进行有差异的任务布置,学生自由度较大,学生的成果也富有个性,精彩纷呈,等于再生了一本"教材"。

3. 与校内教育资源的整合

学校环境蕴含着丰富的教育价值,是一种独特的课程资源。地理教师可以结合学校的实际和学生的需求,充分利用学校已有的地理课程资源开展教学活动,如编辑地理小报、墙报、板报,布置地理橱窗、学校广播以及有线电视网等,二期课改要求教师整合开发学校教育资源,注重挖掘资源内在的、隐性的价值,拓展师生可用于地理教与学的经历和体验。

(1) 与校史资源整合开发

上海市民立中学是一所百年名校,拥有丰富的人文资源,可以结合地理学科特点整合校史资源,促进学生爱校教育、地理素养的培养。如以学校校舍的迁徙为案例,结合地理乡土教学、地图教学、地理导入教学实施教学,用图述说校址:1903年原南市安仁里—1909年中华路—1937年乌鲁木齐北路—1940年威海路412号—2004年威海路681号。

殷夫是上海市民立中学的校友,又是家喻户晓的革命烈士。民立中学与殷夫的故乡象山有校际交流的良好传统,浙江象山依象山傍东海,人文与自然资源丰富。象山石塘镇又因为是我国大陆迎接21世纪曙光地而晓喻全国。这样一个有别于我们居住的上海,又与学校有历史渊源的地区,探究它成为迎接21世纪曙光地背后的自然和人文地理,学生抱有浓厚的兴趣,教师可以点带面促进学生的学习。

2004年民立中学搬入现代化的新校园,开展了活动"比一比"学生谁绘制的校园平面图更美、更客观、更贴近实际,可谓一举两得。

(2) 与学生社会实践活动整合,实现教育资源的综合利用、有效利用

由"学科中心""知识为本"转变为"以学生发展为本"的新课程改革理念,要求教师从课程的忠实实施者转变为有开发能力、创造能力的实施者。每一所学校拥有的可供开发的资源是有差异的,因此,积极有效地开发利用地理课程资源,既是新一轮课改的亮点,也是难点。

我们结合南京考察活动,与高一学生一起探讨:南京的位置,南京的地形与古都的形成,秦淮河及其在南京发展中起的作用,秦淮人家徽居与周围建筑的差异,紫金山山名的由来,紫金山天文台在中国的地位,南京长江大桥的交通功能,南京与日本的侵略,等等。学生有备而去,满载而归,什么是地理已无须赘述。

我们整合学生的学农社会实践资源开发地理课程资源,有效地实践了二期课改理念。最初出发点:一是教材中有郊区资源环境的调查,二是民立中学位于市中心,缺少实践的资源。因此,第一年实施整合中,我们让学生从地理的视角调查、分析当地的"三农"情况,并为丰富学生的劳动生活举行了全体学生参与的地理知识竞赛,效果良好。受此启发,我们觉得学生学农基地星火农场丰富的农场地理资源和傍海(杭州湾)条件也可以成为我们探究的资源。第二年,我们在前一年基础上,提供背景资料,引导学生考察、思考:利用郊区宽广漆黑的天空,依托清华同方的实时星空软件,观测天象;踏海观测,思考滩涂的形成、潮汐现象、滩涂生物及其与人类活动的关系;观察几条海塘,联想思考上海的海陆变迁;观察风力发电风轮的排列位置、形状、大小、转动情况,思考上海为何开发风力资源,上海风力发电的效益和前景。由于这类活动是实地实景考察,又兼顾

了各班的学生层次,留有学生发挥的空间,趣味性、实践性强,学生的各种地理实践和应用能力得到了锻炼和提高,学生的小组合作能力、探究能力以及人文素养也得到了提升。以下是几张为活动设计的表格。

实施地理综合实践活动的前期准备

	准备活动	活动形式	目的
教师	了解、收集、筛选学农基地的资料,明确学农实践的目的、活动策略。结合教材中的活动内容,有所调整,精心设计切实可行的活动方案,并进行活动前指导	以讲座或小报的形式呈现给学生	提高活动的有效性
学生	熟悉教材中的活动素材,收集地理有关信息及其上海郊区"三农"的相关资料	通过网络、同学交流获取信息	

"三农"调查表

	农民构成	土地利用	水源利用	天气与农业	作物生长	收获销售	生产力水平
调查项目	农村劳动力的老龄化及性别	耕地面积、土地利用类型、土壤类型	灌溉水源、饮用水源、地下水、地表水	气温、降水、近海影响与农作物生长	主要农作物种类及播种、收获时间	熟制、病虫害及其投入和产出	机械化程度及人均收入
要求	(1) 考查现状,以变化和发展的思路来调查各项指标,以求更全面了解农村 (2) 综合了解农民在想些什么,最迫切要解决的问题,今后展望,并提出建议						

踏海考察表

考察资源	滩涂	落潮	金汇江	几条海塘	风车	其他资源
联系问题	海陆变迁,滩涂利用	潮汐现象和成因	河海联运,船只候时进出水闸	上海海岸线的变迁、人民的围海史	海风资源的利用,上海能源的构成及新能源的开发	海水、旅游开发,上海师范大学、上海生态世纪林等

运用地理知识分析相关问题表

现象与问题	相关地理知识的验证、思考
基地安排我们去踏海为什么要选择时机?	一天有两次涨潮、两次落潮 延伸:潮汐与农历、月地位置的关系;潮汐对水上运输的影响
船只进出金汇港南闸为什么要等候时机?	
脚踏滩涂(泥沙),它是怎么形成的?	流水、搬运沉积作用 延伸:上海乃至三角洲的形成原理;潮汐在其中的作用
海水溅到脸上,舔一舔,是咸的,为什么?	海水的成分 延伸:海水盐度在河口地区的分布
为什么这里的海水是浑的、黄的,而不像青岛一样是清的、蓝的?	淤泥质海岸类型 延伸:我国南北方海岸类型差异
金汇港的航道标志向右延伸至杭州湾,为什么?	河水流入大海对泥沙的冲刷受地转影响 延伸:地转偏向力对河道的影响

在众多的活动中,民立中学"上知天文,下晓地理,爱我家乡"地理知识竞赛是学校地理组全体教师共同开发的校本化的地理课程资源。在学校和年级组的支持下,地理组已连续多年举办了"上知天文,下晓地理,爱我家乡"地理知识竞赛,深受学校师生的喜爱,一批见多识广的学生脱颖而出。

以下是我们对民立中学地理知识竞赛的总结。

现代地理教学观之一就是提倡开放型教学,民立中学将地理教学延伸到课外,在学校高中部营造学习地理的氛围,培养学生的地理情感,使学生事隔两年后重新认识地理。

想象中的活动,应该至少遵循以下三个原则:

(1) 设计一种活动能让高中学生全员参与、全员关注,又能让知识面广、地理基础好、对地理有兴趣的学生有发挥的空间。

(2) 活动设计应该寓教于乐,注重学生兴趣的培养以及学习动机的激发,在获得地理知识的同时,促进学生非智力因素的发展。

(3) 在时间、空间上,在地点的选择上,有实施的可能性,尽量不与学校的其他各项活动冲突。

针对上述思考,我们选择在学校第一学期学农阶段举办地理知识竞赛,既不占用学生学习时间,又有星火农场大礼堂作为比赛场地,可保证全员参与。礼堂内大电影屏幕可成为我们的投影屏幕,效果奇佳。我们为比赛取名为"上知天文,下晓地理,爱我家乡"地理知识竞赛,体现地理知识的广度以及地理学科的生活性。

一、地理知识竞赛的前期工作

(一)成立组织,积极宣传

活动的开展首先要取得校领导的支持,纳入学农劳动期间业余时间安排中。由校级领导挂帅,班主任、学生会、各班课代表为组织者,具体活动计划的制定、实施由地理组教师承担。我们为活动的宣传制作小报,其内容分两部分:一部分是活动通知,内含活动宗旨、活动内容范围、活动规则、奖励情况等;另一部分是各种地理知识竞赛题的类型。目的是引起学生对地理竞赛活动的关注度,知晓比赛安排情况。

我们对比赛的宣传定位是:

俗语说"上知天文,下晓地理",形容一个人知识渊博,当今社会需要综合能力强的各类英才。地理学科的最大特点是综合性,古今中外,包罗万象。今天的民立学生也应该追求成为又专又博的人。借学生学农实践之机,地理教研组策划和组织地理知识竞赛,目的是在紧张劳动之余,丰富业余生活,松弛神经,活跃气氛,在学生的知识脑海中扔一块"小石头",期望能起一点波澜。

(二)制定竞赛规则、奖励办法

地理知识竞赛形式为全员参与与小组竞赛相结合,分三个阶段:

第一阶段,全体高二学生参加。

形式:笔试,共50道选择题(基础地理知识),计算班级均分。

第二阶段:小组竞赛,每班推选三名学生参加小组竞赛。

形式:笔试,三人合做100道选择题。

班集体均分以20%计,小组分以80%计,两项成绩相加计总分。总分排名前四的班级参加决赛。

第三阶段,每班参加决赛的队伍由三名学生组成。

形式:登台比赛,题目有必答题、抢答题、动作表演题等类型。

必答题,四组学生12人在规定时间内人人作答,回答正确得一个苹果(代计分),回答错误不扣苹果;回答不出,可请其他组员代劳。抢答题,每一组都分有一面小旗,遇到抢答题,看谁举旗快,快的学生有回答权;回答错误,要扣苹果。为示公允,除了一位台上裁判教师外,还设了一位场内裁判,当举旗时间相仿时,请他裁定。

奖励办法:比赛设集体奖,登台的四个小组,根据所获的苹果多少,分别获得一、二、三等奖;为使奖项具有地理性,一、二、三等奖分别冠以恒星奖、行星奖、卫星奖;同时,增设个人奖,取第一阶段比赛个人成绩前10名,目的是提高学生参与活动的兴趣。

(三) 设计竞赛题目

在内容选择上要力求知识性、思想性、趣味性三者良好结合。生动有趣、丰富多彩、富有吸引力,是办好地理知识竞赛的关键。竞赛内容的思想性要寓于知识性之中,要用趣味性带动知识性;同时还应考虑到高中生的年龄特征、个性特征,以及活动内容与课内知识的联系。内容的选择宜与学生实际知识水平相适应,或学生动脑筋后,只要稍微"跳一跳"就可做到。富有挑战性的问题往往能刺激同学全身心投入,并在答出问题后产生光荣感。我们在竞赛题目的选择上,还考虑了地理知识的综合性、趣味性以及时事性的结合。竞赛题目涉及的知识分科普类、区域地理类、时事类和乡土类,主要包括天文知识、世界地理、中国地理、上海地理、民族风情、时事地理、体育地理、环境保护等。

题目大多数以选择形式呈现。在选择中,除文字题外,还设图片题,凸显地理性。

二、地理竞赛的实施和调整

"上知天文,下晓地理,爱我家乡"地理知识竞赛已举办多届,每一届都为学生留下了美好的记忆,有获奖时的喜悦,更多的是享受了过程。整个过程分三个阶段:

地理竞赛的过程

阶段	形式	目的	成效
第一阶段	比赛的热身阶段,全员参与50道选择题竞赛	在学生中泛起一点波澜,是一次全员的地理普及教育,目的是帮助学生树立地理知识就在身边的意识,营造地理"气候"	高二所有学生怀着好奇和希望参加了比赛。通过比赛,学生认识了地理的知识性、趣味性、日常性、应用性,对地理学科有了新的认识、增进了对地理的"情感"

(续表)

阶段	形式	目的	成效
第二阶段	小组竞赛，每班推选三名学生参加小组竞赛	一是挑选最强的选手参与决赛，让决赛更精彩，更富挑战性；二是强调地理学习的合作精神。发挥团队精神赢取比赛更具比赛效应，更能说明班级的整体实力	比赛中三名学生精诚团结，每人把自己状态调到最佳，现场气氛紧张有序，仿佛透出一股为班级争取总决赛资格的自豪感、责任感。有些地理问题争论延续到比赛以后
	班集体均分以20%计，小组分以80%计，两项成绩相加计总分。总分排名前四的班级参加决赛。目的是让地理知识竞赛具有高覆盖性，又具精彩效果		
第三阶段	由总分前四班级参加。每班参赛队伍由三名学生组成	总决赛由总分靠前的四支队伍参加，这样使比赛更具紧凑性、挑战性。在全体高二学生面前进行地理知识比赛，一是在紧张劳动生活之余，松弛神经，二是营造地理氛围。对学生而言，登台比赛，比的不仅是地理知识的广博程度，而且是机智、灵敏以及团队合作精神	总决赛以新颖热烈的、富有竞争性的形式出现。竞赛是以必答题、抢答题、选答题和激动人心的"最后一搏"题形式出现的，中间有部分群众参与题以调节竞赛晚会的气氛，放松决赛选手们的紧张情绪。每一次的正确回答，换来参赛学生的欢呼雀跃、台下观众的热烈掌声；每一次的失误则会带来遗憾声、鼓励声。整个比赛，台上学生身心投入，台下学生积极鼓励、呼应，形成一股"地理磁场"
	最后，由学校领导发奖，为地理知识竞赛"画上句号"，把竞赛晚会气氛推向高潮		

地理竞赛的调整，主要在三个方面。一是对地理知识竞赛内容的调整。每一年的时事地理类竞赛题，其内容要与学生最关心的时事、热点、焦点相关，才会使学生感兴趣，进而对参赛更富热情、激情。此外，我们逐年增加地理知识应用性的题目，以更新地理仅是"地名＋物产"的陈旧观。二是对地理竞赛题呈现形式的调整。竞赛开始以文字形式出现较多，逐渐增加图像（景观、地图、统计图表）呈现的量，这不仅给学生带来视觉上的冲击，更使学生对地理获得"立体"的认识。另外，我们让学生通过对民族风情"二人表演，一人猜什么民族"活动提高了竞赛活动的情趣性，活

跃了现场的气氛。三是对比赛期间插入的讨论题进行调整。讨论题回答虽然不计入总分,但由于考较的是学生的知识运用能力、语言组织能力、表达能力以及现场反应能力,因此,观赏性、趣味性大增,每一年学生都有出彩的表现。如在2008年北京奥运会吉祥物未确定时,我们提出:"四川的大熊猫、连云港的孙悟空、西藏的藏岭羊都代表着一种精神,各地正在争夺2008年奥运会吉祥物,你认为哪一个最合适当选?阐述理由。"各队学生通过团队酝酿,从自己理解出发,各抒己见,期间的对话、争执精彩绝伦。有学生提出了"合作申请吉祥物"思路。在2008年奥运会吉祥物公布以后,我们又设计了"我国国花到底为谁"的争论题。争论集中在梅花、牡丹花上,梅花代表了南方,牡丹花代表了北方,从生长的环境、花的品质以及以两种花为市花的城市分布看国花的归属。这个同样具有地理性、时效性的话题,引发了学生的争议,取得了良好的效果。

三、学生对地理知识竞赛的感触

(一)学生甲的感触

在学农期间,学校举行了一场地理知识竞赛,我很荣幸能代表我班出赛。虽然在决赛的四个班级中,我班成绩垫底,只获得了卫星奖,但我觉得名次不是最重要的,关键是增长了知识,拓宽了视野,这才是本次竞赛的意义所在。

在竞赛中有一道很有趣的题目,是让选手们猜测2008年北京奥运会的吉祥物,于是大家发挥奇思妙想,有的猜麒麟,有的猜熊猫,还有的猜腾云驾雾的神龙,气氛十分活跃,究竟花落谁家,且看2008年时揭晓谜底吧。

这次地理竞赛举办得十分成功,不仅题目安排十分合理,而且同学、老师也很善于营造氛围,主持人幽默风趣,总能让大家笑倒一片,也让紧张严肃的比赛气氛缓和了不少,尤其是最后的"金题",更是比赛设计者的神来之笔,完全有扭转局势的可能,称得上是对参赛选手知识、意志、胆量的三重考验,答对者欣喜若狂,答错者黯然神伤,令人难以忘怀。

比赛虽然已经过去,但我们心中的记忆是难以忘怀的。如果还有下一次比赛,我相信我班一定会勇拔头筹!

(二)学生乙的感触

……地理知识竞赛上没有我班的同学,所以看比赛时比较客观,也不容易紧张。但我们这些场下观众也可以有答题的机会——观众答题时间。场下观众也藏龙卧虎,答对题后上去拿奖品,虽然这些奖品不足为奇,但在我看来那些拿奖品的同学也是十分了不起的,和场上选手一起答题也是一种快乐的享受,因为我们答错了也不会关系到分数问题,也不会没面子,答对了也能了解到自己的水平和程度,岂不一举两得……

(三)学生丙的感触

……地理知识竞赛让我印象深刻。虽然我们班没能进入决赛,但是我们还是感到收获颇丰。其实重在参与。成绩并不重要,关键是你从中是否得到长进。本次竞赛最终以3班的夺冠而告终。这是他们实力的体现。现在实行的是素质教育,光学主课是不够的,要学习课外知识,开阔自己的眼界才能成为德智体全面发展的好学生。

在劳动之余,能享受一下别样的学习气氛是很不错的。这次活动使我们每个人都受益匪浅。场上选手们比得精彩,我们场下的观众也积极参与,抢答观众题,气氛十分活跃。上知天文,下知地理,可见地理在生活方方面面都起着不可忽视的作用。这次竞赛又让我深刻体会到了这一点。

四、校本化课程资源——实施地理知识竞赛的实践收获

(一)精心组织、形式多样的地理知识竞赛成为学校学农期间的品牌节目

组织开展形式丰富多样、步骤井井有条的地理知识竞赛已经多年了。其全员参与的热烈场面,紧张刺激的整个过程,每一次都给学生和教师们留下了深刻印象,因而活动受到学生的欢迎,也得到教师和学校领导的高度评价。地理知识竞赛活动不仅对学生进行地理知识和智能教育,而且把地理学科置于社会实践中,体现了地理教育的价值。

(二)训练了能力,发展了智力,培养了科学素质

知识竞赛的全过程就是运用知识、开发智力的过程,也就是德识融合发挥作用、互为促进的过程。知识竞赛把课内与课外,知识与能力,智能与心理,团队集体力量与个性特长等方面有机地结合起来。学生从活动中迎接挑战,不断发展自己的才能智慧,同时,促进班级凝聚力的形成。

(三)提高了学生从身边从社会中学习地理的兴趣

地理知识竞赛提高了学生对地理的浓厚兴趣。竞赛题设计的灵活性、趣味性、内容的丰富性,吸引了学生的眼球。活动中,学生可以学到地理知识,可以用到地理知识,用所学到的地理知识来解决竞赛问题,这样

的活动既有情趣,又是对学生地理思维能力的锻炼,同时,也营造了地理学习"磁场"。

(四) 进行了国情和乡情教育

在地理知识竞赛中纳入"国情、乡情和实习基地"的元素,通过竞赛,潜移默化地使学生了解国家、上海、静安以及我们学农所处的环境,从而萌生热爱上海、静安的乡土之情,并进而延伸到对祖国的热爱以及对整个世界和地球的关注。

(五) 对地理课程资源开发的探索

二期课改需要更多的地理课程资源,如何立足于校本情况开发适切的地理课程资源,是一个新的命题。我们开发地理课程资源,举办地理知识竞赛活动,是在充实地理课程体系、丰富地理教育内容、改革单一地理教学模式等方面作有益尝试的举措之一。本项活动总体是在形式上突破了单纯的地理课堂教学封闭的模式,实施开放型地理教学,有利于实现以教师为主导和学生为主体的地理教学,有利于学生个性的发展,是深化地理教育的内涵,形成新的教育观念的实践之一。

此外,我们还整合校科技节,开展汽车知识大奖赛;整合工会计生宣传,探讨人口宣传;整合学校的人文大赛,开展地理知识和实践大奖赛。不额外增加负担,与学生社会实践活动相整合开发地理课程资源,实现了资源的共享和活动的经济性,提高了学生社会实践活动的效益。

(二) 校外课程资源的开发与使用

"二期课改"地理课程标准对地理的开放性定位,要求地理学研究的手段、研究的过程、研究的领域要具有开放性。其中研究领域的开放性是前提,就是改变封闭的校园环境,促进地理教学对校外资源的开发和利用。

1. 对社会资源的开发使用

上海市民立中学在整合校外地理资源时,非常注重利用大型企业、博物场馆以及兄弟学校的课程资源。

(1) 依托格致中学开展观天象活动。格致中学具有一流的天象馆,拥有一流天文教学的师资条件,又距离民立中学比较近,因此,给学生提供一次直观的观天象的机会,不仅能帮助学生观测天象,增长天文知识,更重要的是给学生一次实践体验的机会,使之产生对天文的好奇和探索的冲动,观后反思富有冲击力。

（2）依托上汽集团，开展汽车工业、汽车文化教育。2008年之前上海市民立中学位于上海十大特色专业街之一的汽配一条街威海路，汽车文化氛围浓厚。尤其是位于学校附近的上汽集团总部大楼内的汽车展示厅，不仅有上汽集团的销售网络和合作企业分布示意图、上汽集团的最新款汽车展示，更有汽车的构成、大众汽车的生产仿真演示、上汽集团的发展历史，还有世界各地名车介绍和徽标展示。置身于车的海洋，学生对汽车工业的发展与布局，对上海社会、经济发展的影响有了更翔实的了解，甚至对整个工业产生学习与了解的兴趣。2008年威海路开始转型，"汽车文化"逐渐消逝。

（3）与科协合作开展地震知识与防灾教育，我们聘请华东首席地震预报员进入校园进行地震知识与防灾科普宣传，这些来自一线的、权威的丰富内容，紧扣热点、讲解生动，深受学生欢迎；我们还与静安街道社区合作开展地球日宣传，有板报宣传，有口号设计，更有学生"做"的活动。在帮助学生爱护地球、树立可持续发展观念的目标下，社区教师和学校地理教师合作指导，开展"废物利用"动手做的活动，学生兴致盎然。作品在校园内展示，对参与的学生是一种激励，对其他学生也有辐射教育效应。

如今，民立地理组成员资源"借用""共享"的理念逐渐深入人心。以往一所学校的文化建设十分看重校舍资源，创新实验室、多种类型专用教室等成为学生个性发展、学识拓展的独特空间。随着时代的发展，学校场馆已经难以满足学生多元化的个性发展诉求。今天对于场馆、教室等资源的认识也应该更新。民立中学在开展地理教育实践活动时，一方面充分挖掘利用校内资源，另一方面创新地"借用"社会场馆资源开展活动。

下文以上海自然博物馆"上海故事"展览参观方案为例。

一、主题和资源

（一）场合

课程外出实践活动、科技节活动。

（二）时长安排

周五下午1:00—4:30。

（三）主题

诠释、演绎上海地理故事。

（四）博物馆展区、藏品

地质证据显示，上海曾是一片火山遍布的沙漠，造山运动之后才成为植被茂盛的平原。"上海故事"展厅的展柜大多出自上海自然博物馆旧馆,里面展示了一些历史悠久的老标本;同时,地上马赛克瓷砖的花纹也沿袭了原来的风格——这是对上海自然博物馆历史和精神的传承和致敬。"记录上海"展柜展示了上海曾经绝迹或现在濒临绝迹的部分生物,如白鱀豚、狗獾、玉带海雕等。立足于自然博物馆,但不囿于自然博物馆,拓展到实际的野外"上海环境",引导学生关注自己身边的"上海环境",进而进一步认识"上海昨天、今天"的价值与意义;我们的课程从认知、实践一直到创意,符合学生知识学习、实践学习的认知过程,同时也体现了时代对于创意意识的呼唤。

"上海故事"展区展示了:上海的地质(海岸)、上海的"天"、上海的水文、上海的自然生态系统和原有的生物。上海初中地理课程中学生需要学习"上海乡土地理",上海的高中地理教材中有很多与上海相关的社会实践案例,如上海郊区资源的探索、上海海派文化探究等,我们试图以自然博物馆"上海故事"为资源和依托,带领学生走进"昨天的上海、地下的上海、海滨的上海",身临其境,全方位感受上海的自然魅力,进而对于今天上海的海派文化有更立体的认识。上海高中地理教材中"专题25 文化与环境"阐述的是文化受环境的影响与塑造,以及两者的关联;"专题27 中国地域文化"中,有上海海派文化的介绍,其中开篇一段是"海派文化源自上海独特的自然环境和历史积淀。控江踞海的地理位置,温和湿润的亚热带季风气候和长江三角洲地势平坦、河网密布的地形为海派文化的形成提供了必要的自然地理条件"。在"思考与实践"环节中,首问"海派文化的形成与地理环境有何关系",这需要学生去思考与探究。我们可以逐步完善、"自编"简易教材,配合基础课程教材施行。

(五)学生已有知识储备

上海市民立中学位于威海路现代传媒一条街上,学生身在市中心城区,具有信息渠道多、知识面宽广、善于学习、擅长与乐于表达等特点,高一学生通过一个多学期地理学习,了解了地理学习的基本方法,掌握了一些自然和社会经济方面的地理基础,对地理学科的认识以及地理能力素养有了一定的基础。高中地理强调从社会实践中学习,结合上海自然博物馆资源,可以更易激发学生学习兴趣,同时,生成的学生探究成果可以丰富上海海派文化的学习素材以及博物馆的生成文化。

民立中学致力于培养"勤学笃行"的博雅学子,民立学子作为高中示范性实验性学校的学生,具有较高的文化素养,积极参与校内外各项学生活动,取得丰硕的学习成果。民立中学学生微课题研究由来已久,一个个项目的推进取得了显著的成效,每年都会有一些项目登上上海市各项活动的领奖台,学生的研究能力、探索能力、活动组织能力得到了锻炼。

(六) 学习目标

1. 课标要求

上海高中地理教材十分遗憾没有完整的乡土地理教育。高中生与初中生相比,认知能力、理解能力、表达素养、知识面以及判断能力等有很大差异。要想让高中生更了解家乡上海,应该在高中阶段有一定的乡土知识教育,我们的课程实践很好地弥补了这一缺陷,是有价值的探索与实践。新高考制度改革的推进,对于高中学生的社会实践以及探究素养提出了更高的要求,我们整合自然博物馆丰富的资源及其现代的文化演绎方式,设计"了解并演绎上海故事"的"实践方案",这将给予学生"整体认识上海"难得的机会与平台。

2. 教材

民立中学地理教师在编写地理校本教材方面积累了一定的经验和资源,充分整合利用自然博物馆资源,在上海的"天"、上海的"地"、上海的"水"、上海的"生物"等方面形成简易的校本讲座提纲(逐步完善成教材)等,同时,把学生实践活动"生成的教材"整合其中,丰富教材。我们以为教材是"生成性的"。

3. 校情

民立中学具有百十年的历史,是中心城区距离自然博物馆最近的完全中学之一(步行路程不超过15分钟)。学校活动丰富多彩,每年的四大节日(人文节、体育节、科技节、殷夫文艺节),提供了学生展示才艺、文化修养、科技创意以及丰富经历的平台,民立学子活动设计精致,教育成效突出,"爱心拍卖""静安区篮球嘉年华""上海市民立杯游泳比赛"等活动深受学生喜爱。学校先后获得上海市文明学校、上海市行为规范示范校等荣誉称号。目前学校共有预备年级到高三共7个年级,学生人数约1200人。目前,参与馆校合作的教师共有6位。因此,我们走进自然博物馆,开展"上海故事"学习及其演绎活动,既有一定的基础,也必然会受到学生的欢迎。

基于以上分析我们设定以下目标:

（1）了解上海自然地理故事,关于地质、关于水文、关于海岸、关于生物等。

（2）走进"上海故事",掌握、诠释上海地质、海岸、生物等自然地理故事。

（3）进馆,熟悉、诠释"上海故事",并尝试以地理视角演绎"上海故事"。

（七）重难点分析

重点:认识"上海故事"——走进自然博物馆,学习与立体认识"上海的自然"。

难点:演绎"上海故事"——消化对"上海自然"的认识,并用具有一定创意的形式表达出来。

二、资源和保障

（一）陪护人员

教师甲,策划方案,对相应问题进行现场指导。

教师乙,前期指导,对相应问题进行现场指导。

（二）学生分组

以班级为整个活动研究团队,分成几个研究小组,每个小组人数一般在4—7人,设组长一名。组内每个学生都要承担一部分相对独立自主的课题工作,确保真正参与课题研究。关注小组成员的个性、特点、能力及男女比例等,进行合理的分工。我们的分组行动是动态的,研究过程需要时各小组学生协商作适当调整,有些能力比较强、特长鲜明的学生,如擅长多媒体技术制作的学生,则可以让各小组"优质资源"共享。

三、参观博物馆前

（一）融合展馆主题资源,厘清探究目标价值

活动1:结合研究目标激发学生参与探究"上海故事"馆的兴趣。

你知道上海曾是一片沙漠吗?你知道上海原来的样子吗?带领学生走进上海的"自然"世界。

上海,位于长江入海口,中国海岸线的中点,襟江带海、依河傍湖;上海,历经海侵海退的洗礼,见证沧海桑田、海岸线的变迁,记载了由海成陆的历史;上海,候鸟迁徙的驿站,鱼类洄游的家园,守望着生灵的来来往往;上海,昔日的小渔村,今天的大都市,目睹了现代文明与传统文化的碰撞与交融。

活动2:分组分工前期了解"上海故事"的某一个展区,细化探究目标。

熟悉上海自然博物馆"上海故事"展区,展示物品及其"意义"。

历史上上海的自然环境沧海桑田,生活在上海地区的动植物,随着上海自然环境的变化与人类文明的发展也在不断变化,请同学们依据志趣,初步分组,各组选取"上海故事"展区其中一个展点,进行组团探索,搜集相关资料进行深入了解,并准备相关内容进行分享。同时,探究团队各小组学生进行探究分工。

(二)传承上海故事底蕴,创新多元表达方式

活动3:思考如何结合当代学生的特点以及当下文化追求探索参展新"模式"。

上海自然博物馆新建后,需要我们重新认识。自然博物馆的每一个展区都在原馆的基础上进行了内容的扩充,展示形式上的创新。体现自然博物馆的"当地性、地方性","上海故事"展区是一个重要的窗口。活动要求挖掘"上海故事"展区的丰富内涵,以独特的视角观之、熟悉之。更为重要的是激发学生重视"上海故事"融入时代的创新表达,启发学生展开想象的翅膀,以现代媒体、艺术作品等新形式表达自己的学习收获,并与同学、家长以及自然博物馆访客分享。

(三)制定参展规则,宣传文明参展

活动4:启发学生制定文明观展守则。

1. 爱护展品

博物馆的展品,大多数具有较高的历史价值或艺术价值,其中一些是国宝。因此,参观博物馆时一定要:

(1)爱护展品,做到不抽烟,不随便触摸展品,不随意使用闪光灯拍照。

(2)应当爱护博物馆内的展台、照明等设施。

2. 文明参观

(1)参观博物馆时应保持安静,不要大声喧哗。

(2)听讲解员讲解时要专心,不要出言不逊、妄加评论。

(3)参观者应自觉遵守博物馆有关规章制度,不要一边参观一边吃零食。

(4)人多时,不要拥挤,应当按顺序边看边走。

(5)不宜在一件展品前长时间驻足,以免影响他人欣赏。

(6)超越他人时要讲礼貌,注意不要从他人面前经过,以免妨碍他人观赏,而应当从其身后走过。如果必须从他人面前经过,则应说:"对不起,请让我过一下。"

四、参观博物馆时

提供3—4项可供参考的小组活动设计:

教学内容——引入上海的自然地理特征

教师行为——引导学生阅读材料、观摩影片

学生行为——通过文字和视频,了解上海自然的各要素

教学说明——启发、引导学习、思考

活动1:认识上海的"地历史"。

熟悉上海的地质演化历史,以听、观摩、讨论等方式进行,也可在探索中展开。(学生观察、分析能力锻炼)

活动2:认识上海的"生态"。

通过观看展馆的陈列,认识上海的生物,熟悉上海的自然生态的演化。(学生学习、分析能力锻炼)

活动3:关于"上海故事"的互动。

寻找你的"上海故事"关注点。通过师生、生生讨论,获取学生个体的探索方向。(学生选择、探究能力锻炼)

活动4:案例说明"上海故事"演绎的方式。

构思"上海故事"演绎的方式,即立足于学生自己的能力以及团队的文化基础,设计自己团队的演绎思路。(团队组织、自主学习能力锻炼)

小结关于演绎"上海故事"的互动,通过师生、生生讨论,完善学生个体的演绎方式。(学生个性创意能力锻炼)

作业:指导学生演绎"上海故事",完成主题演绎,以小见大、逐步完善;同时,鼓励学生在参观自然博物馆时"生长出一些微探究课题"。

五、参观博物馆后

教师可以提不同问题,来激发学生的多维度、立体的思考。先询问他们在观赏展品时的感觉,然后鼓励他们进行深入的思考。建议如下:

(一)比较回顾资讯

学生会通过将自然博物馆"上海故事"展区的新信息与先前的知识联系和比较来学习。首先让他们比较原馆和现馆的相同与不同。关于"上海故事"学生知道些什么,在观看展览后,彼此讨论学习到了什么。鼓励

他们将新资讯与先前的想法结合起来并比较,看看新资讯对先前的想法有没有带来冲击和改变,希望从中看出当代展馆的展示理念。同时,明晰"上海故事"展区在自然博物馆的特殊性。

(二) 整合链接信息

让学生通过总结事实、解释概念或是描述关系来合成信息。比如,看了这个展览,谈谈远古时期上海的沙漠景观及其成因;描述上海海岸线的变迁以及主要江河走向变化;是不是上海其实也是一座山城,只不过山在地下;长江口鱼类洄游的起点和终点以及鱼类洄游的类型。我们探究成果之一是让形似分离的"上海故事知识单点"形成关联,系统诠释上海自然面貌。

(三) 创新表达方式

在文化创意盛行的当下,引导学生施展个性才能,把上海(自然)故事进行创意的演绎,可能是"自媒体"作品,也可能是漫画、照片,也可能是宣传海报设计、自创微型小说等,呈现学生个性化的理解。一句话,就是变静态的知识为动态的知识,变深奥的科学为通俗易懂的活知识,让更多人更爱看自然博物馆的"上海故事"展区。

(四) 互动评价体验

搭建微信公众号、微论坛等平台,分享各小组学生对"上海故事"的诠释,展示各小组学生的创意作品,鼓励学生自我选择立场,表述意见,为自己的选择辩护并点评其他小组分享的作品,展开互评活动。比如本展览中"上海沧海桑田"视频带给大家哪些启示?如果让你展示上海的自然系统,你还会增加哪些?或者你会凸显哪些元素?如果你是展馆的解读者,你会选择哪一件展品向他人推介?

活动奖励形式:

(1) 即时奖励。设计激励方式以及激励话语,提升学习、参与欲望,如"每期一星"设计。

(2) 平台奖励。多平台展现学生的创意文化,可以举行相关的微型论坛,以积分形式,反映自然博物馆的参与度。

(3) 作品奖励。汇集学生作品,出版发行,体现学生的聪明智慧和与自然博物馆的互动。

2. 对校园周边环境资源的开发与使用

二期课改关注贴近学生的地理,地理课程应反映与学生现实生活的广泛联系,引导学生从生活实际出发,关注现代社会的发展。对于校园周边环境教育资源的摸排,提高了学生的认可度,有助于课程目标的实现。

民立中学周边环境及地理课程资源

校园周边环境	开发为地理课程资源(潜在的可探究方向)
威海路、石门路、茂名路、陕西北路、延安中路、南京路、北京路、铜仁路	(1) 上海路名教育(南北多以省,东西多以城市命名;上海西北如嘉定多以中国西北地名命名,东北多以东北地名命名;路名的由来) (2) 路名城市在我国的位置和特色(如茂名在我国广东省,是我国南方重要的石油化工城;石门是石家庄的故称;铜仁位于黔西北,是我国著名自然保护区鼎湖山所在地)
恒隆广场、中信泰富广场、上海商城、威海路汽配街、吴江路小吃街、铜仁路海鲜街	(1) 商业区位条件分析(位置、交通、集聚、地价等) (2) 商业中心的等级体系及其特征分析 (3) 交通变化、人流结构变化与商业发展 (4) 城市的功能分区 (5) 产业结构调整
石库门建筑风格、老式里弄建筑、上海展览中心建筑、陕西北路中国历史文化名街、张园	(1) 区域文化、文化整合 (2) 上海城市土地利用类型的变化
上海展览中心	展览主题变化——流动的地理课程资源。如郑和下西洋周年展
苏州河	(1) 河流在城市中的作用 (2) 环境可持续发展
地铁2号、12号、13号线	(1) 城市轨道交通 (2) 它与本区域经济的发展关系

当然,随着时间的变化,环境也会发生变化,可供教师开发利用的校外地理课程资源既具有区域性,也具有动态性,它是一个挖之不尽的"宝藏"。陶行知说:"人人可以做我们的先生,随手抓来都是活书,都是学问。"教师就要引导学生到社会的熔炉里去实践、去锻炼、去发展,开发并利用好社区、家庭等各方面的资源,从而开启社会这本百科全书。

（三）与现代信息技术的整合

对人的创造力来说，有两个能力比死记硬背更重要：一个是要知道到哪里去寻找他所需要的新知识，另一个就是综合运用这些知识进行再创造。现代信息技术对于新课程实施的重要意义表明，它已不仅仅是一种教学技术手段，更不仅仅是一种教学辅助工具，在今天的课堂教学中应用现代信息技术最重要的意义在于改变传统的教师的教与学生的学的方式，丰富和提高教师与学生搜集、处理、应用信息的方式与能力，师生在更广阔的意义上共享多样化的课程资源。

现代信息技术不是只有演示课件的功能，这已成为共识。除了上述学生自绘的地形图、城市规划图运用现代信息技术进行交流、展示外，我们把其中的网络看成一个庞大的地理信息库、一个地理学具、一个交流的平台加以开发利用。（1）我们要求学生收集并编辑有关的地理信息，学校开辟橱窗展示，就是充分利用网络信息的强大优势。（2）地理教材中有些内容可以依托网络来开展学与教。如高中地理上册中"蓝色国土的开发""人类活动与气候变化"，下册中"民工潮""城市问题""政治地缘关系""地域文化"等问题，教材好懂、智力挑战性不强，但问题无论纵横方向都有内容可挖。要使学生对这些问题有深刻的了解，网络学习是很好的途径。教师提供互联网相关网站，明确学习任务，引导学生探究的方向，指导学生进行有效的学习，并充分利用网络这个交流平台，持续讨论、分析问题。由于网络资源量大，时效性强，个体学习机会佳，学生表现出很强的能动性，讨论问题面广、深刻。（3）交流从来不是单向的，网络既然是交流的平台，我们也重视信息的输出，可以是即时通过网络与他校乃至世界各地学生交流所学，但更有效的、更有质量的交流前提是建立地理信息库。依前所述，学生在各类学习、实践活动过程中所积累下来的资料、信息都是地理信息库建设的资源，可以是地理学习的资料包，可以是地理课堂中的"碰撞""意外"，也可以是课堂内外学习心得、小课题探究的设计、学习过程的记录、学生作品等，有学生活动生成的课程资源是鲜活的。地理信息库的建设有利于学生自己学习、对外交流的同时，也有利于地理学科教与学的可持续发展，当下，地理微信公众号、App已成为它的新型存在方式。

课程资源的开发与利用在上海二期课改中是一个崭新的课题，是国家新一轮基础教育课程改革中的一个亮点，也是一个难点。我们在开发地理课程资源实践中不断反思自己的行为：教师理论准备、教师方向把握、教师的精力分配、教师的内外交往、教师对学生学习的调控、学生参与学习的积极性培养、学生个性条件差异、学校的支持以及教师对非潜在课程资源的甄别等问题的解决需要教师有专业的准备。

"化腐朽为神奇",二期课改要求教师不要囿于现有的资源,用好现有的,主动地、有创造性地开发和利用一切地理课程资源,挖掘各种资源的潜力和深层次价值并为地理教育教学服务。地理教师是学生利用地理课程资源的引导者,引导学生走出教科书,走出课堂和学校,充分利用校内外各种资源,在开放的大环境里学习和探索,符合时代对学生全面发展培养目标的需求,同时也为多元化地评价学生提供了丰富的参考信息。课程资源开发不仅是教育专家和课程专家研究的问题,更是我们每一位教师时刻面对并要积极参与解决的问题。面对新课程的挑战,我们地理教师既要成为课程的成功实施者,又要成为教育课题的研究者,结合教学实践合理开发并有效利用课程资源是二期课改赋予教师的使命,是地理教师专业化发展的需要。我们只是在地理课程资源的开发和利用这块广阔的田野里掘了一层土,只是一个开始。

第二章 基于生活地理的知识建构

一、建构生活地理知识网络的价值

生活中的地理有近有远,有大有小,有些是身边触手可及,有些是经常发生或突发事件引人关注,力图求解,抑或是人的生活常识,还有关人的感悟和经历。"生活地理"不等同于"身边的地理"。我们曾经对生活中的地理按内容分四大类进行了梳理:

(1) 生活类,如地理视角观服饰,地理视角观饮食,地理视角观建筑,地理视角观交通等。

(2) 生产类,如城市超市中的地理,"农家乐"中的地理,工业遗产中的地理,绿色生产中的地理等。

(3) 鉴赏类,如钱币中的地理,电影中的地理,文学中的地理,旅游中的地理等。

(4) 热点类,如奥运与地理,军事与地理,航天与地理,F1与地理,安全与地理等。

我们发现生活地理可以从人的视角出发,也可以从物的视角出发,还可以从更多的视角思考,这些生活地理又有哪些适宜融进我们高中地理教学?

(一) 生活地理新视角的多样性

人的生活大体上可划分为三类,即"社会生活""学习生活""家庭生活"。不同视角看人的生活世界,分类也是多样的。

如果按照存在状态来分类,可分:物理环境系统(自然环境、人文环境)、文化环境系统、心理环境系统、舆情环境系统。如果按照来源来分类,可分:学生资源、教师资源、教材资源、环境资源、媒体资源。如果按照人的接受来分类,可分:生存环境、生活经历、热点话题。生存环境是随时感知的,围绕在你的现实生活中的、日常的,与你的居住地关系密切,如阳光强弱、影子长短、河流、天气变化、城市或乡镇、新居住地、老城区、乡村等;生活经历则是由体验感悟获得的,这与各人家庭的教养、经济条件、个人生命的价值趋向以及家庭境遇有关,如旅游见闻、乔迁经历、各类活动参与等,这与各人的活动范围和年龄有关;热点话题,则是广域性的,属于日常的热点或焦点话题,如渤海油污、湄公河惨案、南海争端、北斗导航系统、日全食等,这与个人的关注点及兴趣相关。这三类生活地理的关系与作用如下图所示。

生存环境—随时感知—获取直接经验(地方性)
生活经历—体验感悟—厚实个体生命(个别性)
热点话题—视听联想—提升思维品质(时效性)

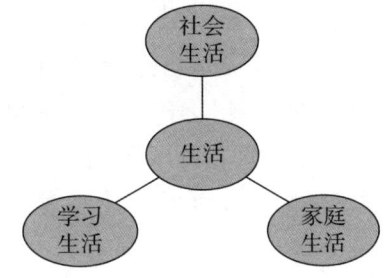

三类生活地理的关系与作用

生活地理大致具有以下三个特点:

区域性——区域差异,是指生活地理区域差异很大,人在不同生活区域,对生活地理的认识是不同的,如生活在上海市静安区的人,对静安的历史、人文地理信息等了解得比较多,崇明人则对田园、江河的直接感知一般比静安人多。

时效性——时间变化,是指人每天每时每刻都在感受,尤其是信息社会,海量的信息充盈在周围,如果不加以选择,会被其困扰,人在不同时段,随着生活环境的变化,生活地理世界也不同,并且,人对同一个生活世界的感知能力随年龄增长而逐步上升,如人对20世纪90年代的上海和今天的上海认知是不同的。

视野性——尺度大小,是指人对生活感知的广度,尺度有大有小,生存环境范围有个域限,而生活中热点、焦点、地理时事等涉及的空间范围则是无限的。如小至社区环境、居室采光、住宅通风条件、狭管效应等,大至"嫦娥奔月""火星探测"等深空探测以及似乎有点玄的"风水"问题。

(二)生活地理进高中学习的适切性

生活地理丰富多彩,尽管可以有多种分类,但从为高中地理教学服务、为高中学生的发展出发,就要思考什么样的生活地理能够为教学所用,这时候教师就要学会取舍、选择。教师掌握"三有"就能够寻找到为高中地理教学服务的适切的生活地理,这"三有"具体是指教师"心中有学生,眼中有教材,手中有东西",相对应的是"学生感兴趣,教材能匹配,教师有感悟"。

1. 心中有学生,学生感兴趣

心中有学生,就是要教师想学生所想,依据学生的心理、心智年龄、思维特征、认知基础、认知能力、生活环境、区域文化资源、学生群体家庭的一般情况等,作出分析判断,这里不需要拔高的成人生活地理世界。如学习"天体系统",学生对于星座、流星雨、北极星等感兴趣;如学习"月相",学生对于学会每天的月相观察和预测或者依据月相判断日期感兴趣;如学习"地震",学生对地震发生的地点和发生的能量来源(地震机理)感兴趣;如学习"人口",静安区学生对"静安区人口的变化"要比对"上海人口的变化"感兴趣,对"上海人口的变化"要比对"全国人口的变化"感兴趣;如学习"地域文化",学生对江南水乡文化、上海石库门文化形成渊源更感兴趣。就生活地理的学生兴趣度而言,有三种情况更易激发学生的兴趣:一是越是接近身边的地理知识,学生越感兴趣,如社区周围的商业布局等;二是特别的、新鲜的生活地理,学生也感兴趣,如泼水节、离岛经济、白领文化地理、旅行地理以及最近发生的自然灾害等;三是破除神秘感、挑战学生心智水平的生活地理,学生特别想知道,如"青藏高原藏民穿掉袖藏袍的缘由""中午与早晨太阳的大小差异""彩虹发生原理""浦东机场选址道理"等。

2. 眼中有教材,教材能匹配

教材能匹配,就是需要教师熟悉教材,比照教材中的学习材料、案例资讯,寻找与教材匹配的生活地理。这就需要教师甄别哪些生活地理可以起到补充教材的作用,哪些生活地理可以替代教材中的案例资讯。这里需要避免三个误区。误区一是以"联系生活为名"毫无选择地增加地理知识内容。如专家对于地球"六大板块"的不同见解,再如学习台风知识时,简单罗列、呈现近年发生的所有台风和飓风,有灾害发生新闻必讲解,等等,会增加学生负担、转移学生的聚焦视线,进入资讯泛滥的境地。误区二是无视教材的价值。不可否认教材具有滞后性,但其中有一些经典资讯可以使用,不能忽视或者盲目取代,如三峡大坝的选址、上海石库门、凌汛等。学生手中都有教材,依据手中资源学习,可以发挥其最大作用,教师也减负。有时教材中的滞后部分,其中呈现地理知识的量、方式和内容条线、风格,则是教师需要研究的,如高中地理上册的"麦莎"台风案例,我们可以更换为当年对上海影响最大的台风,或者当年世界影响巨大的飓风,相应替换其中的文字(时间、地点、经过、危害以及对策)、图片以及台风移动的过程(卫星云图),这样学习教材中"麦莎"台风案例的呈现模式、系统,既离学生近,又便于教师操作。误区三是一劳永逸。教师精心选择了一些生活地理案例,首次使用,学生喜欢,教学效能显著,但因此而年年使用,不去完善与更新,则又会失去"新鲜度",失去教学运用、回归生活地理的本意和初衷。

3. 手中有东西,教师有感悟

手中有东西,就是教师需要阅历、经历,需要学养的支撑。"上知天文,下知地理"形容人知识的广博,"读万卷书、行万里路"对于地理教师十分重要。地理野外考察十分重要,因为地理教材上基本是一般的、普遍意义的知识与原理,亲临能够直接感知微观、宏观的真实情况,面对自然、面对实地,人的感悟也不一样。不到东北平原,你无法体会一望无垠黑土地的壮观景象,那低缓的土丘、偶遇的农民、落日的余晖构成的又是怎样的一幅美丽图景。不到青藏高原,你不能真正认识号称世界第一大峡谷的雅鲁藏布江峡谷,其汹涌的江水时而在狭窄的峡谷中奔腾,时而在宽阔的河床中流淌,并非一样的景象,两岸的植被也时而茂盛,时而光秃。即使你去过三清山,能够领略的风景也不同,有人看到的是"山是山,云是云",有人则是体会到"山不是山,云不是云",经常有人说,移步换景,到了三清山,会让你产生"坐地换景"的体会。不到客家土楼居住,你既难以领略其建筑的魅力,也无法认识真正的居家使用(非旅游意义上)的客家土楼原貌,更难以对今天的客家人生存状况和土楼内正在进行的变化有更深入的了解。对于四川峨眉山的了解,没有经历一步步登山,则无法体会其中的乐趣和山的魅力。我曾经历:登山与喇嘛结伴并分享食品,与大学生团队交流,帮扶拿着油桶的80多岁老奶奶上山,与野生猕猴逗趣,赏峨眉山云雾渺渺流水潺潺的妙处,与山民学生聊家常,等等。这些生活地理是教师实践参与、体验获得的,获得的感悟导入教学,会感染学生,激励学生走向自然,激发学生以地理视角观天下的欲望。因此,地理教师尤其需要走进大自然、亲近大自然、拥抱大自然,去倾听、去感悟;同样的,看钓鱼岛问题,地理教师应该有地理视角。

(三) 生活地理运用中的差异性

在地理教学中联系、运用生活中的地理时,需要注意差异性。这里的差异性,一是指应用某一块"生活中的地理知识"内容在不同教学环节、不同学习时段,其使用也是需要区别对待的,不能一概而论。如民立中学附近的南京西路上有一个由恒隆广场、中信泰富广场、梅陇镇等组成的商业中心,其商务、商品销售、饮食等发展区位条件,可视为生活地理课程资源,可以整合在教材"城市土地利用结构、城市功能分区"部分的教学中使用,也可以在"商业区位条件以及地域文化"中应用,前者侧重从效益、承租能力和交通通达性视角分析商业用地的合理性,后者则是侧重于综合分析其形成以及内含的文化韵味。二是指教师、学生生存环境、生活区域(含由此获得的地理方面的认知)的差异性以及学校文化的差异性,以及由此产生的感知、体验的差异。

下文以上海为例论述城郊之间地理教学关注、运用生活地理的差异。

1. 人口增长

人口的增长在市区体现比较明显。引入此问题时可以联系交通拥堵、老龄化问题凸现以及中心城区人口密度下降等。郊区学生可以联系近年来大量的土地被用于商品房建设、高层增多、外来人口增多等现象。

2. 人口的迁移

市区的学生对于"留学""海归"等比较熟悉;大量的外来务工人员从事家政、护理、建筑、小商品经营等工作,对于春运的壮观景象印象深刻;郊区的学生对于本地人口向行政区域中心迁移的现象比较熟悉。

3. 城市的特征

市区学生比较熟悉城市特征、功能分区,教师可以利用现有的数据、景观和学生的生活环境来归纳城市特征。对于郊区的学生来说,他们的家乡正在城市化、郊区化,可以利用近年的剧烈变化以及与市区的区别来得出城市的三大基本特征。

4. 城市土地利用的空间结构

上海是一个多中心的大城市,其土地利用结构如何?教师可以根据学校所在区域来引入这一问题。如徐汇区的学校位于商务区,教师可以从本区之所以成为商务区、发展商务经济的优势条件入手。在市区,城市土地利用的类型大多在工业用地、居住区以及商业用地、绿化用地之间转换;在郊区,土地利用更多的在农业用地、工业用地以及居住用地之间转换,如位于青浦的学校可以谈谈本地区在上海农业中所处的重要地位以及特色农产品结构。这样的教学既能便于学生认识土地利用结构,更能增强乡土地理教育。

5. 城市问题

市区学生感受到的城市问题是环境问题、交通问题(堵车、地铁公交异常拥挤)、居住问题(房价上涨)、就业问题等。郊区学生对工业开发带来的环境问题(工业大量迁入后的污染)、大型社区改变土地利用性质以及房价上涨等问题更有感触。

6. 郊区化

中心城市的学生感觉旧城改造后,邻居的构成成分有所变化,人口密度有所下降。郊区学生直观体会大量楼盘和度假区的开发,加上郊区大型公共廉租房等建设,郊区化特征明显。

7. 农业土地利用

郊区的部分学生家中有从事农业的或家附近有花圃、果园、畜牧场等的,可以利用此视角或者体验切入。市区的学生可以联系进城运送农产品和副食品、装有保鲜设备的车辆,可从超市、菜场直接观察、调查农副产品及其加工产品产地、品种、价格等。

8. 农业生产

市区学生可以联系平时的饮食习惯,如为什么是"南米北面",并可从大型超市中调查农产品的品种、价格与产地,如乳业品牌蒙牛、伊利是否都出自内蒙古。郊区的学生可以结合家庭的家禽养殖,或者附近的农田风光、农作物等来感知农业生产。

9. 工业区位条件

市区工业区位条件,可以从当地品牌工业产品的区位条件,老工厂的昨天与今天,厂房的使用性质变化,都市工业、新型工业企业的规模及职工要求等导入,如上海钢铁厂、世博园用地、梦清园等。郊区学生则可以联系为什么近年来各大跨国企业投资落户本地区,大型企业从市区搬到郊区的缘由,分析本地区工业区位优势、产业结构的变化。

10. 商业区位条件

以实例加以分析,市区学生接触大型商业区的机会多,熟悉南京路商业区、徐家汇商业区等综合情况,能够体会到商业区的集聚程度、人流构成、时段变化等。郊区学生虽然也有机会来市区,但毕竟市区不是他们主要的生活区域,对大型商业区了解相对少一些,品牌文化弱一些,但可以用一些知名的连锁店的分布位置来分析商业区位条件,如肯德基、永乐家电、易初莲花等选址。教师完全可以安排学生进行一次商业的实地调查。

11. 文化与环境

城郊的许多地方还保留了一些老式民居,朝向多为朝南,可以让学生分析这种建筑文化和环境的关系;郊区的河网较多,而且大多呈现自然状态,原生植物比市区种类丰富;郊区乡土文化气息浓厚,艺术、文化具有农民、乡土特质。而市区的学生接触更多的是老上海建筑、高层大楼,熟悉里弄文化,对石库门建筑更有感觉;市区不同风格建筑也多,朝向根据街道走向,可以比较不同建筑的风格;除了建筑以外,市区文化多元化程度高,各地的饮食文化、戏曲、服饰等都可反映上海是一座海纳百川的城市。

12. 其他方面

其他方面的城郊差异,如天象观察条件与光污染,地表性质与水的下渗,城郊景观,土地利用功能,外来人员的职业构成、语言构成,工业发展方向,环境污染源,城郊绿化的方式,园艺业的产地和消费地,天际线等方面。

以上是以上海为例对城郊差异几个方面的梳理。随着郊区市民到市区频度的增加以及资讯的发达,今天城郊之间差异正日益缩小,但看到、听到与体验还有差异,必然导致对"生活中地理城郊差异"深层次的了解存在落差,再则不同的区——如青浦区与嘉定区——文化也不尽相同,因此在地理教学中需要因地施教,着力点、视角需要差异设计。学校也可以从本校环境出发,设计校园文化地理,开发校本课程,开展基于乡土文化、校本性的地理教学。

二、建构生活地理知识网络的途径

(一)地理信息的收集

既然教材知识不是学生学习的全部,教材以外的地理信息相当丰富,学生需要学会地理信息的收集与甄别,以拓展地理知识面。

由于活动前教师对学生的学习任务布置清楚,活动中教师对如何搜集、筛选地理信息进行指导,学生很好完成了信息收集的任务,再加上统一的格式要求,学生的信息便于装订。我们拿出一部分进行展示,还有的信息装订成册供学生传阅,学生见到自己的作品都很兴奋。教师还用电子邮箱与学生沟通活动,拓宽了学生的学习视野,激励学生参与到地理学习中来。这项活动,学生不仅开阔了地理视野,学会地理信息的收集、甄别,更重要的是培养了地理视角意识。这种活动适宜安排在高中地理学习之初进行。活动中注意,由于各位学生的地理学习兴趣、家庭条件、能力等不同,作业质量难免有差异。这种现象是正常的,关键是教师要适时地通过优秀作业的展示进行引导,并对不合格的作业进行点评。实际上,学生作业差异也是一种教学资源。

平时,学生在教师指导下养成地理信息的收集习惯,这些信息可以大大地丰富教材的内容。如教材中提到浦东机场的选址,那么可以相应收集上海洋山深水港、上海F1赛车场与安亭汽车城、上海化工区、碧海金沙海滩、上海青水草取水源地、宝钢、深坑酒店、南隧北桥、世博会、雄安新城、919大飞机工程、郊野公园的开发与价值认识等。

(二)活用地理教材

教材一直是我国学校教育的主要课程资源,以至于人们以为教材就是唯一的教学内容。专家学者们开发的教材可能是很好的,但就课程要反映不同地区、不同学校和学生的差异性、多样性来说,教材又是无能为力的。教材内容与现实总会存在一定的距离和滞后现象。新一轮课程改革,教材多样化使教材在教学中的"唯一法定地位"逐渐动摇,教材的功能定位也逐渐由"控制"和"规范"教学转向为教学服务。因此,我们应树立"材料式"教材观,视教材为教学的一种辅助材料和工具,而非教学的全部;教学中不刻意追求原有知识体系的完整,在遵循课程标准的前提下,科学适当地增减教材,调整编排顺序,重组教学单元,整合教学内容。以下是对教材重新处理的探索案例。

高二地理新教材(上册)专题12《台风、寒潮和梅雨》。我们对其进行重新编排,选择台风、伏旱、梅雨三种灾害,以伏旱代替寒潮,以暑期中或最近发生在上海或周边的自然灾害为主线,用图片、文字展示灾害的情况,进而剖析三种灾害的成因、特点、分布。

三种灾害分析表

	灾害特点	涉及的天气系统	图示成因
发生在最近的台风		气旋	
暑期中的伏旱天气		反气旋（副高）	
暑期中的梅雨天气		准静止锋	

对教材如此处理，出于三点思考：一是以暑期或近期的灾害为主线，事例是鲜活的、学生熟悉的，也因此以发生在夏季的伏旱天气代替发生在冬半年的寒潮；二是突出灾害主题，引导学生从生活实际和身边经验出发，观察、发现、了解并研究生活中的地理，增强学生运用地理的意识；三是以伏旱代替寒潮也能够引出反气旋，并帮助学生分析它的成因，寒潮内容可以由此而带出。

学习高中地理上册专题16《地貌》时，纳入"海岸地貌"的内容，因为上海是个沿海大都市，海洋及其海岸线的开发、利用作为热点，将越来越受人们的重视。了解上海的海岸地貌，区分洋山港和崇明东滩的海岸地貌差异，有助于学生加深理解上海依海发展的战略，延展视野；对我国各地海岸地貌差异的比较分析，可以帮助学生树立"海洋大局观"。学习高中地理下册专题24《人口增长》时，可以把"发展中国家人口压力"和"发达国家人口老龄化"内容整合在一起，从人口金字塔的形态、人口主要问题、形成原因、主要对策以及典型国家等诸方面比较。学生通过分组讨论等活动较容易地掌握两类国家关于人口增长、老龄化问题的情况。

（三）联系实际

地理学习内容要深植于学生的脑海中，途径之一就是让知识在应用中实现内化。地理上下册中，都有许多专题知识可以与身边的环境、实际相联系，但相比较而言，对于位于上海市中心的民立中学学生来说，下册人文地理的知识更易于联系身边实际，我们就有意识地引导学生关注静安乡土地理。为此，我们设计了相关方案，通过分析，学生选择自己感兴趣的专题，开展相应的调查活动，撰写文稿和制作PPT。当学生在同学面前完成交流时，很是兴奋，因为他们知道了许多教材以外的知识，而且是身边的知识。以下是学生所选的部分课题。

部分学生课题

	学生的视角	涉及的地理知识	
1	静安的商业分布与区位分析	专题30	商业区位
2	麦当劳布局的区位分析	专题30	商业区位
3	吴江路的美食街区位优势	专题30	特色商业街的形成
4	威海路汽配街的形成与变迁	专题30	特色商业街的形成
5	静安区人口的迁移	专题24	人口结构、迁移
6	苏州河的水质变化	专题35	资源短缺
7	静安区石库门文化	专题33	地域文化

（四）开发涉及地理的微型校本课程

在基础课之外，开发微型校本课程也是实现地理教学内容开放的途径之一。新课程标准在实施建议中强调"教材内容的选择与组织应联系生产和生活实际，尤其是学生熟悉的地理事物、地理现象和地理问题"，体现"学习生活中的地理"和"学习对终身发展有用的地理"。因此地理教师应在兼顾新课程共性的前提下开发个性化课程，所选课程要从提高协调人地关系的广泛性和深刻性角度，以学生发展为中心，以社会需要为方向，既要广泛联系实际，考虑本地区、本学校的差异性和学生的兴趣爱好、价值取向等诸多因素，又能与时俱进，反映时代特征，使地理教学更加贴近学生的现实生活和社会实际。民立中学地理组成员曾分别研究并开设"纵横地图""旅游""走近世博""漫话汽车""世界大河考"等微型校本课程，其中有些原本就是地理学科类校本课程，有些则是综合类的校本课程，但这两类中都涉及了大量的地理知识，它们分别以新的形式出现，吸引了众多学生的眼球。

此外，地理开放性教学的内容可能是综合性的、专题式的，也可能是教材的某一节、某一块内容，面对的学生可能是一个班级，也可能不止一个班级，教学达成的目标也可以是开放的。显然，它不同于一般意义上的课堂教学，有固定的时间、空间，面对的是固定的教学班级。当然，地理教学的主阵地是地理课堂，开放性教学的主阵地也在地理课堂，只不过其教学的立足点是围绕专题，为学生创造有利于其学习地理、应用地理、促进其素质综合发展的学习环境，因此，又不仅仅限于课堂，往往需要学生利用一定的课外时间进行调查，搜集和整理资料等工作，课堂则成为学生阐述或论证自己的观点,发表自己的研究成果,师生、生生间交流和对话的舞台。

三、建构生活地理知识网络的方式方法

1994年美国《地理为了生活:国家地理标准1994》介绍了地理教育的三个组成部分——学科知识、技能和视角。今天,地理学科将人地关系、区域认知、综合思维以及地理实践力定性为学生所要掌握的最关键、最核心的地理素养,在这样的背景下,"有助于终身欣赏和认识这个世界"的地理学科知识仍然是地理学科核心素养培养的基石。水涨船高,四大核心素养培养背景下,学生需要构建的地理学科知识是鲜活的、系统的、个性化的,这从近几年地理高考试题和上海2016年地理等级考试试题考查中可以窥见一二。由此,平时师生们可以探索、共营与时代相契合的知识建构。

(一) 用"生活元素"丰富地理知识

"与生活、现实社会密切相关"是新高考地理等级考试试题命题的方向之一。关注生活地理不仅培养学生地理有用的意识,更重要的是培养学生以地理的视角观察社会、分析现实问题,养成终身习惯和素养。地理学科是中学里唯一横跨自然和社会两大领域的基础课程,学科最大的两大特点——综合性、区域差异性——有助于我们认识这个缤纷的世界。地理教材有其弱点,即资讯的滞后性和一区域内容的无差别性。构建有用的地理知识需要与生活现实接轨,很多时候,认识地理的起步就在于"生活"。这里以2016年上海地理等级考试选择题第2题为例,探讨知识建构能力的培养,同时举一例来诠释"生活元素"丰富了我们的地理知识。

【试题】我国于1970年4月发射升空的"东方红一号"卫星,至今已在太空无动力飞行了46年。这主要是由太空环境的某些特性所致,这些特性是①高真空②超低温③强辐射④微重力

  A. ①②   B. ②③   C. ③④   D. ①④

【解题思路】本题关注的是一个现实生活中的问题,学生对于宇宙环境"高真空、超低温、强辐射、微重力"的特点并不陌生,教材中有统一的表述。但"东方红一号"卫星在太空中无动力飞行46年与太空环境哪些特

性相关,则需要学生联系生活经验、生活经历来解决。如果明白地球上"篮球为何会落下""飞碟飞行中为何下坠",本题不难解决。

【生活案例】上海外白渡桥是上海外滩一大著名景点,它见证了上海百年历史的变迁。在2007年冬天,上海市政工程管理局收到一份来自英国的该桥设计公司的信函,提醒外白渡桥百年寿命将至,需要维修。2008年4月桥梁从原位移走进厂维修,2009年2月25日中午上船方驳5号载着外白渡桥回归复位。为何选在2月25日?又为何在中午复位?

由于外白渡桥每跨两侧各有两个挂脚,向下超出桥身约1米,桥身要复位,必须先让挂脚越过桥中墩,因此需要借助涨潮抬高桥身。2月25日农历初一,与十五一样是一月中潮水位最高的日子,这样有助于利用潮水抬高桥身。而初一中午时分月亮处于上中天,潮水位最高在中午和子夜,白天有利于操作,故安排在中午时分复位,真正让桥身落下复位则需要等傍晚时分。

无论是"卫星飞行"还是"外白渡桥复位",都是现实中内蕴地理知识的真实事件。核心素养就是面对现实复杂问题时解决问题所需要的关键素养,地理学科知识融进生活元素,综合思维、人地关系等素养培养更具有"实体感"。我们引导学生用生活地理丰富自己的地理知识网络,也能凸显地理有用性,并进一步意识到地理知识构建的动态性。

(二) 用"乡土元素"整合地理知识

试题有地方色彩,是我国地方命题卷中的一大"区域标志"。它的命题目标十分明显,即引导学生关注乡土地理,走进生存的社区和自然环境,培育学生热爱家乡的情感,并在"地理"与"乡土"糅合过程中获得"一加一大于二"的知识效益增值,尤其是使"悬空"的地理知识有了实体依托,变得十分接地气。只要多思考、多观察,乡土中地理课程资源是极为丰富的。这里以2016年上海地理等级考试选择题第19题为例,探讨知识建构能力的培养,同时举一例案例来诠释乡土元素带来我们地理知识的整合。

【试题】位于陆家嘴核心区的"上海中心"大厦体量上相当于一个"站着的外滩",产业目标定位是"站着的华尔街"。从城市功能的角度看,"上海中心"的启用将大大增强上海的

A. 金融服务功能　　　　　B. 文化教育功能
C. 科技创新功能　　　　　D. 工业配套功能

【解题思路】本题是把上海当年的主要事件——"上海中心"建成——引进等级考试试题作为背景材料,试图引领学生关注家乡建设,并从地理专业的视角,厘清"上海中心"的城市功能地位。本题借用比喻"站着的华尔街",其实是"明示"了"上海中心"的城市功能。试题如不加限定词"从城市功能角度",则容易使学生答错了,可以"强词夺理";一限定,答案则唯一了。

【乡土案例】上海市民立中学位于上海市中心城区,毗邻南京西路,周边人文资源丰富,如张家花园、静安别墅等,石库门等老上海味道浓烈。2013年,附近的陕西北路被国家正式命名为中国历史名街,21栋中西合璧的历史建筑、众多的人文故事等组成了"璀璨的海派文化"。我们的地理教材中有"地域文化"篇章,解释区域文化形成受区域自然环境、社会历史因素等的影响以及区域文化的特点。陕西北路上马勒别墅、怀恩堂等矗立昭示着上海海纳百川的胸襟和特色,把这些内容导入课堂可以"激活"课堂。

此类试题和案例分析起来有亲切感,在解题和分析过程中,学生人地关系、区域认知等素养很自然地在教材知识和乡土知识整合中得以提升。这样的一种关联,使得知识建构既有超越琐碎案例的规律提炼,又有联系实地的知识支撑,有助于更好地认识"区域文化特色"。2015年上海高考选择题第6题"上海某商厦屋顶上屋顶农庄",也属于这样一种关联。马勒别墅为英国冒险家马勒所建,是一座北欧挪威建筑风情的城堡式别墅,怀恩堂为基督教堂,是上海可容纳人数最多的基督教教堂之一,等等。以陕西北路丰富的人文元素、乡土元素为例来解读海派文化,无疑使地理知识增添文化色彩。

(三)用"若何"思维创新地理知识

"赋予一定条件下地理逻辑推理"也是近年来地理命题的一种手法。"若何"简单解释为"如何、怎样"。地理学科是一门"关系"学科,众多的自然要素和人文要素产生"化学反应",会生成许多的"悬念知识"。地理环境的整体性特点表明了地理环境某一要素发生变化时,其他要素会产生连锁反应,正所谓"牵一发而动全身",结果会如何则需要严谨的推理。以2016年上海地理等级考试选择题第1题为例,探讨知识建构能力的培养,同时举一案例来诠释"若何"思维建立地理知识"关联的世界"。

【试题】《巴黎协定》是"人类送给地球最好的礼物"。《巴黎协定》缔约国承诺采取措施减少温室气体排放。这将直接有助于①减缓海平面上升趋势②减轻酸雨的危害③减缓臭氧洞扩大趋势④减轻水体的污染

A. ①④　　　　　　　　　B. ①③
C. ②③　　　　　　　　　D. ②④

【解题思路】这类试题在等级考试中比较常见，需要从地理环境的整体性出发去思考。2016年4月22号，《巴黎协定》由175个国家正式签署，缔约国承诺采取措施减少温室气体排放。这意味着，如果条约执行得力，二氧化碳、甲烷、一氧化二氮、氟利昂、对流层臭氧等温室气体在空气中将有所控制，地球气候变暖趋势以及空气中破坏臭氧层的氟利昂含量都将得到控制。

【"若何"案例】澳大利亚东部为大分水岭，中部为大自流盆地，西部为低缓的高原，如此的地形分布，造成了该国东部热带雨林、亚热带湿润气候局限在东部沿海狭长地带，东部由东南信风带来的水汽难以深入内陆，西部则发育广阔的沙漠地区。假如澳大利亚的大分水岭转移至西部沿海，则自然环境将会有怎样的变化？热带雨林和亚热带湿润气候的面积显然会扩大，该国也不会是一个干旱地区环境为主的国家了。其实后续的影响远不止这些。

现实中有许多"若何"的问题，这类问题属于发散性思维问题，答案有时难以聚焦，原因就在于地理环境的复杂性。那些自然和人文要素重新排列组合造成的影响是难测的。又如地球如果逆转，请你推演一下地球环境会发生哪一些变化？答案十分复杂但充满了"地理故事"。正因为此，"若何"思维会创新很多地理知识，或者说，激活一些"原先存在"的地理知识，沿着一条线索可以寻找到合适的解释路径。同时，我们还可以营造"虚拟环境"，以"若何"思维推理要素变化下的地理环境演化走向，生成新知。

（四）用重构思维组织地理知识

之所以地理高考与等级考试试题常出常新，就在于地理知识的创新重构，让原本熟悉的知识换一种形式再现。这个命题过程看似简单，其实是一项艰巨的复杂思维劳动。地理科学的综合性和地域差异性特征，告诉我们世界千差万别又如藕断丝连般的缘由。一地一环境，真如"世界上没有两片完全相同的叶子"一样，世界上也没有同样的地理环境，只有类

似的地理环境。但地理学科是研究"规律"的科学,总能将纷繁复杂的世界进行归并归因分析。地理命题也在"差异性和规律性"中挑战学生的智慧。以2016年上海地理等级考试选择题第32题为例,分析、探讨以"重构"思维,如何在平时培养学生建构个性化地理知识网的能力,彰显地理知识的复杂性和规律性。

【试题】目前,中国、美国、巴西是世界主要大豆生产国。中国生产的是非转基因大豆,美国和巴西以转基因大豆生产为主。大豆生长对天气变化较为敏感。中国大豆产量比美国、巴西等国低,一个重要原因是大豆主产区经常受到异常天气的影响。以中国大豆主产区之一——华北地区为例,运用雨带推移的知识,分析该地区7月、8月大豆生长的关键阶段经常出现异常天气的原因。

【解题思路】大豆适应性强,可以在温带大陆性气候、温带季风气候、热带稀树草原气候、亚热带湿润气候等多种气候类型下很好地生长。原产地中国大豆低产,既有生物技术方面的原因,也受自然各要素差异的影响。本题只要求从"异常天气"这一路径切入思考,因此,可以形成如下答案:中国东部属于季风气候,受夏季风影响,一般7月、8月多雨季,推移至华北地区,给农作物生长带来有利的水分条件;但季风气候通常不稳定,夏季风过强的年份,华北地区降水量过多,会出现涝灾,夏季风过弱的年份,华北地区降水量过少,会出现旱灾,从而影响大豆生产。这里关键线索是"异常天气"造成"大豆低产"。其实,命题者就是将前后两者知识在这里加以"重构",形成新知。

【重构案例】地中海气候是气候类型中高频出现的气候,除了分布广泛以外,其中一个重要原因是它的特点与众不同:雨热不同期。对于熟悉气候类型特点及成因的学生来说,解释气候特点成因不是难事,有甲图就可以了。但空间感、关联感欠缺的学生则容易混淆,尤其是在分析南半球地中海气候特点季节差异的成因时。这部分学生需要教师用乙图重建,可以从中获取:(1)西风和副高交替控制形成地中海气候;(2)冬半年受西风影响降水丰富,气候温和湿润,夏半年受副高控制,降水少,气候炎热干燥;(3)北半球西风是西南风,副高控制下则盛行下沉气流。可谓一目了然。这样的知识重构,更有助于学生分析南半球地中海气候特点及其成因。

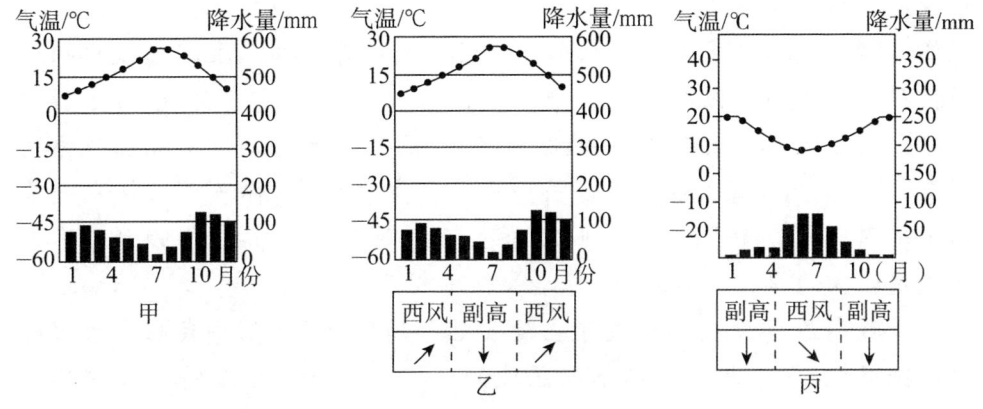

地中海气候特点

【解题思路】时间、区域、尺度、自然、人文等元素发生变化都会引起地理环境的差异,基于"规律和差异"的重构,必然会促进综合思维能力素养的提升。如丙图建构"南半球地中海知识",不仅能够正确地分析气候特点和形成原因,更重要的是它规避了因南北半球季节差异带来的分析困扰,突破了一些学生的"一月份地中海气候多雨"的习惯性思维,因为一月少雨不可能是西风影响。其实,这样的知识重构思维还可以迁移到热带稀树草原等气候类型分析特点和成因上,实现复杂地理知识简约化。

知识建构能力培养途径还有很多,如用"互联网+"思维使地理知识变得时尚等。基于教师个人的基础、习惯,有针对性地加以地理知识自我构建的探究,形成独特的地理知识网,最后得利的将是地理教育和学生的发展。以下是"生活知识"的自我构建。

一、由青藏铁路建设引发的思考

直击问题:

(1) 高原地区修建高铁需要克服的条件。

(2) 寒冷、干旱地区修建高铁需要克服的条件。

(3) 特殊地貌对高铁修建的影响。

引言:

(1) 工程建设当然不能忽视地貌等自然环境影响。

(2) 青藏铁路建设考虑了当地多种因素。

(3) 今天的建设工程面对的地理环境日趋复杂。

海拔高的青藏地区已建成青藏铁路。上次我由拉萨去日喀则路上,感受到了拉日铁路修建的艰难,一路上隧桥众多。由于该高原海拔高,气温低、高寒缺氧,多冻土以及生态脆弱成为制约青藏高原上建设铁路的世界性难题。我国工程人员将其中一段铁路以高架形式建设,很好地解决了冻土消融问题以及野生动物(如藏岭羊)的迁徙问题。青藏高原的每列列车上,都配有两套供氧系统:一套是混合空调系统(弥散式),使每一节列车车内氧气含量平均提高到23%;另一套则为集中系统,可以让旅客直接使用独立的接口来吸氧。

青藏高原建设铁路考虑了当地自然环境特点,近几年我国大力推进的高铁建设,当然也会考虑不同区域的环境。以下举几个特殊环境建设高铁的典型案例。

案例一　哈大高速铁路(哈大客运专线)是中国目前在最北端的严寒地区设计建设标准最高的一条高速铁路,建设这条铁路的最大拦路虎是严寒环境,尤其是冬季,极端最低温度达 $-39.9℃$。工程建设加强了路基防冻胀措施,如:路基冻结深度范围内填筑非冻胀性填料(核心思想是控制路基中水的含量,冬天水分一冻,刚好把路基中的缝隙填满,不会过度膨胀,这样路基就不会随着天气变化出现冻胀循环);路基高度小于季节冻深地段设置降水设施;低路堤地段设置防冻胀护道;地下排水设施出水口采用防冻胀设计;路基间排水采取轨道板底座内设置钢管外排设计;等等。

哈大高速铁路冬季如遇积雪该怎么办?在大雪的天气里,哈大高铁全线最大积雪厚度在17—30厘米,如果积雪不及时清除,道岔在动作时将会使积雪被挤压成冰块,造成尖轨不密贴的危险。针对这种情况,哈大高铁在全线车站、线路所、动车所全部设置道岔融雪装置,在道岔钢轨下预先埋设了电加热丝。在降雪天气里,车站信号楼的操纵盘会控制道岔融雪装置,电加热丝开始加热后,道岔表面温度最高可达 $40℃$,保证降雪落至道岔即融化。

案例二　兰新高速铁路是世界上一次性建设里程最长的高速铁路,穿越了祁连山、河西走廊、荒漠地区百里风场地区(经过烟墩风区、百里风区、三十里风区和达坂城风区四大风区)、大草原、大雪山、戈壁大漠一个不缺,建设中需要克服地形阻挡、昼夜温差和年温差大、烈风等自然条件。在这条线上,占新疆段线路总长65%的462千米的挡风墙,是一大建设创举,使兰新高速铁路成为世界上防风工程规模最大的高速铁路。为了保护西北地区脆弱的生态环境,兰新线上的列车采用全封闭动车组的车厢,类似飞机的客舱;车内循环系统全靠空调换风;排污采用集便系统,实现零排放,不对环境造成任何影响。在兰青高原段,高铁除了解决高寒缺氧之外,还要面对青藏高原的紫外线比平原地区强烈的问题,动车上配备了专门的防紫外线玻璃,在保护乘客视力的同时,也能让乘客更好地欣赏雪域风光。

案例三　沪昆高铁穿越江南丘陵、云贵高原,连接上海与昆明两地,该工程许多路段桥隧比例要占工程量70%,往往成为途经省份规模最大、标准最高、影响最大的铁路建设项目。高铁不同于普通铁路。想当年,我国在"蜀道难"的四川建设成"宝成铁路"是一大奇迹,今天速度更快、要求更高的沪昆铁路穿越以地形崎岖著称的云贵高原,则更加艰难,需要克服以下这些复杂的自然环境条件:

穿越9度破坏性地震带。云南地处欧亚地震带的东段侧缘,属于地震多发区,有的区域处于破坏度大的9度断裂带上。在这样的地方修建高铁,并要保障列车安全快速平稳行进的挑战在世界上的其他地方没有先例。根据1957年编成的《新的中国烈度表》显示,我国将地震烈度划分为12度,7度以上为破坏性地震,9度以上房屋严重破坏以至倒塌,并有地表自然环境的破坏。在地震断裂带修建高铁桥梁,难度前所未有。梁的长度比普通的梁短了5厘米,跨度也短了20厘米,梁的高度比普通梁低了60厘米,以减少地震发生时自身的震动。南冲大桥两端连接的两座隧道同样也处在9度地震带上,技术人员除了使用特殊的钢筋和混凝土在结构上进行加强,还在隧道的设计施工中预留了30厘米的修补和救援空间。处在地震区的高铁路基除了适当放缓,更要在路基中加上抗拉强度很高的材料,把路基土块包裹在一块,形成一个抗拉强度较高的整体结构物,从而增加路基的抗震能力。通过这一系列的措施,高铁经过地震带时的安全,得到最大程度的保障。

桥隧比约七成。高铁线路要求比较顺直,无法像一般的铁路盘山绕行,遇到大山和深谷必须穿越。云贵高原地区地形起伏很大,山高谷深。不论行驶在平原还是穿越峡谷,高铁运行线路在一定区段内的水平误差都要以毫米作为标准,要找平线路,见山开洞、遇水架桥是无可替代的方法。沪昆高铁很多区段的桥隧比例高达70%,以保证高铁在高速运行下的安全平稳。

喀斯特地貌极危险。在云贵高原修高铁,喀斯特地貌也是一大考验。

我国处于亚欧板块和印度洋板块碰撞的位置,云南的很多高山看似雄壮,内部岩石却很破碎。其中昆明到南宁高铁路段,地下暗河、突泥、涌水、坍方、泥石流、岩溶、高瓦斯、断层带等特殊不良地质广泛分布,不少隧道要穿过深山里的溶洞分布区域,挑战了"怕软不怕硬"的高铁建设。

沪昆高铁建设当然还需要兼顾洪涝灾害、泥石流、滑坡等自然灾害,还需要克服东西自然环境差异大等困难。以上三条铁路跨越了我国自然条件比较典型、恶劣的区域,以此为载体的学习可以进一步了解我国的自然环境区域特点差异及其对人类活动的影响。在每一条的高铁建设中我们仿佛看到了"地理的力量",我们十分敬佩气象学家、地质学家以及经济地理学家的智慧奉献,让我们知道了生活地理的更广内涵。高铁的路线选择除考虑自然因素以外,人口、城市、经济、民族、政治等人文因素需要综合兼顾。

在我国国内装备制造业过剩、高铁技术又领先世界的当下,中国高铁必将走出国门、走向世界。在走向世界时,我们将迎来更复杂的自然环境挑战,有时考虑不周,最后可能会劳而无功。我国与自然环境迥异的印度、印尼、泰国、巴基斯坦、马来西亚、俄罗斯等国的高铁合作项目正陆续协商、签订、规划建设中,这时,地理元素一定是制定高铁建设规划的重要元素。

延展思考一下:印度尼西亚正在修建连接首都雅加达和第四大城市万隆之间的雅万高铁,你能否理性分析一下,承担该项目的我国建设者需要考虑哪些自然环境特点?试试你能说几点。这里可以作一项重要的提示,那就是我国已经建成的海南岛环岛热带高铁线,它需要克服许多类似的自然环境困难。

当然,高铁的布局和线路选择还要适度兼顾区域均衡发展和历史等因素。我国2016年8月初推出最新的《中长期铁路网规划》中,高铁不经过传统铁路枢纽株州、宝鸡等城市,使它们成为本次规划的"失意"城市。

二、"海绵城市"与淡水资源调配

直击问题:

（1）水循环环节、意义及其人类影响。

（2）"海绵城市"。

（3）淡水资源调配。

引言:

（1）你认为人类能够影响水循环哪些环节?

(2) "海绵城市"就是增加下渗和蓄水吗?

(3) 如何用辩证的眼光看待水资源的调配工程?

近几年我国夏季暴雨一来,中东部地区许多城市就会出现"看海"现象,即城市涝灾现象。每当这时,地下水库被淹、街上捞鱼、下沉通道"吃人"等讯息会布满各大信息平台,青岛(城市坡陡排水快)、故宫等地优良的排水系统被推崇。2016年武汉被淹,湖泊填平盖房、城市排水系统规划设计不科学、分洪区被人为侵占等成为"城建罪过"。设计摆脱"城市看海"的对策,对于大力推进城市化、城镇化的中国来说尤为重要。2012年我国提出的"海绵城市"概念,是改变年年城市涝灾的有效对策之一。

我们先来看看水循环。水循环是自然界的水在四大圈层中通过各个环节作连续运动的过程,整体理解它可通过下图。图中显示为"8432"内容,既八个水循环环节、四项主要意义、三种水循环类型(按发生领域分)、二条人类影响水循环环节——地表径流的主要路径。这些内容大家多能理解,但长期以来对其中的影响路径或者理解有片面,或者有盲区。人类活动对于众多的水循环环节影响是有差异的,会通过改造地面、植树造林等影响蒸发、根吸收,会通过人工造雨影响水汽输送、凝结降水,等等。但人类活动影响水循环最主要的路径是通过改造地面径流进而影响水的空间分布和时间分配。影响水的空间分布举措有修建跨流域调水工程,影响水的时间分配举措有修建蓄水工程。以上理解原本没有问题,但随着人类改造地面力度的加大和城市化的推进,还须重视城市水循环系统的分析和改造,不然会造成越发严重的逢雨必涝、"城市看海"、旱涝急转现象。

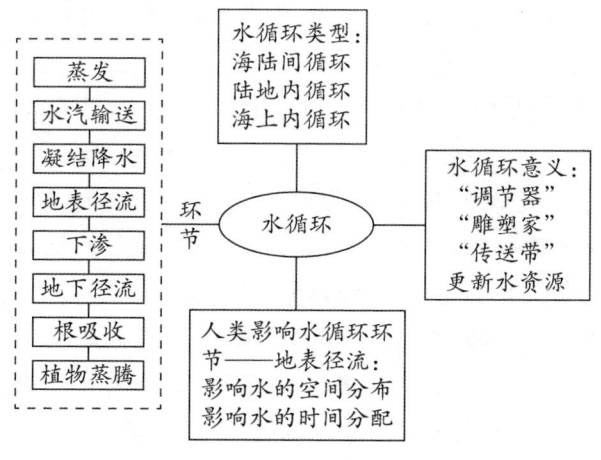

水循环概念图

城市区域水循环地表径流、下渗、地下径流三个环节会随着城市硬质屋面、马路和街道硬质路面比重增加而发生变化。硬质屋面、硬质路面阻断了原有的水循环系统，使地面径流增加、下渗和地下径流减少，如果城市排水系统低质，不仅造成城区积水增加、涝灾严重，而且地表水在流动过程中极易受到污染，过快排泄，也白白流失大量水资源，本身也是一种浪费。如何改变这种困境，让城市地表具有蓄水、透气功效？"海绵城市"建设是一种解决方案。城市能够像海绵一样在应对暴雨侵袭、旱灾等自然灾害方面具有良好的"弹性"，下暴雨时吸水、蓄水、渗水、净水，缺水时将蓄存的水"释放"并加以利用。建"海绵城市"重要的是建"海绵体"系统。城市"海绵体"系统既包括河、湖、池塘等水系，也包括绿地、花园、可渗透路面（呼吸砖）这样的城市配套设施。雨水通过这些"海绵体"下渗、滞蓄、净化、回用，最后剩余部分径流通过管网、泵站外排，从而可有效缓减城市内涝的压力，同时相对来说提高了城市排水系统的标准。

如此看来，打造宜居环境，重视城市水循环环节的改造、建设"海绵城市"，也是我们当前影响水的时空分配的重要路径之一，这个概念不能缺失。

我们再来看看依赖水循环补充和更新的淡水资源。一些人误认为降水量是某地区水资源丰歉的主要指标，其实不是，他们忽略了蒸发量。降水量减去蒸发量的"常年河流平均径流总量"才是衡量指标。如非洲的水资源储量的全球地位不如其降水量在全球的地位，海南岛西部年降水量超过800毫米（仅从降水量上看应属于湿润地区）却属于半湿润地区，伊犁谷地年降水量超过400毫米（应属于半湿润地区）却属于半干旱地区，等等，都与该地区的蒸发量较多相关。

可利用淡水资源的总量分布、时空区域差异以及人类需求导致了水资源紧张。这里有两个概念需要甄别："水资源少"和"水资源紧张"。就我国而言，水资源最少的地区是西北地区，但水资源最紧张的地区是华北，水资源紧张与否与供需相关。我国华北"水荒"的原因除了水资源总量不足、时空分布不均等自然原因以外，人口众多、经济发达，人类用水量大是主因，此外水质污染严重、水资源储备能力弱也是重要缘由。新加坡地处热带雨林地区，水资源理应富裕，但事实是长期靠马来西亚"救济"淡水，原因就在于其国土面积小，水资源储备能力弱。我国台湾进入21世纪后多次发生旱灾，雨水比往年少是诱发原因，但地表水储水量不足、径流排泄快（地势落差大）起了加剧作用。

世界上解决区域水荒开源的主要思路，一是蓄水，二是调水，三是合理利用地下水。后一者容易理解；前两者，无论是蓄水还是调水都需要建设浩大的工程，而每一项工程起步都是对原有生态环境的改造和地方文化的"侵袭"。理想丰满，现实骨感。世界两大蓄水工程——埃及纳赛尔水库和中国长江三峡水库——的确产生了供水、航运、蓄洪、发电、养殖、旅游发展等庞大的综合效益，但不可否认，对于"鱼群洄游、翻坝转运（航运）、河流水质、下游河流含沙量减少引起河岸崩塌与河口地区淤积减少"等，它们也带来极大的负面效应。比如，埃及纳赛尔水库的修建，在下游地区增加灌溉面积的同时，沿岸发展旱作农业出现耕地严重次生盐碱化问题，这是事前考虑不周的后果。

我国调配水资源的历史悠久，有灵渠、汉渠、秦渠等工程，其中，令世人最为震撼的是已修建2000多年的都江堰工程。该工程位于四川盆地岷江流域，这里地势低平，降水年际、季节变化大，易成旱涝灾害。该工程修建鱼嘴将上游奔流的江水一分为二：西边称为外江，它沿岷江河道顺流而下进入长江；东边称为内江，它流入宝瓶口。由于内江窄而深，外江宽而浅，这样枯水季节水位较低，则60%的江水流入河床低的内江，保证了成都平原的生产生活用水；而当洪水来临，由于水位较高，大部分江水从江面较宽的外江排走。这种自动分配内外江水量的设计就是所谓的"四六分水"。这样依势而建的人类智慧工程在今天看来"理念"还是十分先进。

如今，跨流域调水工程是人类调配水源、解决水资源供需分布不平衡的主要途径。美国西部、俄罗斯与以色列都实施了北水南调，澳大利亚实施东水西调，都产生了极大的社会效益和经济效益。但由于工程浩大，大规模水量的远距离调度，不可避免地会对水源地、沿途各受水区的生态环境带来一定的影响。美国西部洛杉矶调水工程造成水源地欧文斯河谷发展停滞；加州调水工程和中央河谷调水工程大量调用萨克拉门托河与圣华金河的淡水，致使流入旧金山湾的淡水减少了约四成，造成了河口海水倒灌、咸潮几率增加的现象，海湾水质恶化，水生生物的生存环境遭到破坏，生物的数量和种群迅速减少。因此大型跨区域调水工程修建需要谨慎。1949年以后，我国也积极开展水资源调配工作，通过修建红旗渠、引滦入津、引黄济青等调水工程，积累了经验。这些经验对于我国南水北调工程修建有很大的参考价值。如今我国已建成南水北调东线、中线工程。其东线工程在满足北方水资源工农业生产与生活需求、改善北方生态环境、缓解由于超采地下水引起的地面沉降方面起到了积极的作用,但是耗电严重、南污北排、北方耕地次生盐碱化等问题影响沿岸经济发展转型、影响长江下游河口地区航运与生态环境,也需要引起关注。

南水北调中线工程的利弊这里不评判,大家不妨从经济效益、社会效益、生态效益三方面作思考。这里谈谈中线调水的配套工程"引江济汉"工程。国家为何花费巨资修建这样一个引长江水补给汉江下游的配套工程?请大家评判修建它的用意和价值。

延展思考:解决"水荒",节流的主要思路又有哪些?

三、"农业"离我们远吗?

直击问题:

(1) 何谓农业?

(2) 优质的东北大米。

(3) 寻找地理真相。

引言:

(1) 农业生产对于都市人来说需要了解吗?

(2) 今天"农业"距离我们远吗?

(3) 哪些"农业概念"让你魂牵梦绕?

在上海城市扩展、三大产业结构加速调整的今天,大量的耕地被"城市化""工程化""结构化","农业、农村、农民"似乎离我们越来越远。真是这样的吗?如果你走进超市,选择大米、食品油、蔬菜、水果时,你会不经意地想起"三农";如果留意建筑工地上忙碌的人们,留意环卫工人、门卫等,你其实已经关注"三农"元素了;如果你选择"农家乐"作为就近休闲好去处时,说明你已经对"三农"有感觉了。这里我们一起走进"三农"中的农业,从三个视角聊农业,希望由无序、片面的认识逐渐走向有序、系统。

农业是通过生物再生产获得产品的生产部门,它分大小农业,大农业为农林牧渔四部门总称,小农业就是指种植业。

视角一,一般与特殊。农业生产受到自然条件和人文条件的影响,有很强的区域性特点,各种作物生长都有"原驻地",也就是一般分布区域。如椰子、菠萝为热带水果,柑橘为亚热带水果,东北地区盛产春小麦,西北的新疆能够生产长绒棉,等等。但农业生产的复杂性在于其特殊性,特殊性就像个性小孩,有很多的"成长秘密"。大米属于粮食,而水稻属于作物,"水稻分布在我国秦岭淮河以南的水田农业区"似乎是地理常识,也是导致我国"南米北面"饮食差异的主因。地理教材上也着重解读了"中国南方的水稻生产"。除了雨热同期、地势平坦等常规因素分析以外,我们还可以从水稻播种的历史、农民的种植经验、人们的饮食习惯等地域性很强的因素出发去分析;再说,水稻生产属于劳动密集型的部门,也需要更多的劳动力,南方"人多地少"可以满足生产需要。照理说,东北地区气候类型不对、热量不足,也缺少南方具有的水稻种植的人文条件,但超市里大量的东北大米告诉我们温带季风气候下的大米似乎质量更佳。为什么呢?我们大致可以从以下四条思路去分析:一是东北温带季风气候同样具有夏季高温多雨的自然条件,随着水稻品种的改良,能够适应日渐变暖的东北气候;二是东北土壤肥沃,夏季太阳光照时间长,有利于水稻养分积累;三是东北平原地势平坦,有利于大型机械化操作(如今我国有能力生产优良的农机设备,借此,东北地区可算发达的商品谷物生产区,其大米生产有别于南方机械化程度低的特点),可以克服劳动力不足的弱点,提高了生产效率;四是我国运输能力和条件的改善,使"北粮南运"的运输成本下降。何况东北水稻产区几乎无工业污染,而南方地区土壤金属污染普遍严重,故此,东北大米的竞争力强。

水稻种植满足生长期高温多雨条件(或良好的灌溉条件)就有可能发展,我国北方的河套平原等地区由此也零星分布水稻种植。水稻"南方集中分布"为一般性认识,北方零星分布为特殊情况。同样的思考,南柑橘北苹果,苹果是温带水果,但也要知道我国西南四川、云南的山区也有苹果种植,它是以海拔换取"温度降低"来满足生存条件的,虽然数量不多,约只占全国产量的3%;南疆盛产棉花,其实北疆也产棉花,只不过植株矮、规模小、产量低;油橄榄主要分布在地中海气候区,但甘南武都亚热带及其边缘地区也是我国的油橄榄主要生产地区。由"一般"走向"不一般",会使你对"区位因素对作物生产的影响"更加敏感。放眼世界,一般认为"商品化程度高、作物单一性强"的热带种植园农业仅分布在非洲、南美洲、亚洲等发展中国家地区,殊不知澳大利亚东北部热带雨林气候区也有分布。还有生产方式,一般大家都熟悉"生产规模大、商品率高、机械化程度高、专业化程度高"的"高度发达的商品化混合农业"分布在欧美发达国家,其实,南非、阿根廷受西方殖民影响大的国家也有分布。这里的"不

"一般"是相对而言的,由"一般"走向"不一般"还会使你的观察力、分析力大大提升。

视角二,一样和不一样。农业学习中有些专业词看上去一样,但由于各地的区域特点、发展程度不同,内涵有极大的差异。如家庭农场经营,我们至少看到三种典型类型:一种是澳大利亚的,一种是新西兰的,还有我国南方的。澳大利亚和新西兰的家庭农场都经营牧业,具有规模大、机械化程度高、商品率高的特点,但两者规模差异比较大,澳大利亚家庭农场规模达到半个崇明区面积的有很多,新西兰就小一些,但也有半个静安区的面积,这与人地之比不无关系。我国南方是水田农业家庭经营,由于人多地少,一般家庭耕地拥有量也就几亩。最近几年,国家大力鼓励农业家庭农场经营,如上海松江区出现了一批家庭农场,他们整合土地、水利、机械等农业资源开展规模生产,规模扩大到几公顷,农业生产效率大为提高。又如混合农业,拿谷物种植和牲畜饲养混合比作套餐,基于种植业,美国是"玉米—牛猪套餐",澳洲主要是"小麦—牧羊套餐",阿根廷是"小麦—牛羊套餐",丹麦主要是"小麦—牛套餐",等等,差异很大,一样的词出现了许多不一样的内容。再如机械化程度,种植业讲机械化程度,牧业也讲机械化程度,因此,"机械化""机械化程度"不能简单理解,它受自然条件影响:日本这个丘陵山国,土地狭小,水田耕作机械化程度高,但以小型农机具为主;美国中部平原地区地势平坦、地域辽阔、人少地多,机械化程度世界最高,但机械以大型、宽幅为主。当然,两者机械化程度高与两国的制造业先进有关。因地制宜,我国东北地区和江南丘陵地区的机械化发展可以分别向美国、日本学习与借鉴经验。机械化程度也与经济发达程度、人口情况等人文情况相关,孟加拉国的机械化程度比同样为水田农业的我国南方地区低很多,主要也是这个原因。同样原因,我国新疆收摘棉花主要以人工采摘为主(每年西部地区采棉大军造成短时人口流动——短时劳务迁移,规模壮观),与美国棉花带机械化收摘的劳动效率差异巨大。非洲、拉丁美洲的旱作农业与我国北方的旱作农业机械化程度同样也没法比。机械化程度还与作物的品种相关,谷物生产、甘蔗收割等往往容易机械化,但水果、茶叶等采摘不易机械化。欧洲的地中海地区制造业发达,科技先进,但地中海农业往往具有高商品率、低机械化的特点,原因就在于葡萄、油橄榄收摘等不易机械化。但随着科技的发展,我们看到人类在这方面也已经有了实质性的突破,譬如机械化收摘葡萄,从收葡萄到榨葡萄汁一步、一机达成，期待该项技术的成熟与推广，那么葡萄酒价格或许会有所下降。还有同样是畜牧业，世界各地区域差异很大：一般发达国家为牧场畜牧业，经营规模大，以围栏放牧为主，专业化和商品化程度高；而发展中地区（非洲、中东、中亚、我国西北等地）则以游牧畜牧业为主，逐水草而流动，专业化程度低，以自给半自给为主。这些地区采取游牧方式的一个深层原因是草场质量偏低，单位草场面积上牲畜承载量低，如养活一头牛需要的草场面积比其他地区大。当然，我国内蒙古东部地区距离消费市场较近，近几年保护牧区生态，科技兴牧，畜牧业生产规模、商品率、专业化程度都有很大的提升。如果你能够通过"一样"的词或者概念，发现背后的"不一样"，就会发现农业世界也是十分精彩的。

视角三，真相追踪。农业学习中追踪真相，往往会让学习变得有意思起来。"橘生淮南则为橘，生于淮北则为枳"这句话出自《晏子春秋》，意思是橘树生长在淮河以南就是橘树，生长在淮河以北就变成枳树。这个案例经常见诸地理课堂、地理习题，用来说明水土等自然条件对作物生产的影响。但事实是橘与枳是两种完全不同的植物，枳树是有"臭橘""枸橘"别称，但绝不是"柑橘"。新疆的坎儿井，有人说它与我国万里长城、京杭大运河并称为"中国古代三大工程"，是开发利用地下水的一种很古老的水平集水建筑物，适用于山麓、冲积扇缘地带，主要是用于截取地下潜水来进行农田灌溉和居民用水。它也是炎热、干旱地区输送水源到绿洲地区的一种比较高效的方式。坎儿井内宽敞处可以多人走动，它极大地改善了新疆绿洲地区人们的生产和生活条件，也是劳动人类克服自然恶劣条件的智慧结晶。但不要以为这是中国独有，在有类似环境的地区、国家也有坎儿井的分布和使用，如中亚地区、西亚伊朗、北非突尼斯等，只不过名称有所不同。

再举一个案例，澳大利亚东南部的大分水岭以西的墨累河—达令河盆地是该国主要的小麦—牧羊混合农业区。我们都知道这个地区由于位于大分水岭的雨影区，降水量相对比较少，又为热带稀树草原气候区，盆地水量季节性变化大，干季时，大支流常有断流现象。仅凭当地的降水无法满足农牧业发展需要，因此，澳大利亚修筑了跨越大分水岭的雪山东水西调计划。该工程完成后，墨累河—达令河盆地水源条件大为改善，种植业的面积也大大扩展，农牧业取得极大的发展，当地居民的用水条件也有所改善。故事到此，大家应该为该项调水工程点赞。但是后续的发展，有点类似中亚阿姆河、锡尔河流域农业发展的故事。当年中亚两河流域地区引水灌溉,扩大棉花种植,最初棉花产量获得大丰收,随着时间的推移,由于过度灌溉,次生盐碱化蔓延,许多耕地无法耕种。受过度灌溉拖累的是流入咸海的径流减少,湖泊面积减少,一大片湖泊滩涂裸露,风一起,"白沙暴"严重,最初人们美好的愿望变成了难以修复的生态灾难。时间是最好的验证,雪山引水工程建成后,澳大利亚墨累河—达令河盆地水源条件得到改善,大片的湿地开垦为耕地,水量充足的墨累河为种植业灌溉面积扩大提供了保障,牧场的载畜率大为提升。然而,时间一长,水源供应跟不上农业发展的步伐。河流水架不住过度引水灌溉需要,河流径流减少,流域内森林草场生长不良,湖泊面积萎缩,湿地进一步减少。漫灌、蒸发旺盛,盆地内地下水盐度高的特性开始凸显,次生盐碱化严重,土地退化。不仅如此,墨累河河口地区来水量减少又引发了海水倒流,等等。至今澳大利亚政府还在为解决这一系列问题而努力,假以时日,或许又有澳大利亚减少雪山引水量、加强用水许可与统筹管理等为流域生态修复的故事。关于农业的"真相追踪",让我们深入地理学科魅力的核心领域,启迪更多人学会"地理质疑",在质疑、校正中日趋成熟。

今天,哪些"农业概念"让你魂牵梦绕呢?我想从安全、健康、愉悦出发,"健康农产品""有机农业""品牌农业""休闲农业""生态农业"等将会成为我们的选择。通过本篇的学习,你会发现"三农"的发展不仅改变着我们的生活,改变我们对于"三农"的看法,更重要的是正在完善着我们的思维方式和生存方式。

延展思考:崇明由县改为区,其中一个导向是今后的发展不再视农业为主要的方向,在这样的背景下,崇明农业需要改变粗放式经营,向精致、生态方面发展,请问你在这方面可以提出哪些案例供崇明农业发展借鉴?

第三章 生活地理走进课堂教学

一、基于生活问题的地理教学设计

地理作为唯一的横跨自然科学和社会科学两大领域的学科,以其学科的区域性、综合性、实践性的特点,有许多方面值得探索:在哪里切入?如何在育人、完善人方面作一些探索?基层学校、地理教师可以在哪个方面基于自身的优势参与教学改革?我们的学生喜欢怎样的课堂,教师又如何提供?如何使教学的三维目标尤其是学生的情感、态度和价值观与前两者更好地融合?我联合组内外教师试图从"生活地理"这一路径进行探索与实践。

(一)教学设计原则

1. 理趣原则

"有理+有趣"不是简单的物理相加或者视为事情的两个方面,我们以为,"理"是"趣"的由来,"趣"则由"理"而生发,"趣"不能想成仅是"有趣"。有人认为地理是关于地球的理论,其实地理是研究地理环境以及人与环境之间的关系,它的主要研究对象是复杂的地球表层系统。运用生活地理进行教学设计时,遵循理趣原则,变"复杂的环境存在系统"为探索"我的生活世界系统",因研究"自我的世界"而促使学生想要学。比如,我们用"见风使舵"来讲述海上风浪对于航运的影响,如郑和下西洋;用"风急浪高"来讲述西风带的景况,十分形象,如我国首位帆船航海家郭川环球航行中遇到最恶劣的海况处——合恩角西风带;"风为雨头"则用来说明锋面雨降雨的缘由,如冷空气南下,在冷空气的最前面(冷暖空气交界处)多雨,风来雨来;其他如"风调雨顺、风和日丽、风轻云净、暴风骤雨、狂风恶浪、青山绿水、滴水穿石、夏日炎炎、秋高气爽、秋风落叶、一叶知秋、秋收冬藏、春华秋实、山重水复"等带有生活味的成语,诠释地理原理起来颇有味道,在讲"理"中带出"趣"。"农历上半月月追日(太阳早起),下半月日追月(月亮早起)""井水就犯河水"等俗语内涵丰富,当学生对其正确解读时(了解和理解"月相变化真相"),则趣味横生。

2. 启发原则

启发意味着不是直接或者全部说出来,要留有空白,更意味着不仅仅是着眼当下的学习。生活地理导入高中地理教学,一方面可以让学生带着生活中的地理问题、现象来促进思维,更重要的是培育学生形成用地理的视角观察"我的生活世界"的意识,这种意识将有助于学生的终身发展,为学生学会学习、终身学习"添砖瓦"。如上海延安路原来是河道,此河道还是法国租界和公共租界的界河,以此探究城市河道缩减对于城市环境系统的影响,或者提出"假如今天的延安路还是条河,上海城市的功能和土地利用结构又将产生怎样的变化""延安高架阻断了空间,还阻断了什么"。学生养成以地理视角观察生活世界的习惯,提升相应的意识与能力,是地理教学的主要目标;"地理好玩"是学生对地理学习进入更高思维台阶的领悟。

3. 校本原则

在选择生活地理设计地理教学时,优先考虑"校本性",也就是优先选择本校学生熟悉的生活世界,选择学校的本土资源,这样的资源距离学生更近,因而更能与学生产生共鸣,引用这类资源,能使地理教学更具有独特性。例如,对于上海市第一中学高一学生而言,有游学绍兴的经历(因为他们的春游目的地是绍兴,回校恰好学习高中地理教材中的"地域文化"篇章),在学习"地域文化"时导入绍兴的乡土文化,如"三乌"文化、鲁镇建筑风格、绍兴小吃等,更能触动学生的心灵。如此,不同的学校呈现的地理课堂则是各具风采的,具有乡土性的。校本原则也十分重视本校学生的视野、见识以及对世界的感知能力,如静安区的学生作为上海中心城区学生,相对来说,对老上海印象认识较多,对海外的风情了解得多一些。

(二) 教学设计策略

1. 资源整合

广义的高中地理教学设计不仅包括地理课堂教学,还有课堂以外的地理学习设计,资源整合是教师经常使用的一种策略。由此,这里的资源整合思考两个方面:一方面,整合生活中的地理课程资源进入地理课堂及其教学各环节之中;另一方面,整合生活中的地理课程资源融进地理实践、校本课程开发、地理小课题研究、地理校园活动等之中。这里的资源兼顾课堂内外、学校内外,还包括学校现有的活动项目安排,而资源的梳理、开发及其整合设计,对地理教师有较高的要求。

2. 师生共营

共营就是共同营建、共同经营。生活地理从生发角度分为静态存在和动态生成两部分。当下的教学,从对象视角看主要是由教与学两部分构成,学生和教师是教与学双主体的身份,因此,融进高中地理教学设计的生活地理,理应由教师与学生共同来构建。学生群体的生活世界和教师的生活世界、彼此的阅历与经历组成了这种构建的基础,同时,师生的生活世界是时移世易的,是变化的。这样的生活地理进入高中地理教学,除了能激活教学以外,还能使高中地理教学更具有校本特色、鲜活性以及动态性,这种教学在育人方面更具实效,它要求教师真正认识所教的对象。

3. 传承创新

生活地理具有动态性,因此还需要对以往的积淀进行传承,如此,我们的经验得以更好地积累,并使这种积累更具有历史的厚度,同时,为使这种积累具有生命力和针对性,则需要不断地创新视角观察、创新搜索经历等方式丰富生活中的地理世界。世界在变、时代在变、环境在变、师生在变,人的思维方式与能力也在变,这就为创新提供了可能性。"传承创新"着眼点不止于资源的积累,更重要的着眼点在于其设计的意识。地理热点因公众关注度、兴趣度高,往往会成为教与学内容创新的重要载体。

4. 系统迁移

一个生活地理问题,可以看作一个子系统,这个子系统的使用设计是可供借鉴引用的,这就是一种"系统迁移应用"策略。这里有两层意思:一层意思是一个生活地理问题与事项可以迁移到另一个相似问题和事项的设计应用,如上海市中心城区学生联系石库门、海派文化来帮助了解地域文化及其受环境影响,可以迁移到"乡镇学生联系古镇建筑及其文化""北京学生联系胡同文化"来学习;另一层意思是思维层面的系统迁移,首先把生活地理看成一个系统,是整体,不是零碎的,而后变换环境、变换使用主体、变换时空,进行适当的调整,加以应用,如上海到杭州异地上课的教师运用生活地理,以图片、知识风暴等呈现方法接近学生,引发杭州学生对于上海教师、对课堂的认可,能缩短师生距离,提高教学效率。

（三）教学设计路径与方法选择

探索基于生活问题的高中地理教学，即根据本校学生的心理发展规律、认知水平和认知能力，整合各类课程资源，联系生活实际，精心设计教学环境、流程，引导学生从经历和体验出发，激励学生学习地理的兴趣，运用所学地理知识解读、解决实际问题，并形成地理视角看问题的习惯。

1. 路径一：在课堂教学及其环节中设计

（1）在绪论课中导入生活地理

地理绪论课是学生刚接触（初中）、再接触（高中）地理时，教师说明"为什么学地理""怎样学地理"两个中心问题，激发学生地理学习的欲望、热情与憧憬。教师如果运用丰富的、生动的、贴近实际的生活中的地理实例，来说明地理学科所要学习的内容，则会引发学生共鸣，激发学生参与学习讨论的欲望，拉近地理教师与学生的距离，并由此使学生认同地理教师。绪论课中引入生活中的地理实例，面上全部铺开是不现实的，采用"面上选点，点上精解"方式实施教学，既要在面上选几个与生活地理相关的典型事例，又要对某一两个典型案例运用地理知识对其精辟讲解，着力体现地理又博又专的学科魅力。如举例"教室阳光的照射面积季节变化""学校旗杆的影子长短与方向的变化"，结合案例"江南造船厂搬迁与世博会的场馆建设""崇启大桥开建与启东、上海两地的影响""迪士尼乐园的选址""上海市火车东站建设"等。

（2）在日常教学环节中运用生活地理

① 在课堂引言中运用

重视新课导言，善于利用情景教学法，巧妙地选择生活中的地理知识，用生动的、鲜活的案例，激发学生兴趣，使之进入最佳的求知状态。这方面的材料是丰富多样的，如图瓦卢岛国的举国迁移与全球气候变暖，太空探测与地球的宇宙环境，房屋的窗户朝向与太阳直射点位置，各地民居特点与降水的关系，各国民族服装与气候的关系，东非大裂谷与板块构造学说，南北方同学的饮食差异与农业生产，上海特斯拉工业项目与工业布局，外省市学生返乡的路途感受与交通运输、人口迁移，新杭州湾大桥与上海区域发展，等等。

引言中运用的生活地理知识大致分为两类。一类是仅作为新课的引子，在课首与课尾应用。如2008年新疆观日全食后引出问题：在2009年7月22日，21世纪最壮观的日全食奇观将覆盖长三角，你能推断那一天的农历日期与月相吗？再如2016年11月14日有21世纪超级月亮的奇观，由此推导当时月地距离、月球位置与公转速度。这类导言，在复习课中运用，会激励学生进一步深入学习。另二类则是贯串整节课的教学。如第二次世界大战中诺曼底登陆成功最关键的是选对作战时机，在时机选择上各兵种是考虑月相还是潮汐，或是其他？这样的问题来源于真实的事件，能使学生产生想知道答案的欲望，也必然会随着教师一起了解月相潮汐，月相与潮汐知识逐步演绎的过程也就是谜底揭开的过程。

实际上，这类问题一经提出，恐怕有些学生就去对照教材寻找答案了，随之学生对地理的有用性、应用性会有新的认识。

② 在课堂问题设计中运用

课堂提问的目的是提高学生课堂思维能力，提高学生分析问题解决问题的能力，让学生形成自主学习的能力。同时，课堂提问的内容要围绕教学目标，紧扣地理教材的重点与难点；值得注意的是，所提问题还须切合学生实际——他们的知识水平与以往的经历，而且问题步步关联，有坡度。生活地理进入问题设计，让学生的学习思考联系以往经历与生活实际，对问题有亲近感，解决问题的动力随之增强。如学习"灾害"模块，进行问题教学，由问题系列设计引导学生学习、思考。

比如，上海遭遇百年未遇的暴雨袭击时，同样的雨量为什么市区产生严重的积水，而郊区没有产生严重积水？积水严重的原因有哪几方面？你能画一张因果关联图吗？城市中严重积水分布区域与绿地面积多少有怎样的关系？你能用一张醒目的图表示两者关联性吗？假如你是主管部门官员，你对暴雨积水的对策是什么？暴雨袭击还会产生哪些现象、次生灾害？……这样始终围绕水灾知识，层层设问，步步引导学生合作学习，展开讨论，运用地理知识综合分析、解决生活中的问题。

借助学生的生活经验展开问题式教学，还可以使教学生动，更能突破某些教学难点。在地理课程中，有一些内容是比较抽象的，如果仅是照本宣科或是教师单纯讲解，往往显得很是枯燥，学生也较难真正理解。如果教师能够借助学生的生活经验，按照学生的一般认知规律和可以接受的程度，设计系列问题将学生已有的经验类比延伸、层层深入，便能使学生从具体看得见、摸得着的事物入手，较好地化解教学中的知识难点。

比如，为了增加学生对"土壤的物质组成""土壤的肥力"这些概念的感性认识和透彻理解，教师可以结合学生已有的生活体验提出这样的系列问题:"同学们有没有为花盆里的土壤浇过水?""浇水后,花盆中发生了什么现象?""这种现象说明了什么?"这些问题可以帮助学生利用已有的感性认识进一步认识到土壤的物质组成。接下来设置的情景问题是:"在生活中我们经常遇到或了解到这样的情况:久晴无雨,植物容易枯萎;久雨无晴,植物容易烂根而导致死亡;植物疯长枝叶而不结果实。你们能诊断其原因吗?"对于这组问题的生活情景,虽然有些学生不大熟悉,但在教师的启发下学生可以利用既有的生活常识和生物学知识进行层层分析,从中也明白了土壤肥力的衡量标准。又如,"天气系统及其影响下的天气"往往也是教学中的难点,可以利用学生对于梅雨、伏旱、台风等的亲身感受展开教学。实验证明,在生动有形特别是学生有体验的生活情景中,学生更容易接受和能深入地进行学习。

③ 在小组活动或探究学习中运用

课堂适度开展小组活动和探究学习,因留有时空,有利于学生对地理问题作更进一步的思考,小组讨论、角色扮演等形式,可以使更多的学生阐述自己的观点、见解,也给予学生弱势群体表现的机会,交流彼此相异构想,学生的学习主体地位则更加凸显。生活地理紧密联系每一位学生,这类问题也更能让学生在小组活动或者探究学习中有所发挥。

比如,在"产业结构的优化"教学时,教师可以设计思考:今天位于市中心区域的静安区基于效益能布局工业吗?(延伸思考:如能,为什么?布局哪类工业?如不能,又为什么?)随着经济的发展,你认为应怎样发展静安区的都市工业?角色扮演形式:从静安区区长、静安区环保局局长、静安区企业家、静安百姓等不同的视角对今天静安工业发展与布局发表不同的见解。学生还可以选择其他任务:你能否在静安区图上画出主要的都市工业园分布?能否举一区内"前店后工厂"的实例?(注:今天静安区在原南汇镇上有一个工业园区。)

"产业结构的优化"还可以换一种方式来设计教学,通过提供相关的资讯,来分析应用。如提供学校邻居——静安区同乐坊资讯:20世纪20年代,同乐坊即已深入人心;当年的静安区小沙渡路(今天的西康路)、新加坡路(现名余姚路)和海防路所合围出来的三角地带,占地11300平方米,建筑面积约20000平方米;除了上海特色弄堂之外,还有很多让老同乐坊人所骄傲自豪的"弄堂小工厂",根据1947年的英制地图记载,当时的同乐坊内坐落着中国钢铁工厂、中国钢品厂、马宝山糖果饼干制造厂、增泰纺织染厂、三元橡皮印刷厂、兴业化学工厂、公用电机制造厂、友联建筑公司工场、新恒泰铁工厂、兴昌漆作、上海锡纸厂等弄堂小工厂；还有芷江大戏院、芷江电影院、西海商场、西海照相、西海体育馆、国术场、竞华中小学、台球室等文化体育场所，大宁电料行、张行记号、大明书店、恒裕酱园等小店铺，与石库门弄堂相伴同乐坊。近80年的发展演变，同乐坊已经是上海变迁的最好见证。2005年，一项改造老公房的工程正式运作，同乐坊成为首批上海18家创意产业集聚区之一，目标是建成一个兼备时尚娱乐和文化休闲产业的消费场所，成为上海新城市风尚的形象建筑。与其他以设计类、建筑类为主的创意产业集聚区不同，同乐坊以文化、休闲、创意为导向，国际化、文化性、互动性为一体：别具风情的酒吧，精致典雅的餐厅，标新立异的概念零售店，艺术前卫的画廊，文艺实验的小剧场，构成了同乐坊在上海文化地图上的一个个坐标。同乐坊经历了工厂和文化体育场所集聚，思考：从产业变化的视角分析这种变化，能够给予我们什么启发？今天静安的工业哪里去了？

　　用身边的、生活中的地理元素导入地理课堂问题，更有利于不同见识的学生、不同性格的学生发挥才智，分享积累和体验，获得差异性发展。同时，通过学习活动，学生收获的不仅是书本知识、乡土知识，更重要的是改善了思维习惯，培养用地理视角去分析、观察"生活中的问题"的意识、能力。

　　④ 在课堂教学评价中运用

　　教学评价是依据教学目标对教学过程及结果进行价值判断并为教学决策服务的活动。教学评价是研究教师的教和学生的学的价值的过程。教学评价一般包括对教学过程中教师、学生、教学内容、教学方法手段、教学环境、教学管理等诸因素的评价，但主要是对学生学习效果的评价和教师教学工作过程的评价。教学评价具有诊断、激励、调节等作用。生活地理进入课堂，教学评价通过对生活中的问题的理解、应用分析，可以诊断课堂教学的效率，进而调整教学进度、内容、方法等。生活地理因为联系生活，实践性、应用性强，而能在诊断教学中具有优势，一些生活地理的试题也说明了这一点。

　　比如，提供资讯验证学生对于我国人口计划生育政策的理解。引入诺贝尔文学奖获得者莫言的小说《蛙》的观点与国策的冲突：中国人有句古话，"不孝有三，无后为大"，政府有句老话，"实行计划生育是我国长期坚持的一项基本国策"，这两种话语的冲突在莫言的《蛙》中逐一彰显——"蛙"作为多子的象征与小说中的计生国策形成了一个悖论。

这里的理性分析，需要突破"零一"思维，这对于学生树立正确的人口观十分重要。另外，我们学习"地域文化"时，可以通过让学生谈"绍兴地理环境与绍兴文化形成"来验证；我们学习"热岛效应"时，启发学生举例来说明该效应的存在（这里可以联系学生的郊游和东方绿舟军训基地的郊区穿衣体验）；学习"气候对人类活动"时，用学生对于各种气象指数的了解来验证；等等。这些话题贴近学生的生活体验，因此学生一般不会无话可讲；由学生委婉道来或者慷慨陈词，是一种激励，也可以视作学习观察，丰富了教学评价的手段和形式。

⑤ 在课堂教学小结中运用

课后小结是回顾、总结这一节课是否成功、是否达到了预期的目的，可以起到备忘录的作用，又能提高教师的教学水平，在教学中起着举足轻重的作用。课堂小结不单可小结本课知识点，也可适时小结学法，也可由教师提出启发性的问题让学生自己小结，甚至也可把学生间的互评带到课堂小结中来，详细来说可以有以下五方面的作用：对课堂教学进行归纳梳理，小结能给学生一个整体印象；小结能促进学生掌握知识总结规律；小结是学生对新知识一次很重要的回顾；小结为学生进一步学习架设桥梁，埋下伏笔；小结定格的影像是学生复习的依据。

如用"上海物体影子一年中的出现时间、影子长短变化规律"来总结"昼夜长短和太阳高度变化"，对课堂学习进行梳理，讲清楚这个问题，就基本解决了该章知识的学习：冬季影子长、出现的时间较短，一天物体的影子由西北转向正北再转向东北，等等。再如用"上海的海岸地貌类型、分布与特点"来小结"地貌"的学习：上海淤泥质海岸（多数）和基岩海岸（洋山、大小金山），既可以巩固所学知识，又为学生进一步学习"地貌与社会经济"埋下伏笔。又如，用"上海的衡山路休闲一条街形成原因的综合分析"来小结"商业区位条件"的学习。当学生从地理位置（连接徐家汇与淮海路两大商业中心等）、街道环境（法国梧桐树、小公园绿地错落分布）、原有基础、不同风格建筑集聚、交通条件、邻近各国领事馆、区域附近人口结构与消费能力等方面进行分析总结时，他们对于商业街道的发展区位条件就比较清晰了，并有了一个整体印象。

以上用生活地理来小结学习内容比较接地气，在应用地理知识分析实际问题中小结,在小结中再次践行"地理的应用"。

我们用以下这张图来说明"生活地理世界"的构建以及课堂教学运用:

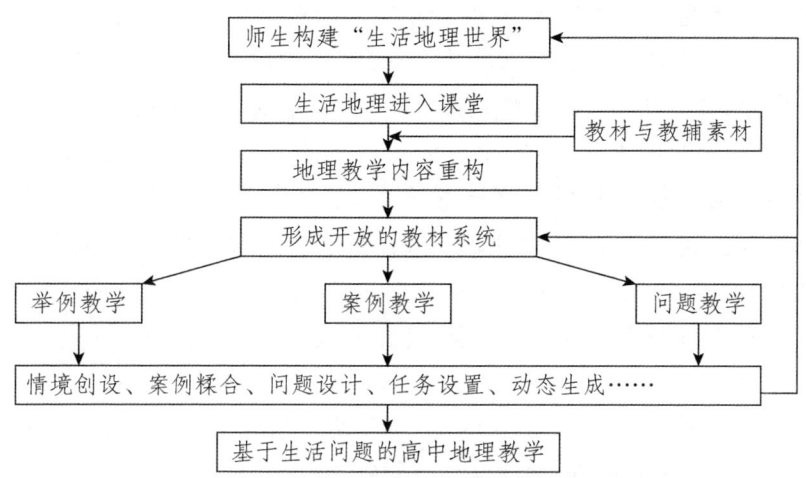

生活地理进入地理课堂图示

由师生归总生活体验与经历、生活感知与感悟,共同构建"生活地理世界"。带着这个"世界"走进课堂设计,与教材和教辅素材整合,重构地理教学内容,建立开放的教材系统,运用举例教学、案例教学、问题教学和情境教学等方法,通过情境创设、案例糅合、问题设计、任务设置、动态生成……来实现基于生活问题的高中地理课堂教学,并及时捕捉动态生成的资讯,进一步完善开放的教材系统。生活地理对于活力课堂的建设、对于课堂氛围的营造、对于学生学习效益的提高等多有促进。

⑥ 在地理作业训练设计中运用

作业系统是课程与教学系统中的重要组成部分。新课程改革需要教师更新作业观,设计不拘泥于教材、配套练习的作业,建设个性化、校本化的练习系统。新作业观的作业功能不仅仅在于知识、技能的检查、巩固、提高,还应注重体验和发展的功能,侧重于知识、能力、情感、态度及价值观的整合方面,促进学生全面发展。生活地理内容整合进作业设计,是较好地体现新作业观的方法之一。地理作业可以大致设计为短期、中期、长期。

短期作业主要是结合课堂教学内容的作业设计。如学"地球自转的意义"时,设计:请你结合地球自转产生地转偏向力的原理以及江河桥梁设计兼顾航运的做法,分析讨论上海市区到崇明岛(途经长兴岛)是采用南隧北桥还是南桥北隧方案,请叙述理由。(提示:隧道比桥梁建设成本高很多。)

中期作业需要一定时间观察、思考、查证。如9月开学初,结合教材中综合实践活动设计:为期一月的"月相观测",做好记录,配文字解释观测到的现象,以小报或其他形式在班级内展示交流。(提示:记录观测时间、地点、月亮出现方位、天气,联系期间的中秋节文化,关键要记录真实场景。)再如动态探究日本地震与核危机、雅安地震与灾害程度评估。

长期作业是一种以一学期为期的专题作业。如从生活地理切入(与地理时事、热点的结合,与静安乡土地理的结合,与体育地理的结合,等等),整合高中地理教材专题内容,成立课题小组,自主选择探究的点,以一学期为周期,小组合作探究。成果形式要图文并茂,凸显地理性。学生通过分工—合作—交流—展示的学习活动过程,强化了联系实际分析地理等意识,能力得以提升,思维得以训练。

最近几年我在社区爱心学校、区教育学院以及科协组织的讲座中获得的体会是:生活地理以其时效性、区域性、亲近性特点,使讲座内容更丰富,趣味性增加,灵活性增强,知识更便于理解,能尽快缩短原本因不熟悉而存在的师生距离,自然受学生欢迎。我随静安区青年骨干教师团到杭州进行异地交流,沪杭两地两位地理教师就同一课题"干旱的宝地"执教,各施才华,奉献了两堂精彩的地理课。杭州教师采用智力冲浪作知识铺垫导入新课,是从初中学生的心理、年龄特征出发设计,受到学生欢迎。上海教师则从学生生活的环境即素有天堂之称的杭州美景引入新课,再切换到干旱地区的景色,"杭州美景"拉近了师生的情感距离,同样效果良好。

地理教学走向生活化是指生活地理走进地理大课堂,也包含地理教与学的一种生活化状态,这种状态基于生活地理形成的和谐师生、生生学习对话,为学生个性的发展创造了优越的"生态环境";行云流水的课堂、没有问题与停顿的课堂,不具备这种环境。关于课堂教学生活化,又可以加以归总,从这样三方面来理解:

教学资源的生活化。"问渠那得清如许?为有源头活水来。"地理课教学的"源头""活水"就是实实在在、丰富多彩的社会生活,它为地理课教学提供了取之不尽、用之不竭的素材。在以往教学中,教学的资源由教师收集提供给学生,再设置问题由学生讨论,这样的教学资源由于不是学生本人的直接体验,学生对教师提供的材料不感兴趣。生活化课堂必须结合学生的直接经验,以直接经验、社会生活来丰富、扩展和提升学生个体的认识,把社会生活中的教育资源与书本知识融会贯通,从而发挥现实生活世界、直接经验对于学生身心发展的积极、独特的作用。

教学内容的实践化。课堂教学必须源于现实生活,又高于现实生活。丰富的社会生活提供了丰富的教学素材,怎样激活这些素材,使零散的生活素材更好地为教学服务,发挥它的教育功能,是课堂教学生活化的关键所在。辩证唯物主义认识论认为人的认知规律是实践—认识—再实践—再认识……就是从实践中来,再回到实践中去。生活化的教学除了注重教学素材、教学情境的生活化外,也要注重教学内容落实的生活化。为此,生活化课堂必须具有学生自主学习、主动探究的氛围,充分发挥学生的主体意识,促使他们积极感悟、体验生活的价值和生命的意义。

教学方法的生活化。教学过程中所呈现的材料不单是施教者与受教者之间的中介,而是作为类主体与施教者、受教者相互交流,与主体的生命和情感沟通;施教者与受教者的关系也不机械地划分为主客体关系,或是在不同条件下互为客体关系,施教者与受教者必然发生交往行为,产生交互作用,达到相互沟通和融合。新课程观指出,课程不应仅仅理解为教材,而应当看作有计划地安排学生学习活动的过程,使学生参与活动,增加体验,获得发展。地理教师在教学过程中应更新教学方法,更多地关注学生的自主活动以及在活动中的体验和感受,即由传统的师生授受教学向体验教学转变。因此,在教学过程中,再现和创设生活情境,寓生活原型于教学过程之中,沟通书本知识与生活的联系,将生活原型作为探索实践活动的感性支撑,建立一种开放的、与生活相结合的、生动的课堂教学方式,就是教学方式生活化。

2. 路径二:在校园活动、学生社会实践活动中设计

如何为学生提供更多的时空学习生活地理?有效的策略之一是整合学校的春游活动、学生的实践活动开展。如学农期间,教师摸查学农地区的有效资源,策划郊区资源和农业生产的现状调查、分析,通过学生的资料收集、实地考察并召开成果交流会以实现教材中的综合实践的任务。(提示:教师提供郊区资料、调查的相关项目表、作业的评价指标,提高学生调查实践的成果意识。)再如学生南京考察,自上而下与自下而上相结合提出与南京相关、适切的小专题探究,如南京城墙与降水、南京人与法国梧桐等,回来交流,收效明显。不增加学生的额外负担,又丰富学生活动的内涵,捎带生活地理的学习,成本投入少,产出效益佳。当然,其间地理教师需要协调、组织和周密部署。

以下是民立中学的三个案例。

一、走进学校四大传统节日

每年被大家津津乐道的"四大节日"就充分体现了民立中学"大课程"的理念。让我们一起来看看由政治、地理教研组承办的"民立中学第九届人文节'印象中国系列(一)'高二年级专场"活动。

活动分为"教室环境设计""知识竞赛"与"现场辩论"三个环节。高二年级各班按抽签结果,用精心的设计与独特的创意,向全校呈现了西藏、北京、广东、山东、四川、上海等六省市的不同地理地貌、风土人情和历史文化特色。

高二(1)班的藏经与唐卡,充满了民族文化内涵,一支优雅的藏族舞蹈让人遥想着雪山蓝天下美丽的藏族姑娘。

走廊里的"万国旗",令人想起儿时的上海市井特色,卖烟与修鞋小贩的吆喝声此起彼伏,优雅的名媛与绅士在百乐门内翩翩起舞,满是浓浓的上海风情;高二(6)班带来了一个真实的老上海。

高二(5)班用"熊猫文化""饮食文化""九寨风情"诠释了一个动人的巴蜀故事。

翻滚的蓝色海浪、美丽的青岛沙滩,心灵手巧的高二(4)班同学用漂亮的剪裁装饰布置出了一个有模有样的山东。一段齐鲁大地的快板独白,令人记忆犹新。

高二(3)班的墙壁上几近可以乱真的"广东烧腊",令人叹服于学生精湛的绘画技能;广告小传单、限流放行措施、敲章点心兑换券,让人感叹学生精明而富有创造力的市场经济头脑。

最后,"一日游"团队在巨大的北京站画像与北京地铁站前,驻足欣赏用数字化手段(iPad)呈现的北京风貌,品尝着正宗北京烤鸭,惜别了这精彩的旅途。

礼堂里的知识竞赛上,各省市代表团各显神通,最终高二(5)班胜出,获得"博学机智一等奖";以"异地高考利弊之我见"为话题的现场辩论中,场上场下相互辉映,充分展现了当代民立学生博雅、多才、思辨的能力。

二、走进高一年级南京考察活动

南京是"中国四大古都"之一,有"六朝古都"之称。在中国的近现代历史上,南京留下了浓墨重彩,成为这座城市独有的财富。学校每年三四月间组织高一年级全体学生赴南京的社会考察活动是一次综合性的社会实践活动,也是高中的一项常规主题活动。

我们将创新实践活动融入主题活动中去,以研究性学习为载体,构建课内课外联动的学习模式,取得较好的教学效果。同时,我们也清醒地意识到,创新实践活动绝不是一个单独的活动模式,其"创新"价值就体现在以研究性学习为载体,将学科内容与德行教育在学生社会实践活动中进行整合。

南京社会实践活动是我们的一次全新尝试,我们的每一个备课组,结合本学科、本学段的教学内容与特点,以"感受·感动·感悟"为主题,搜集、整理和设计了与学科相关的学习内容,如地理学科以"走进'虎踞龙盘之地'"为主题,介绍了南京的位置、环境、建筑、风土人情、城市特色等。我们把教师们的资料汇集编撰了校本教材《南京社会考察指导手册》,在课堂上引导学生学习,帮助学生做好了实践活动的充分准备。此外,我们还从年级组和学生课题研究院两方面为学生们提供了参考课题近50个(其中地理课题20个),并进行了课题研究的相关培训和讲座。

在南京期间,学生们带着前期制定的课题研究计划,进行了充分的自主探究活动。令我们欣喜的是,活动结束后,学生回到学校,回到课堂,并没有停止学习的脚步,依然忘我地投入更深入的研究与学习中去。有的学生为了能够清晰呈现南京城墙的构造,亲手绘制了示意图;还有学生用乐高玩具模拟南京城墙的倾角,用积木实验分析墙体坚固的程度等。这是一个多么奇妙的学习过程,从课堂中起步,学习的过程延续到课堂外,再回到课堂中,将学习内容与实践所得融会贯通。研究型学习和主题活动相结合开创了创新实践活动的新模式,将课堂从单一的场所向多元发展,起到了 1+1>2 的效果。

三、走进东方绿舟军训活动

在定向越野项目中,地图运用等地理技能得到实际体验。事前,地理教师就项目中的技能进行一定的辅导,学生在辅导后去活动,得以有更不一样的体验。一位学生在2012年军训后留下了如下的感受和体悟:

在众多的训练项目中,我们最期待的、也最磨炼我们的就是定向越野了。

　　顾名思义,这是一项艰巨的任务。按分配好的队伍,我们拿着手中的地图和指北针踏上了"征程"。在出发前,我们就互相留下了通信信息,以免有人掉队或者走失。"一切命令听指挥",跟随着队长的步伐和命令,一路上大家说说笑笑,走走停停,不时地研究地图,讨论地点及线路。最令我记忆犹新的是我们第一个到的包扎地点。第一次接触这种活动,大家全凭手上的教程,进行一步一步地操作。Gaga是我们队中唯一不戴眼镜的,自然就成了我们的试验品。我在一旁仔细观察着队长的手法,力争记下每一个步骤。站点的老师来检查,指名要我包扎Gaga的头部,我在那里弄,队友们在那里干着急地看,趁着老师去别的组检查,大家纷纷帮我把没有弄好的地方补好,见到老师走回来时,大家纷纷像触电似的收回了双手,笔挺挺地站在那里装无辜。正在大家努力憋笑难受的时候,老师渐渐靠近了:"哎哟!太完美!"随老师的这一句,大家终于憋不住了,互相望了几下,笑开了,老师也为此奖励了我们三块牌子。

　　时间分秒流逝,队伍中有些队员明显有些跟不上了,我们并不会抛下他们。眼前,地图上显示我们要找的打卡器在一个厕所附近,我们跟随队长来到她以为的厕所,四下寻找了许久,终究没能找到打卡器。此时队伍中有人打趣道:"是不是知道我们队只有女生,所以故意刁难放在男厕了啊?"我们的Gaga一脸认真地冲了进去,幸好里面没有男同胞在上厕所,不然一定会吓得不轻吧?

　　当寻找最后一个目的地时,我们走了一条小路,虽然事后发现从旁边的大路走更便捷,但我们有了不一样的感受,周围都是花草,五彩缤纷,中间有一条小路,是由木质小桥制成的,我们置身于这一片花海中,四面的花香扑面而来,蝴蝶在花丛中飞得不亦乐乎,成双成对地翩翩起舞,好不惬意的一幅场景。我们找了一朵小花,放在了Gaga的口袋里,当我们加快速度,跑下一个下坡后,只见Gaga一脸沮丧,原来花瓣都不见了,只剩下花蕊了。这也许是大自然在教导我们,眼前美好的一切都是属于这里的,属于每一个人,而不属于任何一个人吧。

　　虽然,我们回到大本营时已经有许多队伍都回来了,但是我们班却拿到了最多的加分牌,我想重要的不再是结果,而是我们所享受的这整个过程吧!(毛轶炜)

　　"纸上得来终觉浅,绝知此事要躬行。"开放课堂,活化地理教学,优化整合教学资源,学生们走出教室和学校,通过完成研究型任务保持学习的状态,在不断丰富的经历中构建认知,活用知识,培养能力,积累经验,得到了在传统课堂中得不到的收获、体验与感悟。

3. 路径三:在学生地理小课题探究中设计

课题探究是一种培养学生创新思维的探究型课程。学生走进生活地理世界,经历了选题、探究、总结、交流成果之后,培养了探究精神,养成从不同视角观察生活世界的能力。同时,课题探究可以发挥学生多元智能,让教师发现学生身上的闪光点,为正确评价学生奠定基础。学生在实践中学习到了课堂上无法学到的知识与技能,锻炼了全方位的能力。有学生在总结自己的收获时,说道:"我们都圆满完成了自己的课题,并在课堂上进行了丰富多彩的展示。我们在这次的探究中学到如何更好地整合、分析资料,学到了如何为人处事,学到了如何在面对困难时坚定信念、坚持不懈,也学到了在关键时候"厚脸皮"——跨出了超越害羞的一大步。我们看到了那些诚恳的村民,从他们身上看到了不同于城市的热忱。每位同学都投入社会考察活动中,积极工作并且进行记录,不仅仅是为了关心农村、增长见闻,更是锻炼自己的适应能力、探索能力,积淀自我。总之,乐趣无穷!"

有些生活地理问题,通过较深层次的介入,学生会获得更深刻的体验,对专题问题有更深刻的了解。地理教师有责任指导一些学有余力的学生走进社会、走进生活,开展一些地理小课题的研究。在地理小课题探究中,教师指导学生分析、解读生活地理,但更重要的任务是启发学生以自己独特的地理视角来发现新的地理现象、问题、课题。我们的一些探索与实践:学校周围的威海路、延安西路、石门路引发学生探究上海马路的命名;学生学习太阳高度变化时,恰逢当时民众关注建筑采光权,学生探究太阳高度的时空变化与不同地区建筑高度数学建模;有关低碳生活学习时,学生联系火锅饮食和冷饮食用,提出"温食有益"专题并探究;学习上海海派文化时,校门口的石库门,引发学生探究"石库门不衰的密码",独辟蹊径从采集石库门故事着手,赋予人文情怀;还有课题"骑行中看静安,轮迹中透文化";等等。后四者以其新颖的视角与理性的推导,探究成果获得上海市青少年科技创新大赛二、三等奖。以下举两例详细说明。

一、学生课题"骑行中看静安,轮迹中透文化"

民立中学位于威海路上,以静安别墅、张家花园、太阳公寓为邻,推门见老上海历史文化是我校特色。基于此,我们提出"静安历史文化骑行路线设计方案",这个课题还有如下背景:首先,呼应党中央在十七届六中全会上提出的要把文化建设放在党和国家的重要战略地位;其次,静安区丰富的历史文化遗存以及带有老上海韵味的区域文化特色,静安人要看,四方游客对此更关注;第三,随着时代的进步、城市化进程的加剧,城市人口的亚健康问题同样是我们所关心的;第四,汽车在城市交通中扮演着越来越重要的角色,全球环境污染问题愈演愈烈,传统能源供不应求,公众的低碳意识急须提高,低碳行动急须落实,我们学生有责任参与低碳行动。

  静安区面积小,停车也不便,整合文化之旅与骑行,骑行中看文化,文化之旅中骑行,是现代都市人、静安游客的理性选择。为使骑行中看文化更有目的性、计划性,我们思考骑行路线的设计。经过小组查找资料、实地考察,我们设计了4条静安骑行路线,分别是:展现静安先进教育理念;展现静安深厚文化底蕴;展现静安集方便、舒适、娱乐为一体的环境;展现上海的红色革命足迹。

  这个活动让我们能够更深入了解静安区特色的历史文化;能够意识到环保不仅仅是马路边上的横幅,更是我们身边切实可行的事;能够明白体育运动可以与文化相互结合,提高人文地理视角观察生活环境的能力;能够为静安区的骑行爱好者或者前来静安区的旅游者提供骑行路线参考。

  总而言之,我们课题小组以历史文化为背景,以路线设计为载体,以骑行品读为方式,以理念传递为根本,走进静安历史文化,开展团队合作探究,提升自身综合素养,辐射初步探究成果,服务静安、服务来宾、服务文化。

  骑行中看静安,轮迹中透文化,我们的宣传口号是:响应低碳行动,关注静安文化。

二、教师指导学生参与"气候酷派"活动——"温食有益"项目

  当前,节能减排对于很多人来说还只是空洞的概念和口号,想发挥一己之力却无从着手。而节能减排又需要每个人的参与。身体健康是每个人关心的问题,饮食习惯直接影响到每个人的身体健康。这里,饮食的加工和烹饪又与节能减排密切相关。这就形成了如图所示三者关系。

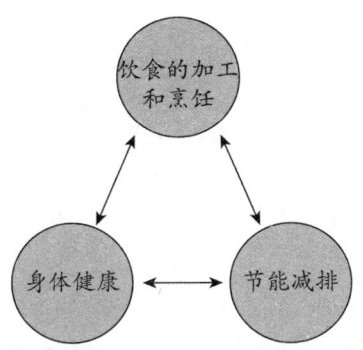

身体健康、饮食加工与节能减排的关系图

针对过度加工、过度烹饪而造成的浪费能源和惊人碳排放的大量事实,我们小组从关注每个人身体健康的角度切入,规划组建"温食有益"公益组织,提倡温食,并以此自然导入"节能减排"这一主题内容,从而达到既有益健康,又节约能源、减少碳排放的节能减排目的。其目标贴近生活,易于理解、接受和响应,更具有人性化,更具可行性、操作性和普及性。

人类在饮食方面碳排放量惊人,因此实际直接参与了影响气候变化的活动。饮食结构和烹饪方法的不同,碳排放量差别巨大。简单、适当的饮食和烹饪,碳排放量很少甚至是零排放,而过热过冷的饮食和繁复费时的烹饪方法,其碳排放量之巨大,不亚于一辆小汽车或一座小型工厂……详见:http://wenshiyouyi.blog.sohu.com/117998533.html。

学生小课题探究需要教师指导,以下是我对于这个课题探究实施的评议:

打开网站,搜索"温食有益"四个字,就会出现由民立中学高二同学发起的"温食有益"公益活动信息。"温食有益",乍听名字,许多人还不知道是什么意思,仔细一看,才知它是气候酷派活动之一,该项活动的口号是"温食有益健康,温食有益减排,温食有益节能"。气候酷派绿色校园行动是一项始于2007年,在上海、广州、重庆开展的系列活动,由于这项活动具有多重意义,每年吸引了100多所学校的10万名高中学生的积极参与。民立中学是首次有代表队参加该项活动,比起早先介入的学校,还存在着思想认识、实践经验、操作流程等方面的欠缺,需要向兄弟学校学习。2009年民立中学"温食有益"一经提出,即引起各方面的关注,其视角的新颖性与独特性、理念的前卫性以及意义的广泛性吸引了多方眼球。尽管理念与现实、计划与实践还有许多冲突,活动目的的阐述、活动实施方案还有许多不完善的地方,但"温食有益"公益活动必定为2009年的气候酷派活动带来众多的惊喜!

"温食有益"公益活动,是由民立中学学生自主领会气候酷派活动要义后提出的。该活动由一位有多项创新获奖经历的刘天夫同学主持,再辅之以民立研究员以及电脑高手参与。小组成员协同作战,各有分工,自主策划方案、搜集资料、采集信息、架构网站等。从"温食有益"的提出,可以看到他们的智慧、思辨能力以及他们的理想;从网站的内容选择、建设与运转,可以看到他们对待本次活动的认真、实在的态度。如今"温食有益"公益活动已引起社会各层面的关注,在校内更是形成了一批粉丝,在师生中颇具影响力。

"温食有益"主题其视角具有新颖性与独特性,从火锅过度加热、冷饮冰冻耗电等日常常见的活动中,发现与气候相关的问题,进而推及其他如人体健康等影响。火锅是大众喜爱的饮食方式,冷饮是夏天解暑的举措之一,这些人们习以为常的行为中能有什么值得去反思的呢,能与气候沾上边吗?看过"温食有益"公益活动完整篇的专家、教师、同学,就会感叹这几位同学的观察思考能力,感叹他们对火锅过度加热、冷饮冰冻耗电与相应的二氧化碳的数据的生动演绎。"冬天"里的火锅如今四季生意如"春",无论是重庆、四川还是小肥羊的火锅,无论其用的是何种燃料与能源,其过度的加热,必将与能源资源的消耗、环境的污染以及二氧化碳排放量挂上钩,小组成员能够把这些建立关联,并给出了一定的数据,可见,如今的学生综合素养有了提升,对于社会、对于地球的责任感、关注度有了提高,视野也大大拓宽。想想也是,如今上海在大力开发绿色能源,提高绿色能源在上海能源消费构成中的比例,譬如在奉贤、南汇(现为浦东新区)、崇明新建、加建风力发电站以及全上海太阳能热水器的开发利用等,由此产生的绿色能源恐怕还填不满一只火锅的能源需要。因此,这个问题是该引起大家的重视。"温食有益"不仅在能源资源的消耗、环境的污染以及二氧化碳排放数量之间建立关联,还有益于人体健康,可见同学们还会从社会效益等方面考虑问题。在火锅饮食注意事项中,吃火锅时间过长,或者过热,都是有害身体的,这不是夸张说法,而是有科学依据的,"温食有益"就是提倡人们少吃过热食品。建议"多食温食,少吃冰冻食物",也是同样的道理。

或许有人质疑,难道要取消火锅饮食,禁止开火锅店,不要吃冷饮了？其实,这个问题在几位同学最初提出"温食有益"时也探讨过,就拿火锅而言,它不仅是一种深受大众欢迎的饮食方式,中外皆有,而且它现在已演变成为一种饮食文化,是一种特色文化,"温食有益"为了地球上的气候,是否想与这种火锅文化作对？如果是这样的话,那"温食有益"活动"短命"、不能推动是显然的结果。然而学生提出的"温食有益"突破了传统的"零一"思维,走中间路线,建议科学饮食,多吃、多饮用温食,少食过热或过冷的食品,而不是不吃过热或过冷的食品。就像人类对待抽烟的态度,吸烟有害健康,倡导少抽烟,但不是禁止抽烟。在许多的环保小举措中,有这么一项:"每天少开一次冰箱",不要看它对能源的节约量不起眼,累计起来数量惊人。"温食有益"的宗旨也就是通过宣传,期望人们在科学食用火锅,少食过冷食品时,能够减少对资源的消耗、对环境的破坏以及二氧化碳的排放,为城市小气候、地球大气候的改善尽一点力量,集腋成裘,影响巨大,它是一种行为的改善,而不是行为的革命。更为重要的是该项活动使人们检视自己的生活是否科学,是否能优化自己的习惯、行为,减少资源的消耗,为建设两型社会(资源节约型、环境友好型)作点努力,进而使人们的这种意识得以提升。"温食有益"的提出其实是一种前卫的思考,具有深刻的意义,很有价值,值得提倡。

  我们观察一种新生事物是否有前途,一看它是否与社会发展的方向一致,二看它是否符合人类社会生存的需要。至于"温食有益"公益活动是否有可行性,或具体方案,我想肯定有,但要具体罗列,恐怕还要在活动的推进中逐渐完善。大家想象一下,今天的公众场合禁止抽烟和播放烟草广告,是经过多少环保、健康人士努力而成的？"吸烟有害健康"已经印在烟盒上,并成为一种产品的标准。随着"温食有益"的有力宣传,当"温食有益"逐渐成为人们的共识时,我们也可以试想一下,火锅店门口显眼处张贴"科学食用火锅要点",火锅上、火锅餐具上印有"温食有益"四字成为火锅行业的准入标准,该是多么美好！

  "温食有益"倡议才刚提出,相关的后续宣传等实践活动,也已拟好计划与行动步骤,准备由校园走向校外。我们有理由期待,这项活动能真正地激活公众的环保意识、健康意识,并成为社会、大众的一种共识。为了我们有质量的生活、生活在高质量的地球环境里,让我们一起响应"温食有益"的倡议:温食有益健康,温食有益减排,温食有益节能。

二、生活地理课堂教学的实施

(一) 教学实施的前期思考与准备

我们对生活地理教学的研究,是在二期课改理念背景下、新教材推广前夕提出的,是对新时期地理教学的一种思考、探索与实践,也是探索新时期创新人才的培养模式。

1. 梳理新教材,划分与生活地理相关的教学内容

二期课改地理标准实施意见中,教学建议提出"要鼓励学生在学习过程中拓宽视野而不拘泥于课本"。高中地理新教材是一本根据地理二期课改草纲全新编排的教材,当时,课程标准还在修订,因此二期课改教材的修订在所难免。依托新教材,又不拘泥于新教材,实施生活地理教学,首先要做的是课程标准的解读,尤其是对新教材的研究分析,根据师生情况,选择内容,设计生活教学。以下是我们对新教材分析以后,对有利于生活地理教学的内容选择或延伸,分知识拓展类、信息收集类、探究类、假设类、动手类、活动类、上海乡土类等七类。

随着地理核心素养的提出,新一轮高中教材将以新的面貌出现,但仍然需要执教教师不断丰富和延展地理教学内容:

高中地理新教材中有利于生活地理教学的内容

类型	主要内容
知识拓展类	上海石库门文化,陕西北路历史名街文化,中国名街文化,印尼高铁与海南岛高铁建设的地理背景,长江经济带……
信息收集类	"一带一路"倡议地理背景与立体建设发展,每年的APEC会议地理元素,中缅输油气管道建设及其价值,每年的环境日等主题活动……
探究类	名街文化的保护与传承,基于历史文化的骑行路线选择,民立中学屋顶花园地理课程建设,奉城古城文化,黄浦江拐弯处与河流凹凸岸泥沙沉积……
假设类	假如"安第斯山位于南美大陆东侧""崇明东滩消失""沪崇启高铁开通""西伯利亚建高铁"……

(续表)

类型	主要内容
动手类	绘制心目中的田园都市(规划),测量新民大楼和游泳池的光污染,统计调查人们对于张园的认知和期待,绘制永兴岛的未来土地利用等……
活动类	走进超市学地理,校园景观文化闪拍,地理定向越野,模拟联合国,地上说政,屋顶有机农场等……
上海乡土类	如青草沙水库、上海郊野公园、松江"海绵城市"建设、崇明东滩、松江深坑酒店、松江G60高科技走廊、上海自贸区等……

2. 调查实施生活地理学习的学情

二期课改地理标准实施意见在教学建议时提出"教学要立足于学生,从学生特点考虑与设计地理教学方法"。由此可见,因材施教、生活地理教学就要分析"学情"。对本校学生的认知水平、认知能力、思维能力、心理特征以及地理知识水平等进行研究,进行恰如其分的教学设计,才能提高教学的有效性。民立中学是区重点学校,总体而言,学生思维活跃、见多识广,其认知水平较高,认知能力、思维能力较强,但学习习惯与方法还有待改进,地理学科知识及其应用能力的水平不甚理想。以下是我们为测试学生编制的三类应知应会的基础题目:

学生知应会的三类地理基础题目

类别	调查目标	例题
一	地理知识基础	(1) 上海临几个省市? A. 1个　　　　B. 2个　　　　C. 3个 (2) 澳门的对面是我国的____。 A. 深圳特区　　B. 珠海特区　　C. 厦门特区
二	地理基本能力	(1) 雅典与北京时间相差5个小时,是在北京时间上____。 A. 加5个小时　　B. 减5个小时 (2) 威海路是东西向的,还是南北向的?
三	对地理学科及其学习的认识	(1) 用一句话,说说你所认识的地理学科是怎样的一门功课? (2) 怎样学习地理?

对于第一类题目,30%的学生没有回答正确,可以想象,经过初三、高一两年后,许多基本的地理知识已淡忘了,这就要求高中地理教学前先要催醒储存在学生记忆深处的地理知识,并在实施生活地理教学时顾及学生的基础。对于第二类题目,学生答错的更多,学生对时差是有了解的,但对时差是怎样形成的,到底如何换算,则不太明了;至于威海路的走向则是考查学生地图能力或对于地理环境的观察能力,也有许多学生不清楚。对于第三类题目,学生对地理学科知识、学习方法的认识相当模糊,许多学生对地理学科的认识还停留在"地名+物产""是一门背背就能学好的学科"。这就要求我们的生活地理教学设计要兼顾这些学生的认知现状。

民立中学高中学生的思维过程已逐渐摆脱直观形象和直观经验的限制,逻辑思维能力由于得到多学科的训练而趋向成熟,思维的独立性、批判性和综合能力也优于初中学生,而且初具独立的认知风格,有助于开展自主学习。不同的学生在个体的知识结构上也表现出不同的倾向,如有的喜欢人文地理内容,有的偏爱自然地理。他们对美有强烈的需求,他们有可能深刻体验和发现世界的各种美。但从宏观上说,高中学生对社会的认识还未达到深刻、全面的程度,不如对自然世界的认识清晰。因此,高中生活地理教学在让学生学习现代地理科学基础知识,初步形成人地协调发展意识的同时,也要使学生深刻理解当前和未来我国社会与环境可持续发展的必要性,从中认识我国社会、国情的现状、复杂性,认识个人与社会的关系,培养作为一个中国人、地球人的使命感、责任感,成为有较高地理素养的现代公民。

(二)高中生活地理教学的实践

我们近几年对生活地理教学积极的探索和实践,收获是:开展生活地理教学,丰富了学生学习地理的方法、途径,大大激发了学生学习地理的兴趣,张扬了学生的个性,提升了学生对地理学科的认识;提高了教学的有效性,学生从中积累了知识、锻炼了能力,受益非浅。

1. 生活地理教学内容的开发——以"浅析民立中学屋顶花园的特色价值"为例

身边不会缺少地理教学的素材资源。民立中学是一所拥有110多年悠久历史的名校,坐落于上海市中心城区——静安区南京西路商圈的威海路上,虽然占地面积有限,建筑面积仅有17028m^2,但是仍然规划、建设了较大面积的绿化用地,绿地面积 1255m², 屋顶绿化面积 2971m², 教学楼中的天井也规划为绿化用地,绿化等级被评为上海市花园单位。

(1) 民立中学屋顶花园的价值

① 环境价值

现代化花园城市要求一定数量的绿地面积来确保城市生态环境的质量。我国城市建筑高速发展,必然存在建筑与绿化争地的矛盾。解决建筑与绿化争地矛盾的方法之一,是在新建或已建的各类房屋本身寻找出路。建筑物的垂直绿化,特别是屋顶花园(绿化)几乎能以相等的面积偿还支撑建筑物所占用的地面,因此屋顶花园的建设首先具有环境价值。

增加绿量。民立中学周围建筑物与交通用地比例较高,而绿化用地有限,因此在学校中实施屋顶绿化可以有效补偿建筑占地面积,缓解人均绿地面积减少的趋势,解决人和建筑物与绿化面积相争的矛盾,是满足城市绿化要求的一种最佳途径。

净化空气。民立中学位于上海市中心城区,人流量、车流量大,而且周围存在大型工程建设、老旧小区拆迁等现象,城市空气因汽车交通、工业生产、建筑物和采暖制冷等而受到污染的现状已成为一大环境问题。为解决大气污染而发挥净化作用的是"城市绿地",特别是其中的"屋面绿化"的效果非常显著。植物被称为城市之肺,可以净化空气中的 CO_2、NO_2、SO_2、粉尘等,屋顶花园的丰富植被参与到净化空气的环节中,为民立师生和周围居民提供了清洁的小生境。

调节小气候。民立中学屋顶绿化缓和小气候具有显著效果,如抑制气温上升、调节湿度(防止过于干燥)、提供绿荫、防止光照反射、防风等。因为有了屋面绿化,屋顶花园周围的气温、湿度等小气候改善,能有效降低城市"热岛效应",使城市整体的气候条件得到了改善。

降低噪声。学校对安静的环境要求较高,而城市被各种各样的噪声和振动所包围,尤其市中心更为严重,尽可能减轻噪声公害是改善教学环境和提高城市舒适程度的必然要求。屋顶绿化具有降低噪声的作用,加上植物的绿色所带给人们心理的良好影响,可以获得较好的效果。

隔热、保温作用。没有屋顶花园覆盖的平屋顶,夏季由于阳光照射,温度要高得多,因而,建筑顶层内部空间的温度也比下面几层高得多。不同颜色和材料的屋顶温度升高幅度不同,而经过绿化的屋顶上,大部分太阳辐射热量消耗在水分蒸发上或被植物吸收,并且由于种植层的阻滞作用,这部分热量不会使屋顶结构构造表面温度继续升高。有关资料表明,夏季绿化好的屋面温度仅20—25℃,有效地阻止了表面温度的升高,从而降低了屋顶下室内温度。

屋顶花园中一定厚度的种植基质,可以充当一定的保温层,在冬季发挥保温作用。如果屋顶绿化是采用地毯式满铺的地被植物,则地被植物及其下的轻质种植土组成的"毛毯"层完全可以取代屋顶的保温层,起到冬季保温、夏季隔热的作用。

接纳雨水。上海位于我国东部沿海的长江入海口南岸,属于亚热带季风气候,夏季雨热同期,降水充沛,同时还要经历梅雨季节与台风天气,夏季降水量很大。而上海中心城区因为建筑物密度高和绿化率相对较低,集中降雨时排水系统压力巨大。绿地有"推迟雨水流失"和"蓄水"的作用,进行教学楼屋面绿化将获得"缓和雨水流失"的作用,缓解校园排水系统的压力。

② 社会价值

城市屋顶花园的建造,既是营造自然景观,也带来了丰富的社会价值,成为生理、心理调节和促进人与人交流的重要场所,同时也具有隔热、保温等价值。

调节生理心理。与自然隔绝、极为人工化的城市生活给人们的心理、生理造成了很大负担,对于长期生活在城市中心的学生而言这个问题更为突出,因此,适合城市空间的特殊绿化场所发挥的作用非常显著。屋顶绿化能对人们的生理、心理产生一定的作用,欣赏绿色和吸收植物的挥发成分能促进人们精神的稳定,解除肉体疲劳,有着明显消除压力的作用。此外,屋顶绿化对人的生理、心理所产生的作用,可以缓和混凝土、钢铁等给人冷冰的感觉,创造建筑物的深邃感,最后形成城市绿色蓝图的"景观美化作用"。

促进社区交流。屋顶花园为人们提供了一个环境优美、便捷的交流场所。每周五中午,经历了一周紧张、充实学习与工作的师生可以走上屋顶花园,聚集在屋顶聊天、赏花、眺望来放松身心、融入自然。

③ 经济价值

屋顶花园除了具有上述的环境价值和社会价值,还具有直接或间接的经济价值。民立中学的屋顶花园被南京西路商圈众多的摩天大楼所包围,为周围大楼提供了优美的景观,也为在该区域工作的人群创造了优美的工作环境,吸引他们留下工作,还能给客户们留下深刻的印象,间接创造经济收益。

(2) 存在的问题与对策

民立中学的屋顶花园也存在一些不足,尤其是经过十多年的考验,暴露了一些问题,以下谈谈具体的问题与解决对策。

① 安全问题及其解决措施

屋顶花园建在教学楼楼顶,建造之初已经考虑了安全因素,在外围安装了一米高的铁栅栏,而且将花园道路主要布局在远离边缘的中间位置,由道路向两侧依次布局地被植物、灌木、小型乔木,还安排了专门人员看管,但实际使用过程中仍然存在安全隐患。所以将屋顶花园的开放时间缩短到每周一次,无特殊活动只有每周五中午才对全体师生开放,同时要求班主任认真做好安全教育工作。

这一问题严重压缩了屋顶花园的使用时间,使其价值不能完全体现出来。针对这一问题可以增加屋顶花园的安全措施:

硬件投入提高安全措施。升级防护栏,加装两米高度的钢化玻璃及防护网,并布置视频监控。这样既有效保证了楼顶、楼下的安全,又不遮挡视线,不会影响屋顶花园的观赏与采光。

教职工与学生共同管理。在屋顶花园入口处布置安全游览宣传区,并定期开展安全游园的主题讲座与活动;屋顶花园开放期间,安排教职工在主要位置站岗值勤,及时疏导游园人群,确保安全;安排学生进行自我管理,对参观中的不文明、不安全的行为进行劝阻与记录,记录情况与班级评优进行挂钩。通过多方举措,保证屋顶花园安全有序的使用。

② 养护问题及其应对措施

屋顶花园需要定期进行养护才能保证其正常运行,但是基础设施的维护以及绿化的养护需要投入较多的人工和资金。

对于绿化的养护可以充分调动学生参与。比如划定区域分配给学生社团和各个班级进行使用和维护,对应的班级可以在划定区域内开展探究活动,并负责维护工作,还可以请专业人员为学生进行教学指导。这样既缓解了屋顶绿化的人工和资金投入,又给学生提供了学习和自主探究活动的平台,一举两得。

③ 其他问题与改善措施

屋顶花园植被种类繁多、四季常绿,但是景观较单一、缺少变化,容易形成审美疲劳。后期可以对景观布局进行优化,根据植被习性与屋顶位置形成一年四季风景线的布局,丰富景观内容。

因屋顶光照充足、降水充沛,植被生长旺盛,随着乔木高度不断长高,屋顶花园有限的土壤不足以固定高大乔木,尤其是台风天存在被吹倒的风险,给屋顶和地面都带来安全威胁。所以应该定期对植被进行修剪和加固,请专业人员进行安全评估,以便及时应对各种问题。

民立中学屋顶花园是一个难得的大自然课堂,学生有很强的求知欲,想知道这些植被的名称、种类与习性。虽然学校有各种活动帮助学生认识这些植被,但是并没有对全部的植被形成完整的名录。为了更好地挖掘屋顶花园的价值,应该做详细的植被普查,形成完整的屋顶花园植被名录,并在对应的位置添加铭牌和二维码,让游览者随时都可以了解观赏植被的相关信息。

总之,民立中学屋顶花园是一本难得的教材。上海中考新政中提出通过"地生"案例提升学生综合素养,这更是一个典型。

2. 生活地理教学方法的选择

生活地理教学打破了以布置问题为起点,以结论为终点的封闭教学,形成"发现问题—探究问题—解决问题—得出结论—发现新问题"的教学过程。根据教学内容的特点、年龄特征和学校条件,教师选择灵活实用的生活地理教学方法进行施教。实践证明,采用对话讨论式、参与体验式、演讲辩论式、问题情景式、案例分析式、角色扮演式、分组活动及演示实验式都是受学生欢迎的好形式。以下举三例说明。

一、采用对话讨论式——《时区》教学的过程实录

如何改变"教师讲,学生听"的单一学习模式?如何让学生动起来,提高学生的地理思维,实现学习地理的动机内化?这值得我们去思考、去实践。

【地理活动过程】

教师:"观察全球理论时区图,全球分为24个时区,零时区经过伦敦,你还能发现些什么?"

学生一:"北京在东八区,东京在东九时区,新加坡在东七时区,开罗在东二时区……"

教师肯定了学生回答的积极性,并及时鼓励学生继续找下去。

学生二:"国际日期变更线为什么不像本初子午线那样是直线?"

教师问:"哪一位同学能够帮他分析一下?"马上有学生站起来解决了

这一问题。

有时同学间的互评,能够活跃气氛,锻炼学生的评析能力,更能促使学生尊重其他同学的应答,集中学习的注意力。

学生三:"老师,国际日期变更线为什么一定要放在这里?西经12度经过的大部分是海洋,为什么不把它作为国际日期变更线?"

学生四:"我想大概是由于大西洋两岸是世界经济最发达的区域,经济等各方面来往最多,再有就是西方制定的缘故。"

教师点头赞许了她们俩的问答。

学生五:"如果是这样的话,那么APEC组织强大了以后,国际日期变更线就要换地方了。"

学生们都笑了。

学生六:"我认为教材上提到的'在零时区向东、向西每隔15°划分一个时区,分别划十二个时区……'是不妥当的,应为'……分别划十一个半时区'更适合些。"

学生七:"老师,为什么要分东西十二时区?而不是零到二十四时区?我觉得这样更容易区分。"

……

二、采用案例分析式、分组活动式——《地域文化》的开放式教学设计

(一) 参考因素

本校学生认知水平、抽象思维和价值判断能力;本校学生知识基础、实践和体验需求;本校学生合作交流、获取信息、发现问题及分析解决问题的能力。

(二) 学习途径

专题自学——鉴于区重点高中学生的学习能力以及学生对本专题知识可能关注的程度。

小组联动——共同的兴趣、话题有利于学习互动,生生合作可达比较理想的学习效果。

网络搜索——丰富的信息有利于知识的拓展,在搜索中深化、理解、筛选、组合,提升学习能力。

交流解析——知识内化后的表述;交流前期是思路整理、资料编辑,交流过程是合作、信心、能力、知识的综合体验。

师生合作——学生主动参与学习是教师教学的最佳资源;教师对学

生、对教材、对理念的解读及对课程针对性的设计调度是实现教学目标的重要保证。

（三）学习方法

学生自主学习——学生自习教材；小组合作，梳理专题知识脉络；小组选择兴趣话题，深入侧重探讨；补充搜集相关信息，作交流准备；集中交流，拓展知识，提高能力。

教师指导引领——学习方法指导；参与学生活动；适当归纳点评；重点要点渗透。

（四）学习过程

学生课前交流及学生即时点评（对近期所学知识的理解、深化、拓展及感悟）；学生学习小组分别对所选专题作大组集中交流，为学生提供主动参与、合作互动、发展能力、丰富经历、拓展知识的时空条件；根据学生交流中涉及的话题及学科观点，教师即时参与讨论，适当引导，对知识的重点、难点及科学性作一定强化；教师通过相关课件辅助，对本节课进行归纳及思维提示，使学生在兴趣导入、发散思维的基础上掌握比较系统的学科知识脉络；教师借助学生小组讨论完成的学习笔记，导入点评，以此作为师生共同进行知识梳理的环节之一；师生提出对新话题的思考，引导新一轮的探讨，激发新的求知热情，为第三课时的学习作必要的铺垫。

三、采用参与体验式、案例分析式、演示实验式——教学内容《岩石圈》

教师开发互动式教学课件，课堂上，学生可以从兴趣出发，选择内容进行学习，教师加以引导。

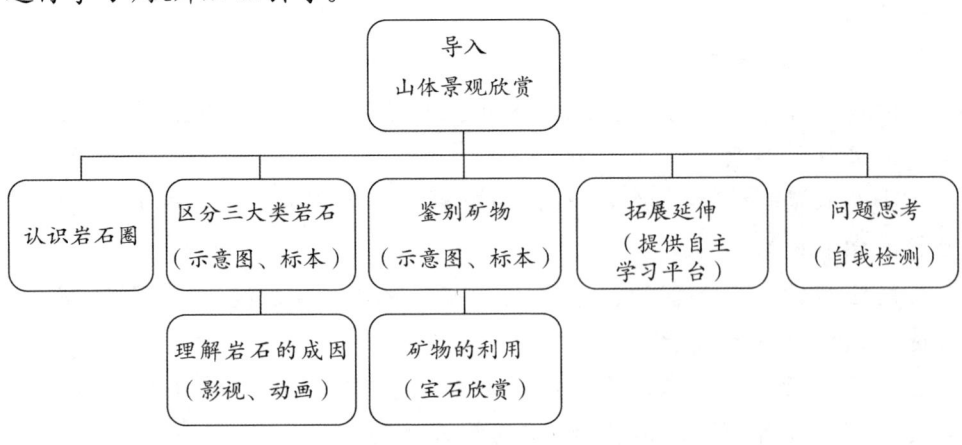

《岩石圈》的教学模块

教师在设计生活地理教学时应注意到学生学习方式的开放：学生独立学习、小组合作学习、向前辈学习、网上学习、图书馆学习等。

3. 生活地理教学训练系统的完善

高中地理学习训练安排不能是单一、单调的模式，要多样化，要多变化，呈开放态势。学习训练的建立、训练模式的多变，能使学生维持较高的学习动力，有较好心态去完成。前文已经就地理实践学习训练和地理成果表达学习训练有较多的阐述，以下是从"作业训练"视角探索的三点思考与实践。

（1）生活地理基础训练系统

高中地理新教材基础训练主要包括教材中的作业以及高中地理练习册两部分。对于教材中的绝大多数练习，教师可在课堂内加以讨论完成。而对于高中地理练习册，我们做了两项工作：一是把练习册中的所有图片进行扫描、归类、电脑存档，建立练习图片库，好处是教师分析、讲解作业时更直观、形象，同时也丰富了教师组题的图片库；二是对练习册中的题目进行归类，以便对学生布置灵活的、开放的作业。

生活地理基础训练系统举例

类型	典型题目	差异要求
难度小、再现式（多为填充题）	P4 二 1. 太阳系中除了九大行星以外，还有____等天体围绕太阳公转。（上册） P28 一 1. 温室气体中，目前对温室效应起主要作用的是____，它主要来自和生活燃料的矿物及大火、火山喷发、生物的____与____。（上册） 3.（1）它来自家庭炉灶、空调、采暖和人体呼吸、运动等排放的热量。（上册）	课堂简答
主观题（大部分简答题）	P39 试分析黄土地貌和喀斯特地貌对农业生产的不利因素和应采取的措施。（上册） P4 1. 为什么同一地区人口容量和未来人口容量会不一样？ 4. 近年来，上海人口自然增长率出现负数，试分析这种状况对社会造成的影响，并阐述应采取哪些对策。（下册）	课堂讨论

(续表)

类型	典型题目	差异要求
难度适中	P33 读"世界地震、火山分布图",完成下列作业……（上册） P3 读甲、乙两幅人口年龄结构金字塔图,填写下表中内容……（下册）	书面完成
难度大或作业要求不明确	P7 连接地球的宇宙环境特征和星体特征及由此产生的地球环境特征和生物生存条件。（上册） P13 5.读右图,某操场上……（上册） P25 4.读下图,完成以下作业……（上册）	选做可不做

此外,有的专题作业量过大,须根据教学需要选择性地布置,不拘泥于作业全部完成;有些试题则增加一些新的信息,如在"大气垂直分层"纳入"神舟飞天"的内容。

(2) 有差异地布置小课题探究

结合高中地理下册教材"人文地理"专题内容,学生成立课题小组,自主选择探究的切入点,以一学期为周期,实施小组合作探究。

成果形式:演示文稿、资料包。提示:地理下册共12个专题,每一个专题组4—5个人,要有组长、有分工;认领相关专题,根据完成的时间节点早晚和完成的质量,评定小组成绩,小组成绩即成员成绩;可以从教材内容的挖深,专题内容与地理时事、热点的结合,专题内容与静安乡土地理的结合,相关地理实践活动方案的设计等方面进行思考;演示文稿要图文并茂,凸显地理性,交流演示文稿时语言表述要体现流畅性,有逻辑。

学生通过分工—合作—交流—展示的学习活动过程,提高了各方面的地理能力,掌握了知识,拓展了思维。由于我们布置的任务比较明确,完成任务时间比较充裕,有差异的布置,学生自由度较大,学生的成果也富有个性,精彩纷呈,等于再生了一本活的"教材"。

(3) 课堂训练的活化

在地理课堂中,有训练的环节。如何使训练的内容、训练的形式能催化学生学习的热情?我们的应对策略是要活化训练。

《等高线》是地理新教材中的重点,也是难点,学生往往面对统一的练习时,回答不出,或判断失误,或觉得太简单。分层次提供三组不同的训练要求,学生根据自己的认知能力选择相应的训练要求,进行自我训练。由于训练内容是根据自己的能力选择的,完成的可能性比较大。

《等高线》教学分层次训练要求

通过局域网学习等高线,过程是:先交代等高线的基本概念—布置三组难度不等的训练要求—学生自选组别—自我完成制作—网络上传交流—师生评析—学生自我修改		
A 组	B 组	C 组
画等高线表示某岛屿地形。 图上要求标明: (1) 两座山峰,分别为 650 米、1050 米 (2) 鞍部 (3) 发育河流的一条峡谷 (4) 一条山脊线 (5) 有陡坡、缓坡 (6) 标出指示方向	画等高线表示我国南部丘陵地区某地,图上要求标明: (1) 各种地形,即鞍部、山脊、山谷、陡坡、缓坡等 (2) 海拔高低不超过 300 米高的悬崖 (3) 人类生产活动、生活场所的标注,用图例表示方向、公路、村庄或水库	画等高线表示我国南部丘陵地区某地,图上要求标明: (1) 各种地形,即鞍部、山脊、山谷等 (2) 100—300 米高的悬崖 (3) 人类生产活动、生活场所的标注,用图例表示方向、公路、村庄或水库 (4) 图旁说明地形与植被、农业分布的关系 (5) 图旁说明等高线表示的地形与各自然要素(河流等)的关系

在网络环境下学生自主学习"等高线",并在课堂上完成等高线作品。学生是在做中学,是在创造自己的作品,必将付之更多的智慧,加上教师的点拨、同学的探讨,作品出来时,一些重点、难点知识也顺势解决,如悬崖的高度判断、地形与人类生活等。这样的训练,较之课本、练习册中"已知等高线,判读地形"效果要佳。此外,不同学生画出的等高线图是不同的,其中还存有错误,那么,交流、纠错的过程,能使学生对等高线本身、地形与经济建设的关系有丰富的了解,同时,又锻炼了学生自主学习、合作学习、运用电脑、空间想象等多种能力。我认为,课堂训练的活化,是教学落实重点、突破难点的举措之一。

(三) 做一位有点意思的地理教师——我追求地理教育的故事

作为一位称职的地理教师,第一要务就是能够"站稳""站好"课堂。把地理课上成睡觉课、休息课,想必地理教师会过不了自己心理这一关,至少我是这样想的。我这个人比较容易动感情,上课的语速相对比较快,不时会配套一些肢体语言。平时上课在"总目标"下,课堂内容"东西南北"纵横,板图、板书、屏幕齐上,课堂信息量大,思维容量丰富。在我心中,有一杆秤,为学生考虑,尽力把课堂上成学生希冀的地理课,学生受益、满意,是我最高的课堂教学原则。

教育局拔尖项目人选培养工程要求每一位地理教师提炼一下自己的教学风格。坦率讲,自己教书近30年,从来没奢想过形成自己的教学风格,当时总结为努力追求"充分利用生活中的地理资源开展有趣、有效的课堂教学",后提炼为努力追求"生活地理,理趣施教"。因为我始终觉得,地理教学离开了生活,课堂将无法滋润、鲜活。杜威先生认为,教育即生活,生活就是发展,而不断发展、不断生长,就是生活。因此,最好的教育就是"从生活中学习,从经验中学习"。我想优质地理课也应该与生活密切相关的。地理课要有趣,还需要"讲理",有趣的课堂能够吸引学生投入、参与,理性的课堂能够影响久远或者触发学习者深思。

行政教师教学的最大困难就是与学生相伴的时间相对较短,这促使我必须充分利用有限的师生相处时空,让教学有点"意思"。经过仔细推敲,我思考了如下具体的教学策略:瘦、皱、漏、透。这四字以往用之来赏石,今天用来对应我的高三地理教学策略。

瘦,即瘦身,追求明晰精干之美。高三没有统一的地理复习教材,对于庞杂的地理教材必须进行裁剪、瘦身,并赋予创意的呈现,这必然有利于学生的复习。如我用一张师生共制月相图统整一篇教材,图析地理,通过自己增负,实现学生减负。

皱,即复杂,追求曲折生动之美。高三地理学科知识的综合性、地域性与实践性很强,自然与人文维度、时空维度、历史与发展维度交织,我就利用自己以往的积累与生活实践联系,无论练习与学习,常以生活地理视角、以案例形式来剖析地理知识,追求"理趣施教"。如上海深坑酒店建设与布局、浦东上海铁路东站建设的地理分析,等等,让地理学习因接地气而受到学生喜爱。

漏,即留空,追求留白绵延之美。在地理教学上一定的留白给予学生探索、主动学习与提问的空间。我知道地理知识大厦需要厚实的基础,因此从一开始指导学生利用长假观摩《地理中国》电视节目,找学科感觉,到地理美题选择与欣赏,最后实现学生自己寻找新闻主题进行地理问题设计和剖析,并与同学分享,实现"我的课堂我做主"。"地理乾坤大挪移"等学法,又引导学生形成"地理好玩"的思想。

透,即挖潜,追求深刻澄明之美。教师如何掌控学生的地理学习格局,根本点在于自己先要热爱地理,并辅以自我学科研究与探索。我针对学生的学习困惑与难点,着手编写《地理是怎样炼成的》文本,建立知识点解剖库,为指导学生而储备基本材料。

"瘦、皱、透、漏"教学用学生的话来说,"地理学科学习性价比高"。

"生活地理,理趣施教",我想以两个完整的教学实践案例加以诠释:

一、"再认识澳大利亚"一课的教学设计

这节课,我想要达成两个目标:一是让听课的师生有启发,二是更好地演绎我对地理课堂教学的理解。

(一)选择课题

我接到开课任务后,首先做的是"选择课题",即选择什么样的课题能够达成前述两个目标。我从四方面去思考:一是教学进度,二是学生基础,三是课标考纲,四是与生活地理、时事热点关联度大。就进度而言,当时高三地理教学进度已进入第二轮复习阶段,系统地理已完成了第一轮的复习,进入第二轮复习需要系统地理与区域地理更加有机地融合起来,而这个阶段主要复习切入点在"国家地理"上。再看学生基础,此时的高三学生已初步拥有了区域地理和系统地理的知识,但将两者结合起来应用分析的能力还比较弱,他们的视野还不够开阔,地理知识的运用分析也不够娴熟,但高三学生综合思维能力已达到较高的水准。从课标考纲上来分析,一是强调了区域地理的资源调查和综合开发,二是区域地理中有八个国家需要掌握其"国家地理知识",以此来学会地理分析"其他国家或者区域"的能力。最后从联系生活、时事热点来看,当时的悉尼APEC会议是一个很重要的焦点话题,国家领导人在与会前后、期间去过的地方,备受公众关注,相对而言,有鲜活的素材可以发掘,为地理教学所用。基于以上四方面的考虑,我选择"澳大利亚"作为交流课的课题方向,并取名为"再认识澳大利亚"。之所以说"再",一是因为学生初中学习过澳大利亚国家地理,二是之前学生都对其有了一定的了解。只不过,现在需要在更高层面上去综合认识澳大利亚。

(二)设定教学目标

基于开课的任务目标,我在设定本堂课的教学目标时要考虑三个方

面:一是高三的;二是地理综合复习;三是地理汇报交流课,上课的追求不仅仅是上好课、出效能,而且要通过课堂将地理学科魅力、学科应用性也传播出去。当然,设定教学目标,知识、技能、情感、态度与价值观的考量是最基础的,但不一定呈现得很明显。于是我对这节课的教学目标作了这样的设定:一是掌握澳大利亚的位置、自然特征、经贸结构,主要地理要素分布及其关联;二是通过学生参与阅图、讨论、绘图、读表、比较分析等提高学生综合地理思维能力;三是以事实材料、史料为载体复习澳大利亚,提高地理学习的文化含量,促进人地和谐关系意识的提升。教学重点在于"探究澳大利亚自然地理要素关联及其对社会经济的影响"。

(三) 制定教学策略

教学策略是指在不同的教学条件下,为达到不同的教学结果所采用的方式、方法、媒体的总和,如先行组织者教学策略、掌握学习教学策略、情境—陶冶教学策略、示范—模仿教学策略。建构主义中的自主学习策略包括支架式教学策略、抛锚式教学策略、随机进入教学策略、启发式教学策略、自我反馈教学策略、基于互联网的探索学习策略;协作式教学策略包括课堂讨论、角色扮演、竞争、协同和伙伴等;还有探究型教学策略;等等。一堂课从微观视角看,是极其复杂的系统,一两种教学策略可能无法统摄,需要多种教学策略在不同时段、不同课堂学与教的生成中切换使用;但从宏观上看,可以以一两种教学策略来统一教学的行动指向,这样使得教学思路、教学流程的设计更具有方向性、针对性。本堂课制定的教学策略大致为"情景教学策略""小组和个人学习相结合策略",前者考虑较多的是"学习资源的呈现方式和使用",后者考虑较多的是"让所有的学生能够在'真实情境'中学习,让所有课堂上的学生都有所悟、有言发",提倡差异发展。

(四) 情报检索分析

如果说前面三个过程属于这节课的"用脑思考"的阶段,那么情报检索则开启了"用眼看、用手做"的阶段,当然这一阶段也离不开脑的运用,只不过前三者更加凸显罢了。上好一堂课,情报检索是极其重要的基础工作。众所周知,高三地理学习没有统一的、适合的现成教材,没有情报资料的检索与分析,就不会有好的素材。好的素材从哪里来?

除了从已有的脑海"仓库"中调取以外，主要来自两个方面：一是来自新闻时事热点，二是来自书籍和杂志。如上"等高线"一课时，采取《万物简史》中关于等高线由来的故事导入，则会使地理课显得更有情趣。对于新闻时事热点，一要用地理视角进行筛选，二是要从关联视角进行整合。

关于澳大利亚，当时最应景的新闻热点是悉尼APEC会议，当年的会议是由胡锦涛主席代表中国出席。通过检索分析，我获得了三条重要的地理资讯可以作为本堂课的素材运用。第一条资讯是关于悉尼APEC会议组委会提供与会代表的特殊服饰。每一年的APEC会议主办国都会为各国、各地区代表准备一套带有地方特色的服饰，并拍摄集体照，如上海代表中国举办APEC会议时为各国、各地区首脑、代表准备的服饰是唐装。悉尼APEC会议提供的则是传统深棕色风衣"德里扎·博恩"，有意思的是风衣翻领颜色恰好反映澳洲自然环境特点。这款风衣设计了红、黄、蓝、绿四种颜色的翻领，供与会领导人或代表挑选。其中，红色代表澳大利亚内陆荒漠的颜色，黄色代表阳光和沙滩，蓝色代表澳大利亚广阔的海岸线，绿色代表树木和森林。第二条资讯是胡锦涛主席的访问路线：第一站澳洲西海岸城市珀斯，参观了必和必拓公司和现代化的钢铁厂；第二站参观了堪培拉的库赛克农场，并观摩了牧羊犬放牧与剪羊毛表演；第三站是本次APEC会议举办地悉尼。这三个城市气候类型等自然条件不一样，其主导产业也差异很大，其中的地理意味很浓。第三条资讯是本次APEC会议主题"加强大家庭建设，共创可持续未来"，与我们今天对于"人地关系"的地理理念是十分相近的。

在情报检索、资讯收集阶段，我经常思考如何设置更有"品位"的情境或者问题，于是书籍、杂志成为我搜索素材的主要目标。那时，我在《华夏地理》上发现一篇关于澳洲发现和开发的文章，一幅《各航行先驱者访问澳洲的路线地图》，内含有1768年由英国船长库克率领"奋进号"船队观测掩星活动及寻访南方之陆地的路线；另外就是一则讯息，"16世纪初叶印尼苏拉威西岛上的渔民常乘风到达尔文附近海域捕捞海参，并在岸边生活半年，再回家乡"。在这里我"嗅"到了东南风和西北风季节转换的地理知识点。

(五)设计教学思路和教学流程

教学流程设计十分关键,在这之前要先确定教学设计的思路:区域地理是地理事物、地理现象的基础,高三年级对于这一部分的复习不能套用初中的学习方法、方式。提升高三区域地理复习,需要教师在其中有机地整合高中所学的系统地理内容,使课堂教与学的内容更加丰富且有深度,形式更加灵活且多样,教师设置问题情境,学生则运用知识分析、解决地理问题。

教学设计的一个要点就是寻找课堂主线,地理新闻热点应用于课堂,许多课将它作为教学的引子,放在导入部分,随后不再提及。我的思考是能否贯穿始终。在查阅地理考纲、课程标准以及依据情报检索分析时,我确定了教学流程的主线。本节课以学生的能力和综合思维培养为重点,突显区域发展中的人地关系,试图探究高三区域地理教学之道,以"胡锦涛主席的澳大利亚参加 APEC 会议与访问"为主线,串联与衔接教学内容。

具体思路设计大致如下。本节课以胡锦涛主席等与会 APEC 会议的领导服装导入澳洲自然地理。在学习澳洲三大区域地形、大自流盆地、半环状的气候类型分布等自然地理知识时,能否通过迁移学习分析其他区域的类似自然地理特征,如世界上"非典型的热带雨林形成原因和分布"分析,再如南美与澳洲"温带海洋性气候、热带沙漠气候分布的差异"。再以胡锦涛主席的澳大利亚行程为过渡,过渡到澳洲经贸(畜牧业、采矿业、服务业等)、城市方面。又以悉尼 APEC 会议议题导入自然灾害、气候变化与环境。背景链接:《悉尼宣言》鼓励各成员利用技术革新,在保持经济高速增长的同时大大降低能耗,实现节能减排,这对减缓全球变暖的趋势有积极意义。澳大利亚是目前没有签署《京都议定书》的极少数发达国家之一,但最近几年的旱灾、飓风、厄尔尼诺现象频频发生,日趋严重。最后本节课以当时 APEC 会议主题"加强大家庭建设,共创可持续未来"与澳大利亚的自然要素、经贸发展的关联图结束。

为了发挥好小组合作学习的价值和效用,让所有学生都有所学、有所问,小组学习智慧分享,变学生差异为共同探讨的资源,"情境设置策略"是比较好的选择,因此本节课安排了两个情境板块。情境一,引用真实情境并设计系列问题,由行船路线思考库克船长对澳洲为什么比其他先驱者对澳洲更感兴趣,以及苏拉威西岛上的渔民一年两地生活等历史故事,考查学生阅图能力、知识迁移能力、知识应用能力、信息提取能力以及综合分析能力。情境二,创设虚拟情境,采取角色代入,基于自然条件对于农牧业的影响,设问"我能为新疆农牧民到澳洲去经营农牧业提供什么咨询服务",变被动为主动,通过两地发展农牧业条件对照,考查学生比较分析能力,提高中国地理、世界地理知识关联思维学习能力,同时也改变了"澳大利亚三大牧业发展有利条件"的传统论述。

有了总体思路后,流程进入"设计"轨道。教学流程设计可以使课堂教学的过程清晰起来,既是对执教者的教学提示,又是一条串起整节课的线。我对这节课的流程设计是这样的:

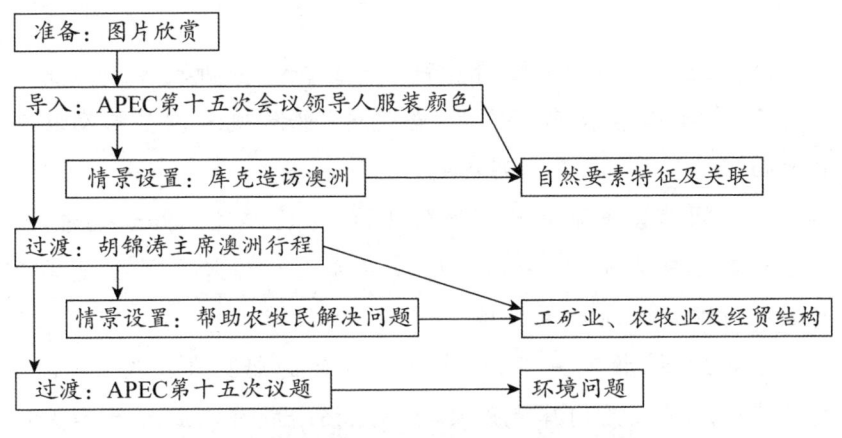

"再认识澳大利亚"一课的教学流程设计

（六）细化教学过程和制成上课PPT

接下来便是对整个教学过程的细化与完善,便于教学的实际操作。这个阶段,要关注教学过程中过渡环节的设计,前后衔接要自然,但最为重要的是"学习问题"的设计,即如何充分挖掘所搜集的素材资讯价值,开发、设计出具有较高质量的、有坡度的系列问题,采取分组学习方式,打开学生的思维闸门,引领学生积极参与、主动探究,并希冀生发出更多的"不确定"的生成问题。

具体设计如下:

准备:学生观赏澳大利亚风土人情景观图。

导入：胡锦涛主席参加 APEC 第十五次会议，引申至领导人服装颜色。

依次呈现标有主要经纬线的澳大利亚轮廓图、有经纬网的世界地图、南半球行星风系图以及南半球洋流分布图。

问题：(1)熟悉澳大利亚的经纬度位置、半球位置，推知澳大利亚主要位于什么气压带、风带；(2)根据澳大利亚的轮廓以及纬度延伸，分析南半球大陆西海岸三大洋流，为何西澳大利亚规模最小？

呈现澳大利亚地形图，分析澳大利亚的地形、地貌形态、植被分布（及缘由）；呈现澳大利亚的气候类型分布图及南美洲南部地形（标注主要风向）、气候分布图。

问题：比较澳大利亚与南美洲温带海洋性气候分布差异并分析原因。

【学生活动】（利用手中图册资料，分组讨论、分析）

由1768年英国船长库克率领"奋进号"船队观测掩星活动及寻访南方之陆地而抵达澳洲，思考下列各题：

(1) 仔细阅读各先驱者的探险路线，结合已学过的知识思考，库克之前众多船长曾经抵达澳洲，为何最终放弃澳洲？为什么最终是库克的经历使英国人对这片土地产生兴趣？

(2) 根据地图，推测一下，库克船长率领的船队在东海岸航行时，可能碰到了什么麻烦？为何库克船员把悉尼描绘成可以成为世界良港？

(3) 自1788年1月26日英国把第一批罪犯带到澳洲后，澳洲成了刑事犯流放地，澳大利亚昆士兰更是个最初流放重犯的地区，该处环境恶劣，沿海地区属于热带雨林气候。分析该处热带雨林的形成。形成缘由类似的气候还分布在世界什么地区？

(4) 有人说，实际上，很早有外人来过岛上，如16世纪初叶印尼苏拉威西岛上的渔民常乘风到达尔文附近海域捕捞海参，并在岸边生活半年，再回家乡，你认为可信吗？提示：根据大气环流运行规律思考。

(5) 澳洲西海岸拥有较好自然环境的城市珀斯。请用简单示意图把表示珀斯的气候类型特点绘制在黑板上，简述绘制理由。并在澳大利亚略图上画出7月某一条横贯大陆东西、延伸到海上的等温线。

(注：其间辅助呈现澳大利亚、南部非洲、南美洲、中美洲气候类型分布图。)

问题：ABC三处热带沙漠气候形成原因相似吗？甲乙丙丁四处热带雨林气候原因形成是否相同？

【教学过渡】

利用胡锦涛主席访问澳大利亚的行程（珀斯—堪培拉—悉尼）过渡（参加APEC第十五次会议前）到中澳经贸往来：中国为澳大利亚第二大贸易伙伴、第二大出口市场。

呈现胡锦涛主席访问澳大利亚西部必和必拓公司、堪培拉客库赛克牧场（领导人风衣照），分析澳洲的畜牧业、采矿业。

呈现澳洲西铁东煤分布图，延伸思考：澳洲不大力发展钢铁工业的缘由。提示：可从气候、市场等方面分析。

呈现澳大利亚农牧业分布图，要求学生思考乳畜带布局的社会经济原因、养羊业与养牛业的布局差异、小麦与甘蔗种植地带分布等。

【情景设置】

胡锦涛主席对澳大利亚牧场的访问激起了我国新疆农牧民的极大兴趣，有人想去澳大利亚兴办农场，有人想去学习养羊技术，有人想与澳大利亚农牧民开展贸易往来，他们有一些问题向在座各位小专家咨询，以便进行决策。

【学生活动】（帮助牧民分析）

澳大利亚与新疆农牧业分析表

	主要经济作物	种植业主要分布地区	发展牧业的有利条件	发展牧业的不利条件	主要河流补给类型及季节变化	水利工程（举一例）
澳大利亚						东水西调
新疆		山麓绿洲	山间草原（山地牧场）	冬季寒冷水源不足		坎儿井

呈现饼状图，要求判断：图中字母分别表示澳大利亚哪四大主导产业

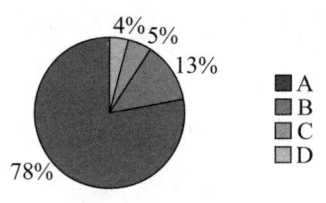

2006年澳大利亚四大主导产业占GDP的比重

（农业、服务业、制造业、采矿业）？

呈现资料过渡：亚太经合组织（APEC）第十五次领导人非正式会议通过了《悉尼宣言》等。

问题：澳大利亚从不签署《京都议定书》到签署，并支持中国提出的"亚太森林恢复与可持续管理网络"倡议，为什么澳大利亚改变了态度？

【板书呈现】

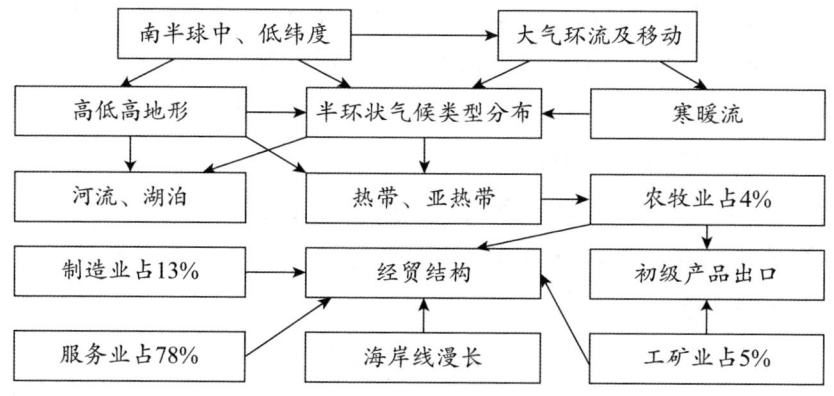

"再认识澳大利亚"一课的板书

最后以当时APEC会议主题"加强大家庭建设，共创可持续未来"为结束语（配两国领导人握手照片）。

（七）几点思考

本节课具有以下几个特点：一是课堂信息容量大、综合性强；二是能够与生活、时事热点紧密联系；三是创设情境，兼顾了学生认知水平的差异性，给予全体学生思考的时空；四是区域地理与系统地理知识高度融合；五是用一条线索串联整节课，线索清晰；六是对学生知识迁移能力、信息提取能力有较高的要求；七是指向学生地理核心素养的培养；八是启发学生形成地理自学能力。

本节课设计中最大的收获应该是库克船长的"历史故事"演绎成了"地理故事"。众多先驱者"嫌弃澳大利亚"，原因是他们靠近的澳洲，要么是西部，上岸看到的是一望无际的热带沙漠，要么是东北部，临近海岸，看到的是礁石林立、森林茂密、过于湿热的热带雨林环境。完成这个判断，不仅需要学生仔细阅读先驱者们的探险路线、靠近的海岸,需要学生熟悉澳洲沿岸气候类型分布,而且需要学生具有较好的地理知识应用分析能力。如要说到素材挖掘最可喜的点,则是"印尼苏拉威西岛上渔民一年两地生活"与"澳洲西北部季节性变换风向"有关。澳洲西北部风向季节变换的地理原理不难解释,但能够用来解释故事传说则难得。

情境可以是真实的,素材来源于真实的事件、现象,这需要做艰苦的情报搜索工作;还有一种虚拟的情境创设,虽然并非真实,素材来自教师个体的思考与创新组合。两种情境的设置目标都指向:学生在情境中运用地理知识、地理原理来解释复杂的现实问题。

二、专题学习"欧洲难民之难"

(一) 教学目标

(1) 知道欧洲部分区域气候和地形分布、河流补给等知识。

(2) 通过地图和数据图表的阅读、分析,提升解决实际问题的能力。

(3) 培育学生关注热点以及地理视角意识。

(二) 教学内容

(1) 步入情境,关心地中海气候的特点和成因,建立人地关联。

(2) 了解路径,代入了解、剖析难民迁移路径上的困难之处。

(3) 再探路线,通过多瑙河载体熟悉河流径流补给和径流量季节变化。

(三) 教学重点:建立人地关系,培育地理视角

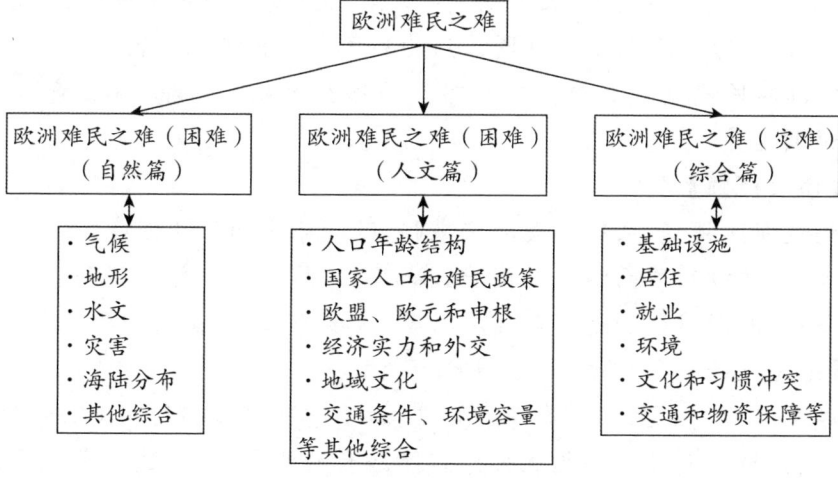

课程构思总框架

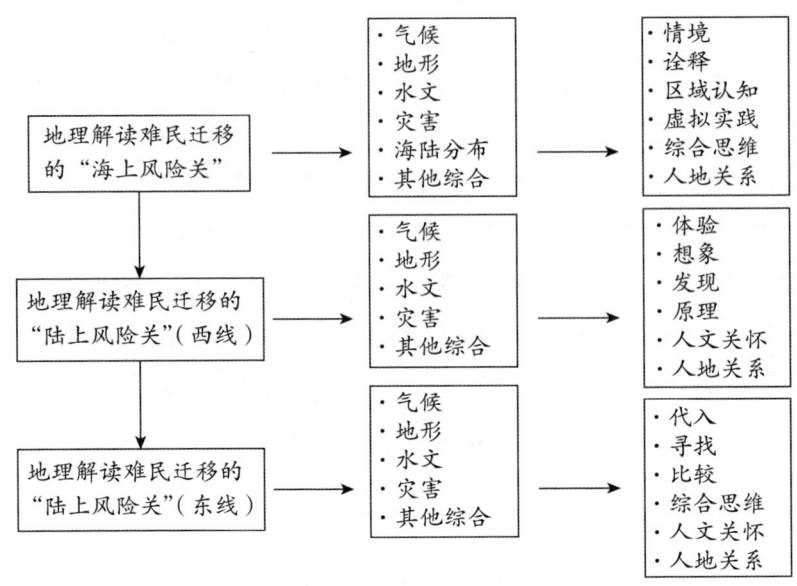

自然地理视角的课程框架

（四）教学流程

【手绘地图导入】

徒手绘制世界地图，反映16—20世纪世界人口的迁移示意。

导入：从世界人口16世纪以来迁移方向，引申到近一年多来人口迁移的关注点。

欧洲难民潮日益凶猛，来源也极其复杂。以叙利亚为例，有统计数据显示，叙利亚战前人口约2000万，而目前已有超过一半的叙利亚民众背井离乡，约400万人在多个邻国注册为难民。他们现状如何呢？

欧洲难民遇到什么难？什么难？困难？难题？灾难？（注意"难"的语音语调差异）

【播放视频】

播放新闻视频《寒冷冬天即将来临，欧洲难民面临的困境》。

今天，欧洲难民面临多种困难，我们从自然视角一起来解码它。

首先，欧洲难民的迁移路径有很多，主要有三条（东、中、西三条）。

【地理体验】

学生在地图册上绘制路径。并且，为了增进对欧洲的了解，我们学生做了沙盘，请研制沙盘的组长来介绍做沙盘的体会，并描述两条主要迁移路径。

【地理实践】

(1) 任务一:研究中线路径风险

① "海洋关"

选择夏季渡过地中海的难民人数远多于冬季,你能否找到其中的密码?(从自然地理视角分析)

② "陆路关"

难民跨越亚平宁半岛抵达德国,你预估一下,路上会遇到哪些不利的自然因素和自然灾害影响?(季节差异)

③ 附加

冬季西线与东线相比哪一处风更大,为什么?

地中海沿岸是冬天多雾还是夏天多雾?

(2) 任务二:研究东线路径风险

① "水文关"

东线路难民沿多瑙河沿岸行走,4月在上游甲地会遇到洪水,你信吗?

多瑙河发源于阿尔卑斯山脉的南侧支流与发源于北部低山的北侧支流补给类型和径流量季节变化(汛期)等有何差异?

② 附加预设题

如果不看比例尺,能否估算两地的距离?

【角色代入】

假如你是一位地理工作者,请你运用专业知识帮助难民渡过难关。

三、生活地理增值课堂教学

地理课堂上适当使用比喻,融知识于情趣之中,有助于学生理解,比如:"地球卫星只有一个,计划生育做得好;土星卫星数量最多,超生厉害。"地球位于远日点时我们是夏季,天热,这个知识点对于初学地球公转学生来说难以理解,"如果老师目光直射后排的同学并赋予信任与鼓励,他显然得到的温暖比距离老师近的同学多,温暖与距离关联性小,而与直射关联性大"。

"老师,阴天能否观测到流星雨?""地球上东西十二区加一个中时区,我认为从名称上思考,地球应为二十五个时区。""地球大气高层温度达几百度,我们的神舟飞船如何出去?"在地理教学中,教师应重视信息反馈,提升学生参与热情。信息反馈是控制论的一个概念,通俗地说,就是指由控制系统把信息输送出去,又把其作用结果返送回来,并对信息的再输出发生影响。

"你知道我校校门对面还有一片厂房,它今天在发生什么变化?""对威海路商业街汽配街转身为文化传媒一条街的思考。""我校附近有一条路叫茂名路,你知道茂名市在我国什么地方,它有什么特色产业?"带学生进入经济地理的学习,生活地理走进课堂,活化课堂。

"以一条20度的等温线划过澳大利亚大陆和南美大陆,需要结合洋流性质与地形起伏等因素""以剖面图与平面图结合说明南美洲巴塔哥尼亚高原非典型温带荒漠景观形成的原因""手绘世界地图和喀斯特地貌溶洞"等,用一张图诠释地理现象和原理。

"以微信公众号'吾遥地理'记录师生的暑期地理考察活动和上海重大的地理学术活动""学生地理演讲、学生地理社团开展、无人机拍摄典型地貌或景观等",展现有学科激情的地理工作者情怀。

课堂是学生的,但如何把学生带进课堂,则需要教师去思考。"形象比喻、信息反馈、走进生活、图说地理、学科激情",是我带学生走进课堂、增值课堂的一些做法。

(一) 地理课堂因走进生活而实现了增值

上海东方大桥建设直指洋山岛,实现了洋山岛的增值,同时增值的还有芦潮港,已成临港新城。面上增值是一部分,东方大桥更大增值是布局的完善、区域发展的均衡、南汇之角位置的提升等。课堂增值也是如此,它是显性增值与隐性增值的结合。

心理学研究表明:中学生对事物的感知往往是凭直觉上的好恶,而不是经过理性的分析。这种认知倾向,在课堂上的表现,就是对感兴趣的内容听得津津有味,甚至出神,而对那些兴趣索然的东西,则心不在焉,甚至可以视而不见、充耳不闻;这样会极大地影响教与学的效能。美国心理学家布鲁纳说:"学习的最好动力,是对学习材料的兴趣。"因此我们思考:最有效的方法之一就是用生活中的地理素材、用学生的经验来提高他们大脑皮层的兴奋状态,形成积极探索客观事物的一种认识倾向,同时也为他们日后进入社会打基础。

生活地理具有三大优势:贴近学生的生活世界与精神世界,引导学生应用知识于生活实践,内容具有鲜活性与差异性。因此,被视为学生感兴趣的材料。生活地理进入课堂有助于推动学生积极参与课堂学习,有助于促进学生对地球世界的认识,有助于其生存、决策能力等提高,促进人的全面发展。

华东师范大学崔允漷教授对课堂增值进行了建模:"假如变革前的课堂学习值是 A1,变革后的课堂学习值是 A2,那么 A2－A1＝增值。"借用这种思维,地理课堂因进入生活而实现课堂的长度、宽度、深度与密度的增值。

(二) 地理课堂因走进生活而延长了长度

教材是教学材料,是基础的学科知识,是学习的重要载体,但内容鲜活性、针对性不够。用教材教,需要教师首先对教材解构,再基于学生进行个性化的重构。重构时纳入生活地理,不是知识内容简单增加,而是有机整合。它进入课堂,变封闭的课堂为开放的课堂,可以丰富课堂知识,促进学生的学习和对知识的理解、规律的掌握,实现延长课堂的长度。

高一地理教材中有"河流凸岸堆积,凹岸侵蚀",如果按文字去记忆、理解,比较抽象。改用图示法呈现,就具体、直观、清晰了。如果导入生活地理又怎样呢？我用黄浦江外滩东西两岸地图来分析:浦东东外滩为凸岸,堆积较多(退潮时可观察到泥沙裸露江面),江水深度比较浅,航运船只较少。如利用生活地理举例,图示演绎学习内容,教材的文字内容就生动起来了,图示的意义就不简单了,学生不仅记住知识了,而且理解了。

在课堂中可进行举例教学的生活地理素材还有很多,例如校园及环境观察:学习"太阳高度变化"时导入"室内阳光面积大小的年变化""学校旗杆影子的方向";学习"植被分布"时导入"校园内的植物种类";学习"地域文化"时导入"校园内的保护建筑地域特色";学习"人口"时导入"校园内师生的籍贯分布调查";学习"经济地理"时导入"学校所处社区商业街的布局";等等。还有"最近天气的变化与穿衣""各种气象指数与生活提示""植物花期与气候变化""苏州河水的涨落规律""上海路名的命名""学生的假期旅游"等这些身边的、生活中的地理,都可以开发为地理的课程资源,变封闭的课堂为开放的课堂,丰富课堂知识,帮助学生记忆和理解教材知识,增值课堂。

(三) 地理课堂因走进生活而拓展了宽度

钱学森说过"地理学科是研究地球表层复杂系统的一门技术学科",

是基础教育中唯一横跨自然和社会的学科，它研究环境要素之间的关联，研究人地关系。因此，时空观、系统观、联系观，是地理学科的主要视角。一些生活中的事物、现象，带进课堂，因符合学生的年龄与兴趣，而使学生产生学习、探究的动力。生活地理进入课堂仅限于知晓显然不够，它还把学生生活实践中的经历、信息串联起来，结合课本知识，帮助学生在各种知识点上建立联系，拓展课堂的宽度。

例如体育地理导入地理课堂，美国的篮球队命名规律已为大家熟悉（城市—队名—主要产业：休斯敦—火箭队—航天工业，底特律—活塞队—汽车产业，西雅图—超音速队—飞机制造，芝加哥—小牛队—牛肉加工工业……）。以此类推，奥运中的地理内容丰富：项目设置与时差，火炬接力路线与地域文化，运动与地形，运动与天气，奥运会运行与3S技术应用，等等。这里就其中的"项目设置与时差"，运用一个案例来说明"时差的魅力"。

1988年的汉城奥运会，全世界瞩目的男子百米赛跑不可思议地被安排在韩国当地时间中午进行，这个时候的环境对于运动员创造好成绩是不利的。一般人都很难明白为什么韩国人不把一块如此重要的金牌放在晚上进行。答案就是时差。韩国比赛时间正是地球另一端美国人晚饭之后的黄金时间。奥运会电视转播最大的买家就是美国的NBC电视公司，他们有权在一些重要的项目决赛上为美国观众争取更好的时间。

以上案例导入后，我指导学生思考：结合各国优势项目，要满足各国民众的需要，请你考虑时差，设计2008年北京奥运会关键项目时间安排，再与实际安排表对照，感悟时差的影响。

最后请学生联想，时差还会对人的社会活动产生哪些影响？

学生联想："做欧洲足球联赛的体育版编辑很辛苦，凌晨观摩实况转播，累。""最近赛季F1新加坡站首开夜战与欧洲是整个F1赛事所拥有的最大市场相关。""北京奥运8月8日晚上开幕，其新闻图片可以登上美国西部8月8日当天的早报。""上海一些商务楼内的公司白天休息晚上工作，这与它的客户多在欧美有关。"……

学生对时差影响产生的联想真的很奇妙，层出不穷。这时候，学生对时差的理解不单是一个简单的概念了，时差换算要求此时已是小菜一碟。

又如时事地理，无论是自然还是人文，由于事件发生必然落在地球上，其发生肯定有其背景，例如，新西兰频发地震因其位于地震带上，墨西哥湾漏油扩散方向与洋流风向的关联、北冰洋领土争端风起与气候变暖、利比亚内战根源与石油资源。时事地理以其内容的鲜活性、关注度而备受学生推崇,地理学科以其综合性引导学生客观分析。还有军事地理(潮汐与登陆战)、电影地理(电影风格与区域文化)、农家乐地理(城郊农业与发展)等,引入地理课堂,以地理视角观之,必将有助于学生学习,有助于认识地球,形成系统观、联系观,提高学生应用与分析能力,最终学会欣赏这个世界,以此拓展课堂宽度,增值课堂。

(四) 地理课堂因走进生活而挖掘了深度

《重新认识地理》一书提出,拥有地理知识可以提高公民的决策能力,而决策不仅需要分析为前提,还需要评价并有创见(创造、创新)。地理教材有一些案例供讨论,但教材由于内容、时效、区域的局限难以引起学生共鸣。地理课堂深度的挖掘体现在培养学生关心社会、关心环境,解构现实问题和探究现实问题的能力提升上。如华北缺水问题产生的原因,危害及如何解决,能否用海水淡化来解决。长期以来,用海水淡化解决淡水资源短缺问题,因代价昂贵,往往只有一些十分缺水又富有的国家采用,但最近我国北方第一座大型海水淡化厂建成,是否标志一种观念的更新?时移事易,生活地理最能反映现实。

社会上纷纷议论长江三峡对区域气候变化、自然灾害等影响,其实,在地理课堂上,可以引导学生从地理视角切入展开工程评价。首先,教师提供社会上关于长江三峡大坝的各种声音;其次,从自然(地形、岩石、地质、气候、水文、植被等)和人文(人口、城市、经济、交通、社会环境、文化等)两个纬度对三峡大坝的利弊影响,展开分组、分角色综合讨论、评价,教师提示还要关注时空变化(工程今天与明天、工程对长江上中下游的影响);最后,学生对照社会声音,交流、阐述小组的观点。对于中学生来说,这个命题的价值不在于追求结论,而在于依托生活中的事物,形成讨论与评价的方法,留下难以忘怀的过程记忆。其间地理环境的整体性、人地和谐、可持续发展观念的树立,有助于他们未来参与社会事件分析、决策时,不再片面,更趋于理性,避免人云亦云。

再如淀山湖畔建立新城的利弊分析评价、上海建虹桥铁路枢纽的评价、舟山国家级发展规划出台前景展望、崇明生态岛建设的明天描绘,等等,不仅让学生有话可说,还让学生回味无穷,使课堂深度增加。

生活地理引入时,可以与教材资料整合,设计有坡度的任务,使学习更具有挑战性。如结合课本北纬40度正午太阳高度和昼夜长短变化图,可以提出"绘制上海正午太阳高度和昼夜长短变化图",作图时,可忽略日出、日落时间,但对春分、秋分、夏至、冬至四节气的正午太阳高度要求标注。学生经过这张图的设计训练挑战后,再延伸设计南极圈、南回归线两个纬度的变化图等。不同纬度,四节气会有不同的正午太阳高度,也有可能正午太阳光照射方向有差异。不同半球,既有正午太阳光的照射方向差异,又有冬至日、夏至日的季节差异,这些容易使初学者产生相异构想,造成画图出错,这些出错的图画其实是很好的教学资源。

再结合教材中田园都市理念,导入临港新城(滴水湖)布局,让学生领略到现实城市规划的魅力,或者请学生设计理想中的生态城市,并要求标注图例反映城市功能分区,等等,这些学习任务,不同学习程度的学生都可以做,都可以开展不同层次的研究性学习,其作品百花齐放,又可以成为生动、个性化的学习资源。学生在任务驱动下学习,因挑战成功而获得的成就感会持续很久,进而达成课堂增值。

(五)地理课堂因走进生活而增加了密度

课堂的"密度"不是指物理上的密度,而是指课堂的内容丰富程度。增加课堂密度,会增加学生的负担,也会因缺少留白、学生思考的空间而致使课堂效能下降。我们理解:知识能力的提高是课堂增值的主要任务,精神养料的提供是课堂增值的重要任务,融入生活、贴近生活,让学生的情感产生共鸣,一些鲜活的生活地理案例可以作为载体引入课堂,使课堂充盈着育人的氛围,达成育人目标。以下是两个案例。

日本地震和云南地震先后发生,两地都发生了重大伤亡。在地理课堂上可以利用网络资源,直观解释灾害发生缘由,促进学生学习知识能力的提高。联想到自然灾害是人类的共同灾难,生命是无国界的,站在人性的角度,撇开我们对日本固有的看法,我提供学生片刻时间,班长主持对两地遇难民众举行短暂的烛光悼念。此刻静默,学生的感悟是终身的。尊重生命、感悟生命的同时,培育学生国际理解观念,有助于这些学生未来带着这种意识更快、更好融进国际发展环境,走向世界。

民立中学对面的工厂厂房目前已成为一道不合时宜的风景线,各色小店在慢慢"侵蚀"原居民楼,这些工业遗存和石库门为何产生,有什么特色和魅力?这个不难,只要在学习产业结构、地域文化时,导入课堂再思考:这些工业遗存和石库门是否应该保存?怎样保存?小店进驻是属于开发还是属于破坏？并结合教材关于文化的整合、侵蚀，思考在现代城市规划中怎样考虑城市风韵、城市名片、城市文化的建设。同时，引导学生多关注身边的、熟视无睹的地理课程资源，把它们"请"进地理课堂。

培育学生观察事物、看待事件的视角，无缝、无痕育人，增加了课堂的"思想密度"，实现课堂增值。

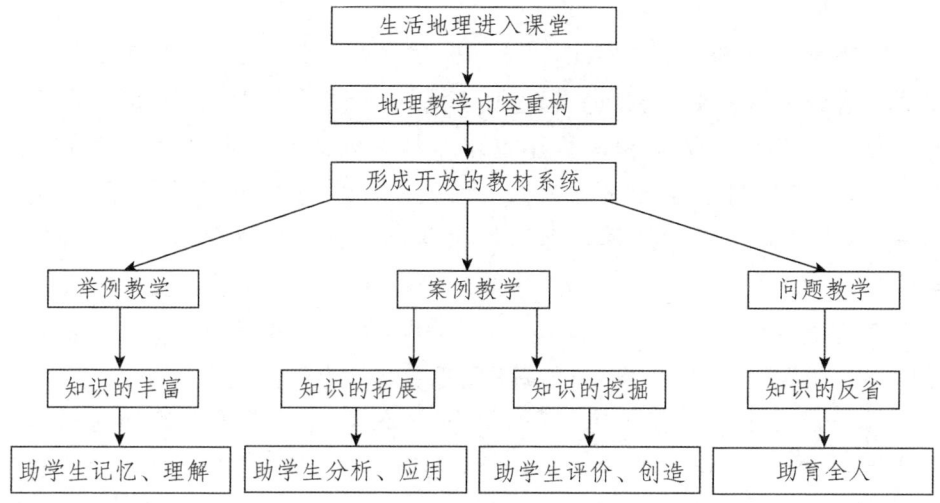

生活地理进入地理课堂

生活地理进入课堂，重建地理教学内容，形成开放的教材系统。通过举例教学，延长课堂长度，丰富知识，帮助学生记忆、理解；以案例导入学习，拓展了课堂宽度，挖掘了课堂深度，实现了知识的拓展，也以冲突问题设计，增加课堂的密度，体现思想性，实现培育全人的目标。

地理课堂因走进生活完善教与学的知识、能力、方法、品性的网络建设，使课堂内涵丰富。人本化的地理课堂因进入生活而更加精彩。实现增值的课堂其教学目标需要对国家课程标准进行细化，生活地理是细化的一种重要素材。华东师范大学崔允漷教授这样解释课堂增值："简单地说，将学习分为想学、会学与学好（数量与质量），那么课堂学习有如下四种值：一是动力值，即学生想学习的愿望；二是方法值，即学生会学习的方法；三是数量值，即学生所学到的知识与技能；四是意义值，即学生学到的东西是有意义或受用的。"如果这样理解的话，地理课堂进入生活，把生活地理带进课堂，能够起到以上四种值的增加。

第四章　基于生活地理提升学生核心素养

地理学科横跨"人文与社会"和"科学"两个领域,地理素养是生命个体的一种修养、一种气质,也是现代公民的一种必备素质,更是国民素养的重要组成部分。地理新课程注重培养具有创新精神和实践能力的高素质人才,注重促进学生的全面发展,为此,《普通高中地理课程标准》提出"培养现代公民必备的地理素养",提供现代公民必备的地理知识,增强学生的地理学习能力和生存能力,倡导地理教学生活化,即以生活地理融进地理课堂教学,以生活为逻辑起点,以生活为中心和基础,最终学习以生活为归宿的地理知识、地理技能等,理趣施教,提升地理素养。

学习对生活有用的地理,理趣结合,不仅有利于学生从容地应对生活中的困难,解决生活中的问题,增强生活的能力,提高对未知环境的适应能力,欣赏这个世界,更大程度地满足生存的需要,而且对当今创新人才、综合素质人才的培养也十分重要,能促进学生的个性化发展,有助于形成学校地理教育特色。

生活地理与学生有近有远,有大有小,围绕学生学习、生活,但不等于身边的地理。以地理视角去看生活中的一物或一地或一事件,有助于每一位公民对事物和区域基于时空的四个维度建设:平面维度、立体维度、变化(变迁)维度以及人文色彩维度。这样可以避免看事物或进行区域分析的盲目性、片面性及短视性。

一、关注地理综合思维培养

人地协调观、综合思维、区域认知、地理实践力,这四个地理核心素养是我国地理课程历史"继承与发展"过程的综合体现,其中涉及的人地观、综合性和区域性都是长期在基础教育地理课程领域使用的概念。[①] 既然如此,为何当下还要提出与强调呢?我们需要这样去理解核心素养:"核

---

① 林培英.漫谈高中地理核心素养的提出[J].地理教育,2016(3):5-6.

心素养"是"核心的"素养,不仅是"共同的"素养,更是"关键的""必要的""重要的"素养。"地理综合思维"入围地理学科核心素养就说明它是基于"共同的素养"之上的"关键的素养"之一。多年来,我的地理教育追求学生"地理视角"素养的培养和地理学科魅力的传播,在教育部"立德树人"根本任务背景下、高中地理核心素养提出时,今天结合自身的教育实践来探讨地理综合思维及其践行培养。

(一) 地理综合思维内涵

《普通高中地理课程标准(征求意见稿)》中是这样描述"综合思维"的:它是地理学基本的思维方法,指人们全面、系统、动态地认识地理事物和现象的思维品质和能力。综合思维素养有助于人们从整体性的角度分析和认识地理环境,以及它与人类活动的关系。对于综合思维,可以从以下两个方面来认识。

1. 地理综合思维是地理学科的主导性思维方式

地理思维是提供人类不可缺少的认识世界和理解世界的一种方式。每一门基础学科都提供一种主导性思维方式,如数学和物理的数理逻辑思维与分析性思维、历史学的动态—过程—演化—阶段思维、文学艺术的形象思维与直觉思维,等等,地理学科则具有空间思维和综合性思维。[1] 思维体系中有批判性思维、反省性思维、逻辑性思维、创造性思维、直觉思维、形象思维、归纳思维、移植思维、目标思维、发散思维、逆向思维、聚合思维等多种思维方式,众多学科也皆有这些共性的思维方式,综合思维也并非地理学科独有,而是地理学科的一种主导性思维方式。这与地理学科四大基本视角之一"综合的视角"相关,也与洪堡、李特尔创立的地理学六大原则中的"综合性原则"内涵一致。地理学科是基础教育中唯一跨自然科学和社会科学两大领域的学科,它研究对象的整体性和关联性以及地理学与其他学科之间也有关联交叉性,[2]相对来说,地理学科中的综合思维比其他学科综合思维特质更明显。

2. 地理综合思维是未来公民诠释解决问题的方式

综合性是地理学的基本特性之一,培养学生综合思维使之成为生活方式是地理学科的基本任务之一,实现这个目标的关键是,教师需要理解

---

[1] 王爱民.地理学思想史[J].北京:科学出版社,2010:84-88.
[2] 王爱民.地理学思想史[J].北京:科学出版社,2010:91.

"地理综合思维"的内涵与外延,而对其的理解必然是一个发展的过程。此时,地理学科研究者、地理教研员、地理一线教师等对此发表个人看法,参与社会性讨论,才有可能将"地理综合思维及其培养的思考与实践"带入深水区。一些知名学者也对这个议题作了许多诠释,如袁孝亭教授曾经从"地理素养在内容上是综合的,在构成要素上具有综合性"两方面阐述综合性是地理素养的显著特点。① 他将综合思维看成是地理学科的科学方法和能力之一。王建芹老师则引用《重新发现地理学:与科学和社会的新关联》(学苑出版社 2002 年版)一书中"地理视角矩阵图",即由综合的领域、空间表述、动态观察世界的方法三者关系说明地理学的视角是综合的、三维的、动态的、系统的,且其以较为复杂的人地系统为主要研究对象,进而阐释"综合思维的地理特质"。综合思维是学生分析、理解地理过程与规律及人地关系地域系统的重要思想和方法。② 陈红老师认为综合思维即综合性的分析思维,是地理学基本的思维方式,并指出综合思维包括三个方面,即要素的综合、地方的综合、时空的综合,分别体现了整体性、区域性和动态性的思想。③

这里必须强调的是,对地理综合思维内涵的认识,绝不能只停留在字面上,必须在地理教学实践中加深理解,这对于身处教学一线的地理工作者而言,尤其重要。地理综合思维就是当学习者面对真实复杂生活中的地理现实问题或者现象时,或者面对虚拟的生活情境时,必然会启动的"那辆车",因时因地因人因境的系统分析的思维品质,它也是公民需要具备的关键素养。

(二) 地理综合思维培养缺失

人类整体认识地理环境,需要全面、系统、动态相结合认识,三者不可或缺,但对于具体某一事物或者现象及其对人类活动的影响,其综合思维视角还是有侧重点的。基于此,地理课堂上指导学生分析、解决问题时需要关注综合思维的非综合引导。考察目前地理教学的状况,的确存在地理综合思维培养缺失的现象。以下通过实例说明地理学习中几种地理综合思维培养缺失的情况。

---

① 王向东,袁孝亭.地理素养的核心构成和主要特点[J].课程·教材·教法,2004(12):64-67.
② 王建芹.谈地理核心素养中综合思维能力的培养[J].中学地理教学参考,2016(5):19-20.
③ 陈红,吴燕坤.基于学习进阶的地理综和思维能力培养[J].中学地理教学参考,2016(7):28-29.

1. 思考维度指导不足导致缺失"全面性思考"培养

"工业布局"教学中让学生选择"对大气、水源有些污染"的工业部门布局地址时,教师往往简单地给予"上下游、上下风向"的选择性思考。殊不知,一地的下风向、下游就是另一地的上风向、上游。在人地关系紧张、生存环境脆弱以及人们追求"美丽中国梦""生态文明"的今天,这种思维方式的引导是有缺陷的,也是本位主义和缺乏战略的思维方式体现之一。当下,产业迁移时我们强调不是简单、复制式的产业物理迁移,而是需要将原有的工艺和设备技术革新后再搬迁。一地引进企业落地也都需要环评测试和民意公示,先不说引进工业时需要考虑项目是否赢得社会、经济、环境三种效益,就说我们需要反思"这样的问题在地理学习中简单设置"其背后实质是地理综合思维培养的缺失。类似的例子还有"宇宙探索"篇中,仅仅从"人类通过宇宙探索获取宇宙密码,并改善人类的生活"这一维度思考,而忽视了"在探索过程中带来的技术不断革新"和"人类的探索精神"等维度,就难免会有"这些巨资不如投入改善基础设施"的疑问出现,这也是综合思考不足所导致的。现实地理教学从应试角度出发设计地理学习,追求标准答案,也一定程度上禁锢了学生的综合思维。

2. 思考要素关联引导不足导致缺失"系统性思考"培养

在进行"地震烈度的影响因子"教学时,教师往往从地震的震级、震源深度、震中距、地质构造等自然因子引导学生思考,比较少想到或者去思考地面建筑性质、防灾意识与能力、人口分布等人文因子,更难思考到地震诱发的次生灾害、土壤结构、地貌条件、当地经济发展以及自然与文化遗产等因素。这里"一般性引导"的思维方式指导,其主要后果是综合思维中的系统性思考的缺失。地震"作用"的对象是复杂人地关系系统,烈度又是地震的破坏程度,理应作系统性思考,涉及的系统关联要素有自然、社会、经济和人文的,等等。一加一的破坏效应往往大于二。类似于尼泊尔地震震坏的特色古建筑,价值则更加难以估算。至于烈度的大小,有日本的7度表、西欧和中国的12度表,在测定时引入了物理量,以便于用仪器作定量测定,及时知道地震破坏情况,决策后续的救援行动。要脚踏实地做好一地防灾减灾工作和减灾机制完善,系统地思考烈度是必不可少的。

3. 思考变化关注不足导致缺失"动态性思考"培养

在进行"工业区位分析"教学时,钢铁、汽车、机械、电子、纺织、制糖、有色金属冶炼等依然作为主要工业部门,其工业区位分析依然占据了地理教材主要篇章,课堂教学中对于新兴的、我国走向世界的诸如光伏产业、中国高铁产业、核工业以及新能源新材料等工业探讨相对较少。现实是这些工业部门如今发展迅猛,并且相对而言,社会关注度高但民众缺少深度的了解。这种思维方式滞后于生活现实问题发展,缺失对地理问题或者现象观察的敏锐度,属于综合思维中的动态性思考的缺失。世界科技在进步,越来越多的产业也会在新时期出现,新世界、新环境、新问题、新人地关系时移世易,需要摒弃静态思维,用动态的眼光审视这个时代,如电子商务、物流、新媒体等产业发展迅猛。类似的例子还有"我国完善生育政策推出二胎政策""'一带一路'正在改变新疆是我国交通边角地区的宿命""雄安新区建设带来开发区规划理念的突破"等。教材有滞后性,是必然的,但教师可以跟上时代的节奏,在课堂关注、培养动态的综合思维。

(三)地理综合思维培养的实践探索

地理学科综合思维的培养是贯穿于多方面的,无论是地形的形成、气候的成因、区位的选择,还是灾害防治、地域文化的形成、城市规划以及新老地理问题等,都需要综合思维,都要注意对未来公民地理综合思维的培养,这方面改进的基础和关键是地理教师地理素养的提升,以及地理教师对于地理学习的目标规划、方法与内容设计、实施路径的选择。

地理教学活动开展的每一项目标,都会指向提升学生多种素养。现实地理教学指导中,如何聚焦地理综合思维素养的培养,突围全面性、系统性、动态性地理思维培养的缺失问题,整体性思考地理问题,可以从情境设置、作业设计、命题原则等途径去探索。以下是我从教育实践体验和效果出发,针对综合思维培养缺失现象进行的实践与思考。

1. 地理主题学习

新高考制度谋划中的等级考试制度的初衷就是让爱好这一门学科的学生能够深度探究学科问题。参与地理等级考试,学生可以在高二、高三年级中选择,基于时间优先考虑,多数选择地理学科的学生会在高二时完成等级考试。而高二年级没有现成的地理教材可以使用,地理主题学习成为主要选择的学习方法之一。地理主题学习主要是围绕某一地理主题展开的学习方法,对学生地理综合思维极有挑战性。一般时效性强、争议话题多、牵涉面广的重大事件、工程、时事新闻等往往成为教师的选择。

如对"中缅输油管道建设"这一主题学习的设计。目标有三：目标一，以中缅油气管道建设遇到的困难切入，结合多种专题地图分析经过区域的自然和社会经济条件，巩固读图能力和区域分析能力，归纳区域开发要进行的分析角度；目标二，创设中缅油气管道决策的情境，结合区域分析的认识对工程的价值进行分类并作出决策，培养学生决策能力；目标三，结合中缅油气管道运营中的问题，创设发展规划的情境，培养学生在区域开发原则指导下解决问题并制定发展规划的能力。部分学习流程设计为：在"吾遥地理"微信公众号上推送学习素材（地图和文字图标资料），便于课前学习和课堂利用，并在学习中充分利用微信公众号的投票和评价功能，形成高阶思维，助学地理。

实践后有三点体会：一是主题学习是整合的学习，突破原来地理学习中碎片化的思考，学生整体性认识得到加强，思考维度可实现跨学科、跨领域、跨时空、跨身份；二是主题学习是开放的，通过这样的主题学习，从不同的角度、不同的层面来思考同样的问题，然后感受到不同的表述方式的力量；三是主题学习是情境化的学习，主题学习在学生的创新思维培养这方面具有非常大的优势，就是让孩子在真实的教育场地当中，承担着真实的学习任务，让学生在积极主动地发现问题的过程当中学习地理。主题学习可以激发学生自愿投入、深度开展地理综合思维训练。

这样的话题还有"中国第五南极科考站选址""欧洲难民""太空种菜""丹麦的生蚝灾难"等，兼顾社会与自然科学，综合思维不仅解决这些疑难问题，而且让学生感觉到地理学科全面性的魅力。

2. 地理生活化探究

许多久居在大都市的高一学生虽然接受过初中地理教育，但依然对于校门的朝向不甚了解，要绘制出相对客观的、标清方向的校园地图则更难上加难了。或许这个问题不复杂，多指正一下即可解决，但是否真正地学会方向判断或者多方位佐证则难说了。我所教的学生去崇明前进农场学农基地实践，一落地，部分学生在陌生环境下对于相对独立的、斜建的一排居住楼房走向判断就遇到困难了。崇明前进农场是一个新能源研发利用的基地，屋顶披上了倾斜的太阳能光板。事实上要判断该楼走向的方法很多，太阳的方位、路牌指向、太阳能光板倾斜方向等皆可作为方向判断依据。死学教材、脱离生活最终带来的是学生无法面对现实生活解决复杂问题。地理生活化探究将地理学科知识带入生活并加以探究，触发综合思维,收获地理学科知识增长、生活地理常识解码以及知识迁移与运用能力增长的三提升。

以对"上海海派文化"学习的部分设计为例。"海派文化"主旨内容源于上海地理教材专题25中的"环境对文化的影响"和专题27"中国地域文化"。目标有三:一是基于我校独特的上海都市中心位置,引入邻居"中国历史名街——陕西北路"作为学习的对象,以此解读"海派文化"和"老上海味道";二是通过地理加生活的学习,使得学生缩短教材和生活的情感距离,并初步学会地理知识的生活化学习方法和综合思维使用路径;三是引领学生学习地理的生活化意识,同时树立解读、传承、发扬优秀传统文化的意识。

实践后的思考:对于陕西北路的历史文化我们将从构成历史名街的要素、中西合璧的建筑、丰满的历史人物故事、多样的产业形态、多元的文化元素、区域生态等多方面系统性探究,这是一个区域地理文化生活化的认识过程。既要探究陕西北路历史文化形成的地理环境要素,也要从时间维度、社会制度、政治背景等多方位去综合思考。进入"生活"的地理实践分析、解决问题要求思维综合性强,而且还跨越了学科边界,涉及历史、政治、语文、艺术等学科及其思维特质,提升了学生跨学科综合思维素养。

这样的地理生活探究过程是一种基于"现实存在"的综合思维,类似的,如需要保养的上海外白渡桥移动和复位时间的选择、为上海浦东机场安全专门辟地建湿地转移候鸟路线等话题,生活性、地理性强,加以探究,对学生的综合系统思维素养提升益处良多。

3. 地理研究性学习

高中地理施行等级考试,原意就是希望对地理学科感兴趣的学生能够多深入研究地理问题,并非浅尝辄止,停留在表面或者静态思考层面。这就要求教师对教学材料进行一定的深加工,无论是内容上、视角上,还是方法上都要进行筛选,也就是一般而言的,对广义的地理教材作校本化处理。开展研究性学习,必然会突破静态思维定式,寻求思维的创新点,它是研究性学习的一部分而不是全部。

比如学习"城市功能、工业区位分析"这一部分时,选择"上海自来水取水口和水厂位置变迁的归因分析"作为研究的切入口。目标有三:一是知道上海自来水厂(水源地)位置的变迁及其归因分析;二是上海自来水厂(水源地)今昔位置从区位要素出发研究其输水路线建设成本的经济效益和社会效益;三是上海水源地变迁引发的联想思考以及对未来水源地走向的思考。

实践后的思考:上海水源地经历了黄浦江支流(如杨树浦、苏州河)、下游、中游、上游,到如今的黄浦江上游、陈行水库、青草沙水库、东风西沙水库(崇明)四大水源地,再到2015年启动的总投资为76亿元的黄浦江上游水源地原水工程。上海水源地不同时段的选择都是基于时代背景和现实用水危机综合性思考后的应对。其思维经历了就近取水——舍近求远——舍远求近的路线。类似于"金山槽罐车向黄浦江上游支流违法倾倒油性废弃物"和"黄浦江死猪事件"等人为原因引发的水危机事件,今后如何避免并彻底解决上海饮用水源问题,横纵综合性、动态性思维是比较好的思维路径。研究性学习区别于其他学习,关键在于由时间投入带来的非表面性的、非静态的学习。

地理知识因动态变化而显得更加丰富而有魅力,对动态变化的研究也会有益于促进地理综合思维向纵向发展。类似的案例还有"南水北调与引江济汉""开发崇明东滩到保护东滩"等案例,展开地理研究性学习,不仅会实现地理问题的深度解码,更重要的是以此为载体,养成动态思维习惯,提升学生综合思维素养。

地理综合思维的培养是一个需要整体性思考的问题,地理综合思维培养会成为教师今后地理教学重点思考方向,这种期许是可以预见的。

二、培养学生的地理实践力

有人说"知识就是力量",但问一些返校看望教师的毕业生,他们要么说好多中学学的知识忘记了,要么说记不太清楚了,你看,知识也留不住吧,知识真有力量怎么会不在他们的心底建立"根据地"呢?或许有人说我在偷换概念。其实我想说的是,中学的一些应试性知识对考试很重要,但对于学生的终身发展未必很重要。换句话说,师生的血汗仅洒在考试分数上。套用马云的一句话,我们今天的同人面对的是这样的一种尴尬境地:地理教学不要分数,过不了今天,光要分数,就没有明天。河北师范大学的李亚莉做了一个关于"什么样的作业令学生感兴趣"的调查,结果,65.57%的学生认为如果布置调查、实验、观察性作业,会很感兴趣。[①] 而

---

① 李亚莉.基于地理实践力培养的中美高中作业系统比较研究[D].石家庄:河北师范大学,2016.

现实中这种作业布置得比较少。其实,做调查问卷只是佐证而已,一线的同人都很清楚。如何突围?就我而言,一直以来选择的路径就是两手抓:既不能放松地理课堂教学,让学生放心、家长满意,也不能放弃让学生参与更多的地理体验,让学生高兴,激发学生学习热情。没有后者,自己直观感受是"无法将地理学科的魅力传递给学生,自己也缺少挑战创新的乐趣"。在立德树人背景下,地理核心素养强调的地理教育教学的着力点所在,成为包括我在内的地理同人教育实践方向上的"灯塔"。在四大核心素养中,地理实践力作为"基本的活动经验"被提出,成为一支意料之外又在意料之中的"新军"。这必将推动新一轮"学生地理实践力培养"的探索。

当下,培养学生地理实践力的思考文章已不少,但就基层学校而言,由于校情、师情不同,对于地理实践力培养的实施路径和方法也不尽相同。在这里我结合对地理实践力的认识与以往的教学实践,分享一些积累。

(一)走近"地理实践力"

《普通高中地理课程标准(征求意见稿)》中关于地理实践力的描述是这样的:"指人们在考察、调查和模拟实验等地理实践活动中所具备的行动能力和品质。野外考察与室内实验、模拟相结合,是现代地理学研究的主要方法,也是高中地理课程特有的学习方式。'地理实践力'素养有助于人们更好地在真实的情境中观察、感悟、理解地理环境,以及它与人类活动的关系,增强社会实践能力和责任感。"从以上的表述中可以得到五点讯息:一是地理实践力空间是野外和室内相结合,也就是说地理实践场所应该涵盖"课内"与"课外"、"校内"与"校外";二是野外考察面对的是真实情境和室内模拟与实验面对的虚拟准情境相结合;三是地理实践力是实践活动中的行动能力,如地理工具的使用力、制作地图与使用地图能力、地理观察观测能力、社会调查与野外考察能力、地理实验能力、制作地理模型能力、信息技术运用能力等;四是地理实践力又是实践活动中的品质,如地理视角感知力、交流合作能力、表达能力、个体修养及品德素养、团队合作协作能力、沟通能力、成果呈现能力、社会责任感以及正确的人地观等;五是地理实践力并非地理实践,也并非地理实践能力,它不是一项行动,也不是简单的"能力",而是一种素养。既然是素养,则意味着它不是一蹴而就养成的。因此,地理实践力的培养仅仅依赖训练是不行的,还需要持久的熏陶与浸润。

　　各校都有意无意地经常在做地理实践,今天之所以提出并升格为"核心素养",是为了强调地理实践力是一种基础的、关键的素养,需要进一步重视和强化培养。它在考量学校地理工作成效中的权重自然也在不断增加。如果从教育理论上去寻求它的"合法地位",相信可以寻找出很多。地理实践力要野外考察、开展社会调查必须面对真实的生活情境,与杜威的"教育即生活"相契合。杜威认为传统的教育以教师为中心,以书本为中心,以课堂为中心,它与广阔的教育的社会生活相脱离。他认为最好的教育就是"从生活中学习""从经验中学习",学校课程的真正中心应是儿童本身的社会活动。地理实践力提供给学生足够的时空进行自主活动,符合建构主义理论。建构主义学习理论提倡在教师的指导下以学生为中心的学习,并认为学习是学生积极主动的建构过程,学生是学习的主体,教师在此过程中只能起主导作用。地理实践力需要在实践活动中着力提升多项能力素养,符合多元智力理论。霍华德·加德纳教授在《智力的结构》一书中认为,就智力的本质来说,智力是"在一定的社会文化背景下,个体用以解决自己面临的真正难题和生产及创造出社会所需的有效产品的能力";并将智力分为八种:言语—语言智力、音乐—节奏智力、逻辑—数理智力、视觉—空间智力、身体—动觉智力、自知—自省智力和交往—交流智力、自然观察智力。关于这方面的理论很多,不再赘述。

　　今天的基础教育改革的具体目标也特别强调要改变过于强调接受学习、死记硬背、机械训练的现状,倡导学生主动参与、乐于探究、勤于动手,培养学生搜集和处理信息的能力、获取新知识的能力、分析和解决问题的能力以及交流和合作的能力。同时倡导教师要在教学过程中与学生积极互动、共同发展,要处理好教授知识与培养能力的关系,注重培养学生的独立性和自主性,引导学生质疑、调查,在实践中学习。

(二) 感知"地理实践力"

　　有时候,大家认同地理实践是现代地理学研究的主要方法,也是高中地理课程特有的学习方式。但为什么"认同"而不"操作"呢?这里有许多原因,既有学生时间紧张、课时不够,教师教学压力(求分压力重)、学校行政管理导向等因素影响,也有对其认识不清、探究不够的成分在内。

　　曾浩然的《中学地理实践活动》主要介绍自己教学实践的经验和学生实践的案例。李长志的《新教材地理课堂中的活动类型》将活动分为交流型活动、实践型活动、探究型活动、竞赛型活动、展示型活动、辩论型活动。庄友宝的《地理活动课的组织形式》一文介绍了演讲表演、游戏竞赛、专题讨论、图片资料展览、参观考察、小制作办小报六种形式。周振铃的《中学地理实践活动的定位与方案设计》谈到活动设计要遵循以下六项原则：思想道德与知识技能培养相统一；配合课堂教学，突出科学性；因材施教，形式多样有趣味；学生为主体，教师为辅导；充分利用家乡地理环境优势；依据现有条件，切实可行。熊建新、杨新在《活动化课堂教学模式实验与探索》一文中提出"活动化课堂教学模式是指教师为学生营造一个可活动的空间，让学生个体、群体在活动的进行中形成对知识的经验感知，并回归现实生活，解释客观实际问题，从而内化为学生的知识结构，形成新经验的一种课堂教学模式"。[①] 以上研究无不把学生参与看成高水平学习，学生在自主的实验和探究过程中思维变得多向、主动与发散。

关于地理实践力培养，还有两件事给我触动很大。第一件事，有一年暑期我去台湾，在花莲女子高级中学，碰到来自香港的、自称"老欧"的高中地理教师，与他交流布置地理作业。他给我看了他的师生互动的网络平台，介绍说，他把作业的任务、解决作业所需要的软件、一些基础数据等素材放在网上，学生自行提取，完成作业任务后将作品上传网络平台。其中需要完成的一项任务是"利用数据制成各类统计图、数据信息空间分布图"，有点类似于地理信息系统，但它不是系统，而是各类基于数据的专题地图。我看到了学生精心制作的地图，其精致程度与地图册中的图表极为相近。在完成这个作品的过程中，学生需要自主收集个性化的数据，需要较好的数据处理能力和制图能力，更需要的是耐性与静心。第二件事是感悟台湾省的教材，就是"老欧"老师送给我的台湾地理教材中的"地理实践"指导部分。教材开篇不仅凸显生活地理，而且就是从考察、调查周围的现实社会环境开始的。如何使用罗盘、如何丈量、如何制成空间分布略图、如何设置调查问卷、如何开展小组分工合作等，这些内容成章节地在开篇出现，十分可贵。

（三）践行"地理实践力培养"

广义上的"地理实践力培养"，各位同人日常都在做，最为普遍的有：课堂上，课前地理新闻联播、课堂情景设置、联系时政的问题设计等；课堂

[①] 李亚莉.基于地理实践力培养的中美高中作业系统比较研究[D].石家庄:河北师范大学,2016.

外,开展"立竿见影""绘制一月月相"等活动。我平时比较重视学生的地理实践活动创设,除了前述的理由以外,始终觉得:一是学生学会自主学习,并在地理实践活动中会获得难忘的实践体验、感受收获成果的喜悦;二是学生在地理实践活动中会有"不可测的情况"发生,生成很多能够点燃实践动力的"意外";三是学生在团队实践活动中会更容易增进彼此的认识;四是实践活动能够满足不同学生的学习需要,关注个性差异,开展个性化学习,并激发学生学习的积极性。下表是民立中学"地理实践力培养"的部分探索。

民立中学"地理实践力培养"的部分探索

	话题或内容	活动形式或类型	地理实践力素养主要指向
课堂	地理时事新闻	三张PPT的课前新闻联播	资讯筛选、地理表达素养
	生活地理情景	情景设置、任务驱动	生活观察、地理表达素养
	联系生活的问题	系列问题设计	视角感知、地理表达素养
	"国学中的地理"系列	课堂微论坛	文化情怀、地理表达素养
	"万物简史"系列	课堂微讲坛	阅读品性、地理表达素养
	"中国区域开发区"系列	课堂微讲座	地理表达素养、社会责任
	旅行纪实	课堂对话	野外观察、地理表达素养
	……	……	……
课外	手绘:图解一地理原理	短作业	地图制作、成果呈现素养
	用地理概念创作短文	长作业	地理想象、创意表达素养
	例:石库门的密码	微课题	生活观察、社会责任素养
	例:议"太阳采光权"	微项目	野外观察、视角感知素养
	例:三沙市模拟规划	城市规划设计	地图制作、社会责任素养
	地上说政	史地综合活动	地理创作、知识应用素养
	微型有机农场	社团活动	野外观察、合作交流素养
	超市中的地理	微视频创作	生活观察、媒体技术素养
	校园秋天风景	摄影作品平台展示	野外观察、创意表达素养
	……	……	……

以上课堂、课外两类实践活动,只是按照实践活动的场所来分类的,但两者并非界限分明的。在上述的每一项实践活动中,我从中收获的启

发、喜悦不亚于学生。如"国学中的地理"系列，我的学生选择"杜甫一生的游历路线结合其创作的诗"这一视角切入，在中国版图上标注所到的城市并按先后时间顺序绘制路线图，当听到在山东与李白会面时，大家都会心地笑了。我想学生的这种体验最重要的不是知道了这些内容，而是人文情怀的获得、地理视角与文学视角的碰撞体验，会相伴终身。再如"万物简史"系列，我的策划是从《万物简史》一书中发现地理故事，并结合地理教材内容，以微讲坛形式与大家分享，要求以科普者的视角、知性的态度、培训师的表达方式呈现自己的作业成果。结果第一位出场的孙同学在台上足足讲了十分钟的宇宙故事，本人兴奋，同学喜欢，相信学生们在整个活动中收获的体验、启迪是巨大的。又如三沙市模拟规划。2012年，我国为巩固海疆、加强海域管理，以永兴岛为基点设立三沙市。我布置了一项创意设计任务：结合教材中的城市规划知识，模拟马尔代夫首都马累的城市布局，规划永兴岛的城市布局。后来我收到多幅很不错的规划设计图。大家可以这样想，学生要完成规划图，他肯定熟悉那块区域的位置、面积、风向、自然灾害等地理条件，也必须要去探究马累城市布局的设计理念、海岛城市要件，而对于城市规划的知识掌握和图例设计等制图能力的要求，那是前提条件。学生完成任务期间，海洋意识、国家责任意识就在润物细无声中提升。

　　至于用学校周边的地理资源，以践行地理实践力培养，各所学校位置有别，所拥有的实践资源差异也很大，这是自然的事情，但要不断挖掘利用实践资源。如民立中学位于上海市中心，自然资源真的就一点都没有了吗？并非如此，城市的气候、弄堂风、城市光照、苏州河的潮汐、黄浦江拐弯处的凹岸与凸岸等，近在咫尺。如果走进距离15分钟步行路程的自然博物馆"上海故事"展厅等，就可进入虚拟的上海自然天地。还有春游、假期游学、南京考察、学农等学生实践活动，都有机会与大自然亲密接触，这些活动也是整合开展野外考察自然等实践活动的重要机会。如果你的校园位于郊区，你和你的学生与土壤、河流、雾霾等自然要素接触机会多一些，农作物也见得多，就会对郊区农业资源和"三农"情况有更深刻的理解。如果位于小城镇的话，或许成排的工业乡镇企业厂房就在你的上班与学生上学途中，这些可以转化为地理实践力培养的资源优势。有些地方还有许多民俗风情、非物质文化遗产等。因而，不同地区的学校都具备实施地理实践力培养的土壤。

（四）学生地理实践的部分作品

任务提示：现实生活中，一些地理概念经常见诸新闻报道、时事论坛、事件分析中，譬如"人才断层、人才滑坡""遭遇'韩流'""工薪盆地""道德高地""职业高原期"等，请你模仿应用地理概念创作一篇短文。

一、学生作品一："万物简史"系列之一

著名的编辑学家叶至善老先生曾说过这样一句话：只有枯燥的讲述，没有枯燥的科学。的确，科学完全是可以很有趣的，这点尤其体现在《万物简史》这本书上。正是这本书让我感受到"科学其实并不可怕"，科学的世界里是千奇百怪的。

《万物简史》采用对话体的形式娓娓道来，对我们人生的重大问题、对我们面临的困惑和不安给予了富有创见的解释。这些问题包括男女地位和角色的变化、环境的持续破坏、差异性和多元化、受压抑的记忆以及互联网在信息时代的地位等。

这本书的语言风趣幽默，在读到描写哈雷这位科学家的文字时，我一下子笑出了声。其实，类似这样的语气和描述在书中比比皆是："哈雷是个不同凡响的人物。在漫长而又多产的生涯中，他当过船长、地图绘制员、牛津大学几何学教授、皇家制币厂副厂长、皇家天文学家，是深海潜水钟的发明人。他写过有关磁力、潮汐和行星运动方面的权威文章，还天真地写过关于鸦片的效果的文章。他发明了气象图和运算表……他唯一没有干过的事就是发现那颗冠以他名字的彗星。他只是承认，他在1682年见到的那颗彗星，就是别人分别在1456年、1531年和1607年见到的同一颗彗星。这颗彗星直到1758年才被命名为哈雷彗星，那是在他去世大约16年之后。"

然而除了可以了解丰富的科学知识，知道科学家们的趣事，当你读完之后也不由得会对生命、对自然生出无限的敬畏。

我们总认为科技已经足够发达——我们的飞船到了火星，此时此刻的现在，美国的新地平线号探索飞船正在飞往冥王星的途中，五年后它就会到达那里，甚至在前些年还公布过抵御小天体的计划。

我们总以为自己已经足够强壮——可以在自然界的面前指手画脚、呼风唤雨，我们有用不完的勇气和自信，自信得也许有一点过了头而变得有点自负，自负到以为只要我们足够努力，所有的事情都是可以被改变、被支配、被左右的。

可是结果要让大家失望了——虽然我们的确是非常努力,但我们赖以生存的一切似乎和我们的努力沾不上多少边。人们常说,成功是靠百分之九十九的努力加上百分之一的运气,而这一次绝对是百分之一百的运气。是的,就是简单的运气而已。

《万物简史》让我重新认真地思索起"我是谁,我从哪里来,我要到哪里去"的千古命题,我的回答是:"我"也是"我们","我们"是"生命",生命之舟必将驶向光明美好的未来——回顾四十多亿年的生命史,我有理由坚持这条信念。

"一个星球,一次试验",我想对待生命的最好方式,一是珍惜她的美好,二是要为她创造更多的价值。我们——人类应当自求多福,好自为之。

二、学生作品二:微课题"读懂上海石库门不衰的秘密"

众所周知,中国的建筑学在国际上享有很高的声誉,其独树一帜的建筑风格的确让很多来中国旅游的人流连忘返。但是随着科技的发展与社会的进步,各地为了加快发展,不惜对当地的建筑进行改观。当今中国所面对的建筑千篇一律的悲剧场面让人不禁为中国悠久建筑史而担忧,更担心的是城市名片的丧失。

上海的石库门可以说是独树一帜,历经岁月的洗礼仍旧傲立在中国的东方,长盛不衰。它是上海最具代表性的民居,通常被认为是上海近代都市文明的象征之一。"石库门里弄建筑营造技艺"已经列入国家非物质文化遗产名录。特别是在2010上海世博会上更是脱颖而出,引人注目。

究竟是什么原因让上海石库门长盛不衰?就让我们一同去探索石库门的"密码"吧。

作为上海人,"石库门"一直是伴随我们成长的关键词,虽然我们没有生活在石库门中,但祖辈父辈们的回忆却是时时充斥着石库门的。所以说,对于上海石库门的研究从大人的角度来说,已经是不胜枚举。现在,我们小组决定以学生的角度去完成对上海石库门的密码的探索。

首选,我们组是上网对石库门的由来、形成作了一个初步的了解。

石库门为何会出现在上海?又是什么时候出现的?

石库门被称作近代上海的"房地产业",最早出现在19世纪五六十年代,当时正处于上海小刀会起义与太平天国起义的时期。社会动荡迫使上海华界与苏浙等地的民众纷纷涌入上海的各国租界中,以求平安。于是,外国商人就乘机修建大量住宅来卖给民众避难。一开始是木板的结构,容易起火,于是就改用了砖木的结构。同时在建筑风格上运用了江南传统民间空间结构,但又为了节约用地,采用了西方联排式的单元建筑。久而久之就形成了中西合璧的上海石库门建筑群。

原来上海石库门背后有这样一个故事。

既然说这次是以学生的视角来探索上海石库门,首先要做的那就是实地的走访。我们先走访了位于上海市陕西北路的某条弄堂。在祖母的回忆中,上海石库门的弄堂是又窄又小的,但是,当我们进入时,却是粉刷一新的建筑外墙和较为宽敞的走廊。原本每家每户都会从窗户口"穿"出的晾衣服的竹竿,如今已改为一个个方方正正的空调外机。记忆中一声声的叫卖,已经销声匿迹,留下的只有静谧的弄堂。

我们在思考,石库门中究竟发生了什么,让它与过去截然不同却又完好保存?石库门的魅力在何方?

自然要从上海石库门的老住客方面说起。

在此我们小队自己制作了一张调查问卷,问卷内容如下:

您好:

我是××中学课题研究院的成员,我们正在进行一项关于上海石库门经久不衰的原因的调查,旨在了解上海石库门的发展与现状,并分析石库门发展趋势和前景。您的回答无所谓对错,只要能真正反映您的想法就达到我们这次调查目的。希望您能够积极参与,我们将对您的回答完全保密。调查会耽误您10分钟左右的时间,请您谅解。谢谢您的配合和支持。

1. 您住过石库门吗?

A. 是　　　　　　　　　　　　B. 否

2. 您的家人住过石库门吗?

A. 是　　　　　　　　　　　　B. 否

(以上两个问题中,只要有一个"是"请继续回答第三题,没有"是"请跳至第7题)

3. 石库门给您留下最深的印象是:

A. 邻里间的关系　　　B. 空间大小　　　C. 文化内涵

在第三题中选 A 者,请回答第 4 题

　　　　　选 B 者,请回答第 5 题

　　　　　选 C 者,请回答第 6 题

4. 邻里之间的关系具体体现在哪些方面?(可多选)

A. 日常生活(如:用水电煤、烧饭等)　　　B. 玩伴

C. 学习工作

D. 其他_____（可补充）

5. 您对石库门的空间格局的印象是：(可多选)

A. 弄堂窄　　　　　　B. 房子面积小　　　　　C. 房子内部结构成

D. 其他_____（可补充）

6. 石库门的文化给您印象最深的是：

A. 上海的名人住过　　　B. 上海有名的政治人物住过

C. 外观造型中西合璧

D. 其他_____（可补充）

7. 您对上海石库门的感觉是：

A. 文化悠久　　　　　　B. 外观美　　　　　　C. 上海的代表

D. 其他_____（可补充）

8. 您居住在石库门的理由是：(多选)

A. 美好回忆　　　　　　　　　　　　　　B. 离南京路闹市区近

C. 出行方便　　　　　　　　　　　　　　D. 方便小孩读书

9. 您认为石库门建筑群如何改造？

A. 是拆　　　　　　　B. 需保护性修葺　　　　C. 现代化改造

下面是简答部分：

1. 请您说说上海石库门经久不衰的原因。

2. 请您说说上海石库门在上海发展进程中所起的作用。

3. 如何保护上海石库门？想象一下石库门的未来。

4. 您有什么材料能够帮助我们回忆起美好的岁月？

对于你所提供的协助，我们表示诚挚的感谢！为了保证资料的完整与翔实，请你再花一分钟，翻一下自己填过的问卷，看看是否有填错、填漏的地方。谢谢！

调查时间：　　　　　　　　　　　调查地点：

调查对象：　　　　　　　　　　　调查人员：

在上述的调查中，我们组把人群分为两类。住过石库门的和没住过石库门的。

首先分析住过石库门或家人住过石库门的。有大约65％的人认为，石库门给他们留下最深印象的是"邻里间的关系"；有50％的人觉得邻里之间的关系具体体现在日常生活之中。有大约30％的人认为，上海石库门给他们留下的最深的印象是空间大小；有45％的人觉得对石库门的空间布局印象最深的是住宅面积小。大约5％的人认为，石库门给他们留下的最深的印象是其文化内涵；有40％的人觉得对石库门文化的最深印象是其建筑中西合璧。

对于没有住过石库门的人来说,大多数人觉得石库门是上海的代表。

现在上海在高速发展,我们许多人都搬进了单元楼。每家每户都大门紧闭,互不相识。那就是为什么许多住过石库门的上海人都怀念石库门当时的邻里关系。

为此我们采访了一位老人,她是生在石库门、长在石库门的老上海。整个采访过程中,她老人家最激动时刻就是为我们分享石库门邻里间的趣事,什么今天张家阿姨买了东西,明天李家的小伙子要上班了,今天王家阿婆买了很嫩的青菜……数不胜数。周末每家每户抢着打蜂窝煤,家家户户把水龙头锁起来,楼下时不时传来"阿有萨格藤帮修伐,阿有萨格宗帮修伐"。这些事情都成了过去,甚至连石库门中许多名词也销声匿迹了,像"灶披间""浴罩"等。这些都是老上海最美好的回忆。

我奶奶就是以"石库门里弄面面观"为题展开叙述的,讲到了石库门忙碌的星期天早晨、宁静的夏日傍晚、浴罩、煤球风波、"蜗居"等我的父辈在石库门中发生的事。在有趣的同时,也暗含一种由于地方小而折射出的辛酸。但是,更多的则是里弄那种互帮互助的感动、互相体贴的温暖。

我们在走访石库门居委会时,那儿的工作人员却给出了一个新的解释:现在许多年轻人都离开了石库门,所以,多的只是那些留守老人们;人老啦,上了年纪,自己照顾自己也不那么容易了,自然邻里间也应主动有个照应。光说这一点,老人们就离不开这个生他们、养他们的地方了。

所以我们小组在人文这一方面总结出的结论是:上海石库门是老上海人儿时的精彩回忆的集合,它的保留是因为上海人头脑里存留着的故事,上海人不愿离开自己儿时成长的地方。而对于那些住过上海石库门的新上海人来说,则是一入住,感觉上仿佛就是上海人一样。也许就是因为这个,他们在思想以及行为上也受上海人潜移默化的影响。

还有,对没住过上海石库门的人来说,对石库门的最深印象是"它是上海的代表"。石库门代表上海海派文化元素出现在很多地方,如:上海世博会的上海馆就是以石库门为外观的;每年上海旅游节的花车巡游,来自上海的花车上必有石库门的风采;我国普通邮票"中国民居"中的上海民居采用的图案就是石库门建筑;还有上海石库门黄酒;等等。

中国地大物博,每一个地方都有每一个地方的特色、代表。但是随着时间的推移与社会的进步,民间的审美观在悄然变化,其中很大一部分与旅游业的开发有关。

旅游业的开发,意味着这块土地上经济的发展。于是,一种民族方式逐渐转型为经济方式。表面上好像是题材与风格的变化——米老鼠、唐老鸭进入了中国的剪纸,迪斯科渗入民族舞中。可是原本这个民族所拥有的淳朴却都抹上了金钱的色彩。举个例子:过去乡间妇女缝布老虎是为了避邪,然而现在呢?与批量加工布娃娃有什么区别?我想这是中国旅游业所面临的悲剧场面。

但上海石库门却不然。在上海豫园小商品市场上,多的是东方明珠的造型或是金茂大厦的金属外形,而很少有上海石库门模型的存在。在这点上,石库门看似宣传力不强,却恰恰因为这一点,它的魅力得以保留,免于过度消费,让游览的人留下美好的老上海印象。

另一个原因,是上海各个部门对历史的珍稀。历史是用来回忆、欣赏的,而不是来买卖的。

以上是从石库门的文化宣传和人文方面的阐述,下一板块则是石库门的政治背景了。

石库门作为近代上海的重要住宅建筑,不仅仅是中西方文化交流的见证,也是宝贵的城市人文遗产。100多年来,上海石库门里发生了诸多事牵动中国社会发展走向的历史事件,留下了印迹,如:中共"一大""二大"会址,渔阳里团中央旧址……重大的历史事件发生在石库门里,看似历史的偶然其实也有必然的成分。这一点说得有些简单,但是,也是上海石库门保留下来的比较重要的原因之一。

综上所述:上海石库门保留原因有四点:

(1) 石库门的出现是一种城市生活的必然,而上海人对于上海石库门的怀念则是其引申而出的。上海石库门是老上海人儿时精彩回忆的集合,它的保留是因为上海人头脑里存留着的故事。石库门中的一切成为老上海人头脑中温馨的记忆。上海人不愿离开自己儿时成长的地方。也许这是这片水泥森林里为数不多的柔情吧。

(2) 历史是用来回忆、欣赏的,而不是来买卖的。

(3) 中国历史悠久,上海原本就出现得晚,其建筑的历史背景绝对比不上西安、北京等地。但是石库门就可以说是上海屈指可数的历史建筑。自然要如数家珍,好好保存。

(4) 上海石库门有浓厚的政治背景。历史的偶然也会成就必然。

石库门是上海建筑的缩影,它见证了百年上海的变迁。石库门的价值不仅在于建筑的本身,更是涉及近现代上海各个时期的政治、经济、文化、市政、建筑和社会现象。石库门也衍生了上海的文化,留存了上海的记忆、文化、人脉。

上海素有"万国建筑博览会"的美誉,又有巍峨的大厦展示建筑艺术的风格。同样,漫步在大街小巷,细细品味上海的石库门,你会觉得那独具神韵的老房子也是一道美不胜收的风景。上海人爱石库门,尤其是老上海。

石库门的确不衰,但是这只不过是指现在,那它的未来呢?是不是那些斑驳的旧墙上会出现一个大大的"拆"字呢?一切将掌握在我们的手中,保护石库门,我们义不容辞,因为一座国际化的大都市,不仅仅需要高楼林立,更需要的是属于它的独一无二的记忆。试想想,一座城市如果没有了记忆,那么就好像一个迷路的孩子忘记回家的路一样。

学生学会学习、学有所获,很重要的是养成良好的学习习惯。地理实践力培养也不是一朝一夕能够达成,它需要持之以恒的"坚持",它更需要良好氛围的"熏陶",也需要获得实践成就的"激励"。以下几点认识与大家共勉:(1)地理实践活动不是可有可无的教学环节;(2)地理实践活动的开展不仅仅是一种巩固教学效果的手段;(3)地理实践活动的内容不是教学"补品";(4)地理实践活动不只是让学生自己动手动脑;(5)地理实践活动课时紧张、没时间都是相对的;(6)地理实践活动资源不是没有、无法开展,只是缺少发现;(7)地理实践活动综合效益高,体验经历影响终身,尤其是辐射效应强。

三、"微型"生活地理课程建设

我们在实践中,体会到生活地理进入课堂,会导致地理教学内容重构,形成开放的教材系统,活化了课堂,延长了课堂长度,拓展了课堂宽度,挖掘了课堂深度,增加课堂的密度,也逐步培育学生养成应用生活联系地理知识的学习习惯和运用地理分析生活的高阶思维,提升他们的地理学科素养。

针对现实生活中多变的自然现象和人文社会现象,结合学校实际,我们策划和设计的学生社会实践活动,通过情报检索、社会观察、讨论调查分析等手段和方法,提升了生活地理的育人效果。

民立中学地理教研组逐步建立了五个实施平台。一是微课程。基于校情、生情,选择不同主题的生活地理话题作为切入点,开发微课程。二是微课题。学生通过微课程学习和活动,触发了对生活地理的兴趣,然后进入生活地理微课题的探究。三是微论坛。我们开设生活地理微论坛,是为学生学习微课程、研究微课题搭建交流与互动的平台,提高学生沟通、交流和表达的能力。四是微视频。作为生活地理教育资源的重要组成部分,丰富优质的影视片段吸引学生持续关注,进而我们发动学生自主制作生活地理微视频,生成地理教学的资源。五是微信公众平台。我们将教师对生活地理的理解与实践,以及部分基于生活地理内容的微课程、微课题、微论坛、微视频等资源,上传到微信公众平台,形成生活地理探索在移动终端上的推介,辐射地理魅力。

(一)微课程

地理微课程主要是从内容长度进行区分的,它也有完整的课程结构和组成部分,但是内容精练简短,从一个小的切入口开始。各微课程之间具有较大的相关性,可以形成一个完整的体系。

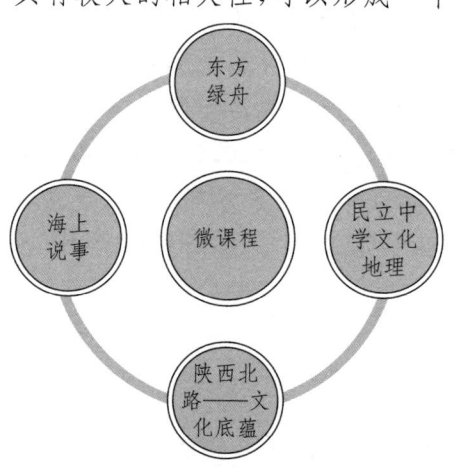

民立中学地理微课程体系

地理组十多年来坚持关注与开发基于生活地理的课程资源,丰富地理教育内容,激发学生地理探索的兴趣。早期开发的微课程与学生的学农实践、南京考察、春游等野外实践活动相结合,最近几年学校着力于以东方绿舟和校园周边资源来开发生活地理微课程。如《东方绿舟》读本,涉及走近东方绿舟军训基地、定向越野活动、拉练路线设计以及基地的布局等章节,拓展学生视野,让学生较快熟悉新环境;再如《民立中学文化地理》,从校园屋顶花园、民立中学位置变迁、民立历史洋楼建筑、威海路的变迁、延安路高架等话题,建设成微课程,有力地促进了地理课程文化的建设;又如微课程"陕西北路——文蕴探奇",在解码中国历史名街的同时,引导学生用地理视角观察生活,培养学生的地理素养与地理能力。

（二）微课题

学生素养不仅仅是知识和技能，它还包括在特定情境中，个体调动和利用种种心理社会资源（包括各种技能和态度），以满足复杂需要的能力（OECD，2005）。这就需要地理教师或者创设各种生活地理情境，或者引导学生走向生活开展地理探究。由此，微课题是培育学生地理素养的现实路径之一。不同的学生有不同的志趣爱好，激励部分爱好地理的学生，基于生活地理以微课题探究形式切入，通过发现问题、提出解决思路，丰富学生的地理学习体验。地理微课题以切入点小、视角独特以及满足学生好奇心为特点，功夫并非在""高""难"上。我校学生的每一个地理微课题都内蕴着生活地理的视角："激情 F1"中关于全球 F1 赛事的选址条件分析以及干胎湿胎的解释；"正午太阳高度变化与公民采光权"中正午太阳高度角分布、变化规律与民事权利的相关性研究；"温食有益"是对二氧化碳减排的呐喊；"石库门密码"中有关于上海地域文化的诠释；"南京的梧桐树风情"触及了环境保护、文化传承与城市发展的矛盾；"骑行中看静安，轮迹中透文化"中有时尚、环保、健康、区域文化的多元融合；等等。学生从不同的地理视角切入，作了有益的探索，有的研究成果在上海市科技创新大赛中获奖。但是，重要的不是获奖，而是基于生活地理的微课题研究的经历，学生不仅对生活及其生存环境有了新的认识，更重要的是学生沟通合作、信息素养、跨文化能力、自主学习能力、创造能力都得到提高。

（三）微论坛

微论坛是一种很好的知识传授、经验分享、问题探讨的平台，具有很强的灵活性与互动性。我校定期召开不同形式的地理微论坛，学生、教师在其中分享了彼此的智慧，修炼了理性的表达，创新了表达的方式。

我校还不间断地开设地理教师微论坛。教师在这个平台上分享了《基于生活地理课程资源的开发与思考》《基于生活地理的考试试题命题策略》《校园人文大赛地理专场的设计与实施》《格物地理也是一种乐趣》以及"吾遥地理平台规划"等。学生微论坛的形式更多，有课堂内的、课堂外的，有校内的、校外的，有地理单科推进的，也有跨学科联手推出的。由于这些学生微论坛是由学生自主选择适切的话题，自主选择表达、分享的方式，具有极强的创造性，学生的智慧运用地理知识创意百出，深受同学喜欢。

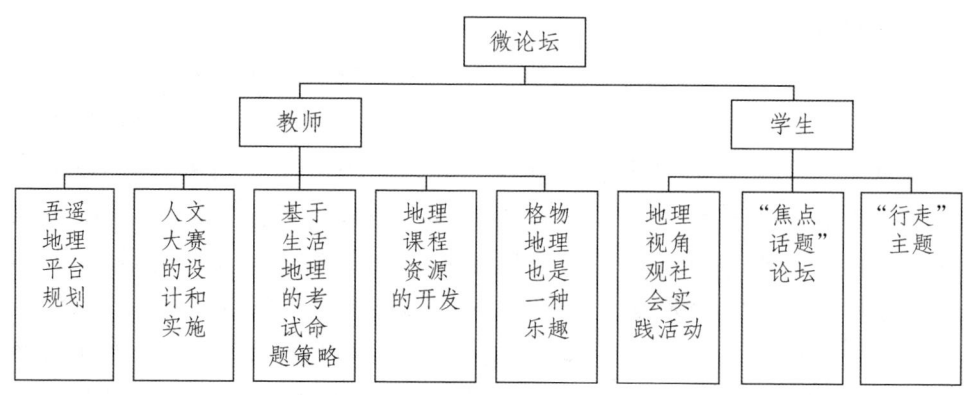

民立中学地理"微论坛"结构图

在民立中学地理微论坛影响力最大的是人文节中地理专场的论坛设计和实施,该活动由地理组与政治组携手打造。

(四) 微视频

《变形金刚4》电影中的四川武隆天坑,电视剧《大好时光》中上海都市风景的时尚元素,电视节目《地理中国》中的地理之谜、《远方的家》对地方习俗的解读等,都拥有大量地理视频,截取这些视频中的片段为地理教学所用,能极好地吸引学生。

视频相对于文字、图片、语音等载体拥有直观的优势,更具有将地理学科知识变难为易的工具价值。但我们需要思考:到底哪些知识需要视频?需要怎样的视频?学生对哪些视频感兴趣?

我校地理组进行了"生活地理微视频在教学中应用的研究",进行了地理微视频的问卷调查。关于"对课堂中哪种形式内容最感兴趣"的回答中,有接近一半的学生选择了视频,有三分之一的学生选择了相关的案例介绍,这说明学生希望接触到更多直观的、动态的、真实的视频素材与案例进行学习。调查表明,学生普遍认同地理是一门与生活相关的学科,学好地理能更好地解决生活中的问题,并且使自己变得更加自信。学生对地理方面的奇闻趣事、地理学的前沿动态、生活当中的地理知识等相关视频更加感兴趣,在此基础上学生认为与教材有关的实验或现象以及知识背景的介绍对学习更有帮助,说明学生对视频寄予较高的期望,希望通过视频学习发现科学原理、拓展知识面等。

为了进一步丰富视频资源,增加视频的创新性和学生的参与性,在高

一第二学期我们采取了两项措施:

首先,给学生布置搜集视频的作业,课前让学生搜集与专题知识点相关的微视频。一方面把这些学生找到的微视频插入课堂教学中,另一方面上传网络,来丰富视频资源,并提高学生的参与性。

其次,开设"用微视频解码生活中的地理问题"校本课程,在教会学生录制微视频的基础上,结合生活中的地理问题、教材中的难点知识与学生的兴趣点搜集资料并制作微视频。原创的微视频用于课堂教学并上传网络,能够使学生掌握新技能,提高原创视频资源的比重。我们对学生收集的地理微视频资源进行了分类汇编,根据教材设置分成28个专题,放入对应的文件夹里,并上传到视频网站和网盘,供学生网上观看或者下载学习。

(五)微信公众平台

在"互联网+"时代,微课兴起,地理学习的边界在拓展,地理学习的形式在翻转。利用碎片化时间借助网络阅读平台整合、传播地理知识,有利于提升学生的地理素养。我们在2016年创建微信公众号"吾遥地理"(意为"我要地理")。

"吾遥地理"微信公众平台依据生活地理的"五微"为素材开设三个一级菜单——影音天地、生活地理、解码互动,下设地理风光、地理用图、地理微课、师说地理、上海故事、新闻地理、生活伴侣、地理百科、北纬31°、解码地理、地理PCK、师生互动、一校一品等十多个二级菜单。"吾遥地理"吸引大批地理爱好者提供优质素材,通过每天推送来进行生活地理的传播。

生活地理"五微"平台相互独立,发挥着独特的育人价值,同时也互相联系,构成一种地理学科生态系统,通过生活地理的视角培养促进学生的素养提升,使地理学科育人价值更为凸显。微信作为传播平台,拥有用户量大、互相联系、便于浏览、方便互动等优势,在此搭建碎片化阅读平台,将其他生活地理"四微"在平台上进行传播,即时反映师生关于生活的地理思考探索成果。

"五微"平台使传统的地理教学从课内走向课外,从学校走向社会,从线下走到线上,从教师指导下的学习走向学生自主创新,使得传统教学形态发生了根本性的变化,由此也必然影响了学生终身学习生活地理的能力,形成促进终身发展的地理学科的核心素养。

生活地理走进高中地理教学,是对一些教育理论的传承和在地理教育实践中的运用。第一是情感教育理论。马克思早就明确指出,情感是一个精神饱满、为自己目标而奋斗的人的本质力量。它会给学生以兴趣、以需求、以信心、以希望,推动、促进学生的发展。生活地理能够触动师生自我的生活体验,主人翁意识促使学生学习之情感激发。第二是建构主义理论。建构主义理论并不否认真实世界的存在,它更强调个体的内在认识发生机制,强调在情境脉络中主体对外部世界的适应及建构。运用建构主义理论,能有效地促进学生去主动建构知识,建构自己的经验世界,在建构中成长。生活地理就是需要师生不断去构建,是一个动态的"活水库"。第三是因材施教理论。因材施教所追求的是适合的教育,即对不同的学生施加不同的教育和影响。适合的教育是注重差异的教育,是个性化教育,因而,也是最能促进每一个学生发展的教育,是最为有效、最好的教育。生活地理视学生的差异为资源,注重他们的生活经历、视角和感悟,让每一位学生有话可讲,他们的叙述又各具有独特性。

构建"五微"平台,实现生活与地理的紧密联系,从而为学生架构了立体生活地理的网络系统,有力地提升了学生核心素养,同时,将生活地理视角演绎成未来公民的"终身生活伴侣"。

第五章　基于生活地理的校本教材和校本课程开发

进入网络时代,信息已十分畅通,每个人要查询的资讯大多能及时地从网络平台上获得,反而纸质的文本正在逐渐失去它原有的地位。我也入俗,上网查阅,关于"课题科研成果结题""学生课题探索"的话题果真很多,过程的描述、系统结构介绍也不少。但经验告诉我,还得看看文本资料。网上资讯有海量、及时、高效、多方位的特点,但也具有嘈杂、零碎、不够审慎的特点;而文本资料作为书的形式出现,必须经过审稿、修改、校对的过程。基于此,我想到了开发我们自己的地理校本教材。虽然我们的学生如今可获得知识的途径越来越多样便捷,但拥有一本或一套属于我们自己的纸质教材,仍是做学生的一大幸事。

一、地理校本教材开发的缘起

2004年民立中学迁入新的校园,为地理教育教学探索、学科活动的开展等提供了机遇,学校各方面的条件也有了改善。校长也对我说:"你们地理学科没有高考压力(当时民立还没有'3+1'地理学科),相对来说更应该有所思考、有所行动、有所探索。"于是,我和教研组同人一起思考如何以课题研究引领推进组室建设、学科发展,让学科价值赢得更多认同。思考、磨合了一年多,2005年初我们提出"高中地理开放性教学的实践研究"课题,获得区立项,由我担任课题组组长,为期两年。两年中,在区科研室指导下,我们制定课题实施计划,进行课堂内外的实践探索。在课题引领下,我们组织的每一项活动都有计划、有过程资料、有活动小结,还有学生反思,至今一些好的举措还在延续实践。最初两年,课题组先后发表了《二期课改下地理课程资源开发利用的思考》《地理知识竞赛资源开发利用》等文章于《上海师范大学学报》等期刊。

两年多的探究中,我们对课题实施的计划也在不断调整,从一开始的两点探究到多点、立体探究,资料也越积越多。到2006年下半年,面对纷繁复杂的资料和不断调整的计划,我们感觉课题结题工作真的无从下手。

人家是无米之炊，而我们则相反。手中资料如何处理，以怎样的一条线串起探究实践的收获，怎样把我们的探究历程、探究小成果以及探究中的思考展现出来，即怎样更好地结题，先做什么、后做什么？这些困难困扰着我们。以往我参与过课题研究，也主编过校本教材，但这回想把它做好的思想包袱着实让我头疼了一阵子，最难的是不知从何处落笔，那时想得最多的就是先搭好课题结题框架给组员，以高效推进结题，也显示一下自己的"科研功力"。其实结题难，问题就出在这里，一个人能力再强也是有限的，一个人想得再多也是会有疏漏的，何况我的科研经历还仅限于实践层面，梳理总结能力、结题能力还比较稚嫩。于是，我将自己对课题结题的困惑理出几条，放到课题组里去讨论。"头脑风暴"是有成效的，尽管每个人的思考方向不一样，但对我而言，大家提供了多点信息，解决了我的一些困惑。当时，我特别请教了学校副校长束老师，她在以往提示指导的基础上，强调"课题结题对照你的课题实施阶段计划和实践收获，要先理出一个框架，对于你积累的资料不要做简单的加减法，要梳理，更要提炼，力争课题各个实践项目成为一个有机的系统"，并特别强调"对于资料有机筛选好，不是对资料的不珍重，而是提升了它们的价值"。束老师的话放在从前，我可能只听进去一部分，而对于当时的我犹如一剂良药。于是我一头扎进资料堆中，梳理脉络，寻找线索，通过线索接轨教育规律。同时我查阅相关的文献资料，通过文献研究，试图建立相对可靠的理论支撑点。经验总结要依据事实，但不是事实的简单堆砌，因为事实只能告诉我们"是什么"，而教科研关注"为什么"，对经验进行合理解释，需要有科学理论的指导和支撑。以往的写作经验告诉我做事不能光停留在思考层面，还须动手、动笔，留下文本，不然永远出不来结果。凡是开头难，结题报告初进展的确很慢，有时候就一句话的措辞反复推敲，打字、删除、再打字。后来我把理出的材料，哪怕不成熟，也拿到课题组内去议议、侃侃，往往都有所获，结题思路逐渐形成，落笔也逐渐顺起来。通过艰辛的劳动，我们终于形成了以下体系：

一、地理开放性教学的基本含义

（一）地理教学内容的开放性

（二）地理教学时空的开放性

（三）地理教学方法的开放性

（四）地理训练系统的开放性

二、为什么要进行高中地理开放性教学

（一）地理学科的特点决定了必须实施地理开放性教学

（二）二期课改对学生的发展要求决定了必须实施地理开放性教学

（三）地理新教材的体系和内容决定了必须实施地理开放性教学

（四）学校整体的发展要求决定了必须实施地理开放性教学

（五）教师的专业化发展需要实施地理开放性教学

三、高中地理开放性教学的前期思考与准备

（一）梳理新教材中实施地理开放教学的内容与切入口

（二）研究实施地理开放性教学的最佳途径

（三）分析实施地理开放性教学的环境条件准备

（四）调查实施地理开放性学习的学情

四、高中地理开放性教学的实践

（一）关于地理教学内容的开放性教学实践

（二）关于地理教学时空的开放性教学实践

（三）关于地理教学方法的开放性教学实践

（四）关于地理训练系统的开放性教学实践

五、实施地理开放性教学的策略

（一）有限性策略

（二）针对性策略

（三）校本性策略

（四）整合性策略

（五）发展性策略

如果说与组员共议课题的好处是一起经历探索、实践、反思等过程，容易在诸多问题与思考中生发共鸣，也能够在细节上进行校对，那么与专家共议课题，则会得到高屋建瓴的建议，他们对问题看得深，看得远。说实话，给专家看、与专家议，我是有顾忌的，但我想，我们的课题研究是很实在，丰盛资料都是实践所得，用时下热门的词说"具有草根性"，这些"草根性"的东西也许是许多理论工作者所缺乏的。再说，就算这些"草根性"的东西被批，这对我们的教育探索也是一种促进，相信我的自身学养也会提升；如果被肯定，那无疑会增强我们团队教育探索实践的信心。带着这样的心态，我把初步成文的东西向市教研员虚心请教。她在翻阅之后提出："你是研究高中开放性地理教学，还是研究高中地理教学的开放性？

假如你研究高中开放性地理教学,那么它与高中地理教学的开放性有何区别?高中开放性地理教学的着力点在哪里?你的标题能否进一步优化?……"的确,有些当初开题时就感觉有困惑的问题,最终还是未深入思考。市教研员认真对待我的请教咨询,留下了我的文本资料,过一星期后,我收到了她的书面意见,这使我对课题的结题有了更充足的底气。其后,我与组室成员结合思考与实践,完成了"高中地理开放性教学的实践研究"课题结题报告。课题结题也离不开科研专业指导,静安区科研室专家每次来校都为该课题提供了极有力的专业指导。该课题成果后来在区第八届教科研成果评比中获得二等奖。这次经历,使我和同人对于广义的地理教学、对于地理课程资源的开发、对于学科科研有了较为深刻的认识。

2006年我个人申请上海市名师培养工程的市级课题研究项目,课题"利用地理专用教室培养学生地理创新能力的思考与实践"获得批准。我的目标是把刚落成的地理专用教室应用好,在培养学有余力的学生上有所突破,并借此对近年运用地理专用教室的教学心得、学生个性发展培养的个案进行再思考。当时地理专用教室是高二年级学生的地理课教室,是高三"3+1"地理学生的学堂,是校本课程(地理学科延伸)实施的阵地,也是学校课题研究院活动的场所,每年的学校人文素养大赛地理专场在这里举行,这里还是一年一度的上海师范大学实习教师活动的天地。运用地理专用教室的特殊空间培养学生创新能力是应然之举。事实证明,在课题引领下开发利用专用教室,会有不少收获,这里产生了"上海市地震知识竞赛"银奖团队、上海英特尔创新大赛二等奖以及一批学生课题等。

经过几次课题的积累,我手中已经形成了基于校本的、丰厚的生活地理课程资源库。如何使这些资源成为系统,成为更为显性的成果?校本教材的撰写是比较好的路径。

二、奉贤乡土教材开发

关于地理校本教材建设,我最初的实践是来自奉贤乡土教材的编写。

平时我在课堂中会比较多地联系教材以外的资讯,以此丰富我的地理课,引发学生的学习欲望,并试图打造自己"知识广博教师"的形象。最初的资讯来源多为电视新闻、报纸杂志等媒体,不像如今有微信、APP、无数的电子书籍等信息来源。而立之年后,机缘促使我重返地理基础教育一线岗位,担任奉贤县(当时为县,如今为区)地理教研员。担任奉贤地理教研员期间,我做了一些事,其中一件便是《奉贤区乡土地理》的编写。这本书的出版是我最为难忘的一件事,由此,我克服了一线教师不能编写、出版教材的畏惧感,也对教材的建设积攒了一些经验,大致知道校本教材是如何"无中生有"的。

青年教师对于教材的最初认识肯定是神圣的,起初不会想到自编教材。有一天我问自己敬重的浦东教研员李功爱老师,现在在教研员岗位上做一件什么事能够兼顾工作和兴趣?李老师给出的答案是"试一试编写《奉贤区乡土地理》"。他同时以其编写《金山县乡土地理》、出版《浦东地图》的经历鼓励我。当时,我正在思考,如何在区域层面上凝聚地理教师,做一件有意义、自己又感兴趣的事情。当时,与我年龄差不多的地理教师在职业上正步入倦怠期,共同编写乡土教材是一个可以唤回大家激情的办法。

历史上,奉贤的乡土教材不是没有,但那个版本已经有20多年了,显然很多资讯已经不适用了。对于奉贤,我个人有浓厚的乡土情怀,总想知道它更多的信息:哪些是奉贤的骄傲?哪些可以积淀下来?哪些应该传递给更多的小朋友知道?乡土教材的编写能够疏解我的乡土情怀,能够为家乡积累"财富",也能够激发青少年更加热爱家乡。

人有想法是好事情,但具体怎么做教材呢?奉贤有这么多的内容,地理视角能够聚焦哪些,哪些内容是能够反映奉贤乡土特色的,乡土地理教材到底该如何编?在资讯并不像如今这么发达的时代,走进图书馆是比较好的学习路径。图书馆中陈胜庆教授编著的《乡土地理教育新论》(测绘出版社,1992年)进入我的视野,我如获至宝,用最快的速度翻阅。这本书讲述了乡土地理教育的形成、发展过程和国内外中小学乡土地理的课程现状,论述了新时期乡土地理教育的目的和意义,讨论了乡土地理教学的特点、规律及编写乡土地理教材的原则方法。当时这本薄薄的书,对于我而言,无疑是编写乡土教材的启蒙导师。就方法层面而言,我知道了该如何起步,但最受用的是通过这本书对于乡土教材建设的价值和意义有了进一步理解。这里分享陈教授的几段观点:

首先,乡土地理教育已成为对学生进行爱国主义教育、国情、国策教育和政治思想教育的有效途径。很多地区的乡土地理教材密切结合当地两个文明建设的实际,对学生进行生动、具体的省情、市情、县情、乡情的教育。通过对家乡的了解,学生进一步认识祖国、热爱祖国,激发为国为乡贡献自己力量的强烈信念。

其次,乡土地理教育具有很强的实践性,它弥补了统编教材在联系实际、引导学生参与社会实践活动方面的不足。近年来新编的乡土地理教材都注意引导学生到家乡的社会环境和自然环境中去学习地理知识。实地考察、访问、调查活动使学生获得知识、增长才干、得到锻炼。

再次,乡土地理教材的建设和乡土地理教育活动的开展,有力地转变了广大地理教师的教育思想和教学方法,在一定程度上摆脱了单纯追求升学率的束缚,着眼于提高广大学生的思想品德和科学文化水平,把封闭式的课堂地理教学转化为开放式的教学。

开放式的地理课堂教学、接地气的地理教育实践、从身边的地理学起,这不正是我所追求的地理教学吗?由此,我更加坚定了编写乡土地理教材的决心。当时我确定了奉贤乡土教材编写指导思想:一是要体现地理基础教育的课程理念;二是融合自然与人文,以人地关系为主线;三是要设计地理实践的时空,让学生获得参与感;四是要呈现家乡最美好的一面,让学生系统认识家乡之美。

在动手编写教材之前,原则确定、素材检索、计划制定、团队组建是四件紧要的事情。教材建设原则确定为科学性、地理性、理趣性、实践性、乡土性。有了原则以后,素材检索、计划制定同步实施,两者处于不断完善之中。没有足够的奉贤乡土素材收集,就无法制定出合适、合理的计划;没有计划,素材的收集由于方向的缺失必然带来效率的低下,影响工作进度。当时,网络还没有普及,许多资讯来自报纸、图书,我还向奉贤档案馆借来《奉贤县县志》《江海乡地方志》以及《奉贤年鉴》,搜集各类情报资料,初步制定了编写计划。当时对于目录还进行过一番文字修饰:

1. 日益凸显的区位优势
2. 四季分明的季风气候
3. 纵横交叉的河网水系
4. 潜力可挖的自然资源
5. 飞速发展的内外交通

6. 都市滨海的现代农业

7. 多元发展的园区工业

8. 人气旺盛的商业贸易

9. 集聚迅速的市郊居民

10. 独具一格的民俗文化

11. 喜忧参半的古桥风景

12. "海""农"特色的旅游新区

除了目录以外,计划中还有教材系统和模块的设想。通过团队的"头脑风暴",我们初步作了如下的规划:乡土教材系统由文字系统、图表系统、景观系统构成;共分思考、卡通人物提问(设问)、阅读、活动四大板块。主题下的思考引导学生进入学习,如:"季风气候"篇章的思考设计:"1.你留意过奉贤电视台的天气预报吗? 2.你知道桃花、桂花在什么季节开放吗?"卡通人物提问则增加趣味性和知识性,如:"夏季,为什么我们这里比市区凉快一些?""奉贤河道南北向较多、东西向较少的原因原来是这样的!""噢,奉贤许多地方很久以前是海洋。"阅读板块则是知识的拓展与延伸,如"岗身的身世""万家富工程"等。实践活动板块引导学生走向社会,如:"调查一下,安置在奉贤的三峡移民落户在哪里,他们生活得怎样?""奉贤12座古石拱桥分别分布在哪里,如今情况如何?"如此,教材的雏形基本形成,但随着思考的深入以及情报的丰富,各项最初的设想后续都需要不断地调整与完善。

教材建设进展中,团队组建则是关键之中的关键。老同学万建平、钱凤英老师、唐敬英老师、金彦老师、彭纪华老师等都是执行力强的同人,许多次我们在一起"头脑风暴"。开始时大家面对电脑毫无感觉,我拿出第一、第二章初稿之后,大家写稿的速度就提升了。其间,素材的取舍、内容的编排、标题的设定、照片的选择等,每一过程都不容易,我们一起经历了最初的无概念到拿出初稿的艰辛。团队中王洪业老师的加盟,无疑使教材增色良多。王老师运用 Flash 软件制作矢量地图,保证了地图、表格与图表中文字的清晰度,使得教材的初稿品质上有了极大的提升,这在当时属于"高技术"。

在基层学校,非领导、学校规划要求,主动参与教材建设的教师不多,主要有以下四个方面的原因:一是教材编写工程浩大,缺乏实践经验,在

《奉贤区乡土地理》封面

能力上也有畏惧感;二是缺乏高人、导师精神引领和专业指导;三是项目资金缺乏、编写动力不足;四是编写的成果"前途不明"。

前面三个阻力我都一一想办法排除了,剩下就是初稿出炉后怎么出版。当时,我作为一位普通教师,还不知道如何让书稿出版发行。只能拿着打印的《奉贤区乡土地理》初稿到处请求支援,我们的书稿得到了上海教育出版社地理专业编辑郑石平老师的青睐,他推荐给教材编审许相国老师,书稿得到了肯定。

后来,我进入民立中学后,《陕西北路——文蕴探奇》《民立文化地理》《东方绿舟》等校本教材编写也孕育、启动了。

三、《陕西北路——文蕴探奇》教材开发

《陕西北路——文蕴探奇》编写的原因有三:一是高中地理教材中有"海派文化"章节,从民立中学出发寻觅生活中的海派文化,陕西北路进入我们视野;二是陕西北路位于民立中学附近,中西历史建筑林立,移民问题、产业形态问题、都市文化问题、海派建筑风格问题等地理元素不少;三是2013年陕西北路被命名为"中国第五批历史文化名街",是上海市继多伦路、武康路之后的第三条中国历史文化名街。

《陕西北路——文蕴探奇》封面

我们设计由陕西北路成为中国历史文化名街说起,依次展开陕西北路的发展背景,"洋人街""名人街"的形成,典型风格建筑,名人旧居与名人轶事,教育元素以及老上海风情的展示等探究学习活动,编写一本"综合自选校本探究课程"教材。我们计划编制成一门中期课程,编写相应的教材一册,完成教学参考与建议书(电子版),逐步积累支持课程实施的资源。学生需要认识与陕西北路文化相关的基本知识或最新发展,具有关于陕西北路的一些学习活动经历,能联系自己的特长技能、生活与学习经历,创新参与陕西北路文化的探究,并产生对陕西北路进一步探究的兴趣。教材内容按话题设计,话题以单元命名,拟分为八个单元,各单元有一个探索性的话题,各自相对独立。

（一）课程方案

1. 单元设计框架及要义

《陕西北路——文蕴探奇》教材中的单元设计框架及要义

单元或话题	教育价值	学习过程	核心知识
"陕西北路为何成为中国名街?"——探索历史文化名街的形成	感悟几种因素共同作用于同一事物的结果,培养正确的探究思想	领悟历史文化名街的发生与发展,要通过综合的研究方法获得	中国历史文化名街含义,陕西北路的位置和历史沿革,陕西北路的独特魅力等
"陕西北路文化为何获得重视?"——探索陕西北路建设定位的背景	认识陕西北路文化与其所在的区域发展的相通性,培养科学的认识方法和原理	学习由表及里、由整体到局部的分析方法,尝试以多因素相关推理得出较科学观点的经历	静安区历史文化发展布局,文化发展与区域发展,"城市让生活更美好"的理念等
"陕西北路为何成为'洋人街''名人街'?"——探索陕西北路上的历史人物	理解陕西北路文化与人之间的密切联系,培养认识事物要注意找主要因素的观念	从"洋人街""名人街"入手,感受人物与文化、中外历史、纵横分析相结合的学习方法	"洋人街"的特征与形成,"名人街"形成的历史渊源,历史人物与街路文化等
"陕西北路上的典型风格建筑?"——探索典型风格建筑的特点	对陕西北路的典型风格建筑的归纳分类探索,培养认识事物要抓住本质的探究意识	借助图像(照片)特征来分析陕西北路的建筑风格,学习用图分析对象的方法	典型风格建筑类型,建筑的风格特点,中西合璧建筑与多元文化等
"陕西北路上的名人旧居有何故事?"——探索名人旧居的前世今生	挖掘陕西北路的名人旧居及其故事,学会从新视角去审视传统的经典,认识事物存在的资源属性	结合多种资料开展多角度分析,领会、品味陕西北路历史文化来学习人与物之间联系的探究方法	名人旧居的由来和轶事,旧居中名人为何有名,名人旧居的今貌等

(续表)

单元或话题	教育价值	学习过程	核心知识
"陕西北路上有哪些塑人元素?"——探索陕西北路文化的思想价值	梳理陕西北路的塑人元素,树立发展观,培育、树立人文资源对人的思想深度和广度的影响	借陕西北路的革命遗址、爱国志士活动以及相关元素,通过挖掘其思想价值来学习文化资源解读的方法	陕西北路上的革命遗址,爱国志士活动和背景,陕西北路上的爱国元素和人的思想
"陕西北路上还有哪些老上海风情?"——探索老上海味道的主要构成	明确老上海风情一般与特殊的不同,培育观察与分析事物需要的辩证观	通过对陕西北路历史文化个案的图解阅读,归纳认识事物的辩证统一方法	老上海的建筑、饮食与语言风格,老上海人际关系等老上海文化
"陕西北路会有一个怎样的明天?"——探索陕西北路的发展图景	理解陕西北路发展方向及其对区域发展的多重意义,培养利用陕西北路文化生态建设形成城市发展新理念	结合陕西北路发展建设的若干案例,明晰对城市建设的科学视角与探究方法	陕西北路上的"楼宇经济"、"老字号一条街",陕西北路文化再建及其意义等

2. 教材编写

(1) 教材篇幅:小 16 开本,60—80 页,6 万字左右。

(2) 栏目设计:拟分"探索目标""e 学习指引""主题阅读""观点归纳""拓展视野""编织思维网或概念图""总体梳理"和"体验方式""成果呈现或交流形式"等。

(3) 版式呈现:注重图文并茂,以图带文,以文释图,图文相融。

(4) 风格特点:以问题(话题)为单元,以学习任务驱动过程学习,以情境问题探究来建构基本概念;注意目标、内容、形式、作业、评价一致性。

3. 教学组织

列为"自选校本特色探究课程",可以按走班制组织教学。对单元教学程序的选择,可根据学生或教师的意愿处理,单元之间没有必然的前后衔接关系。

一个单元基本把握在一个课时中完成,对没有完成的内容或作业,可留作自主拓展的选择性学习材料。

教师对教学须备课,要有教学设计。也可在学校组织下,统一研究教案。

4. 管理与评价

(1) 按学分制管理:学完记 0.5 学分。

(2) 学习评价:按作业完成情况,对作业有投入的态度、有 70% 的课内作业能够完成者,即可算完成本科目学习,给予学分;对作业完成较好、有些创意者,可给一定的奖励学分。

《陕西北路——文蕴探奇》校本教材初稿是由地理、心理、语文等学科教师共同编写而成,成为学校开展二类课程的重要内容依据,并生发了"上海老味道"学习项目,同时它也受到静安区文史馆的青睐。时移世易,这本教材始终走在不断完善学习内容、活动设计的路上。

四、《东方绿舟》军训教材开发

我曾在上海市第一中学轮岗,在这期间,我参与了许多活动,其中一件便是编写《东方绿舟》校本教材。

(一) 教材课程纲要

1. 课程定位

(1) 课程性质

"东方绿舟"课程是一门以高一学生为对象、以国防教育为知识背景、以军事素养为主线,培育学生综合素养,呼应上海市中学生社会实践要求的实践类课程。《东方绿舟》教材是民立中学高一年级学生开展东方绿舟军训的辅助教材,它配合东方绿舟军训施行,使基地的军训准备、开展、总结更有实效,对学校组织军训也有指导意义。

(2) 课程功能

公民军事素养包含国防知识、军事技能、国防视野、协同能力等方面。高一年级正是学生步入青春期的黄金年龄,是学生身体发育、身心发展的关键时期,同时也是培养学生意志、毅力、尚德、合作等素质,奠定高中学习基础的关键期。作为全民国防教育的基础,高一年级开展的军事训练、国防教育也是建设和巩固国防的基础,是增强民族凝聚力、提高全民素质、增强国防意识的重要途径和载体。东方绿舟基地拥有良好的军事教育资源、军训项目策划以及优良的军训环境,在此集中军训是一次难得的国防教育、军事素养提升的机遇,也是学生高中生涯第一次过集体生活,良好的开端是成功的一半,本课程具有良好的辅助功能。

(3) 课程对象:高一学生。

2. 课程目标

坚持科学发展观,以促进学生的全面发展为目标,以贯彻落实"两纲"(《上海市学生民族精神教育指导纲要》《上海市中小学生生命教育指导纲要》)为重点,以民立中学"博雅教育"的办学理念为引领,以《中华人民共和国国防法》《中华人民共和国兵役法》《中华人民共和国国防教育法》为依据,按照"教育要面向世界、面向未来、面向现代化"的要求,围绕人才培养的长远战略目标和国防后备力量建设的需要,从增强国防意识、认识基地军训的价值、熟悉东方绿舟基地开始,组织开展高一年级学生东方绿舟的军政训练工作。

通过本课程学习,学生应该能够:

(1) 掌握基本军事知识和技能,增强国防观念和国家安全意识,强化爱国主义、集体主义和革命英雄主义观念;

(2) 提高组织性和纪律性,培养吃苦耐劳精神和艰苦朴素的作风,进而提升综合素质;

(3) 增强成为中国人民解放军后备兵员的意识,为国家培养社会主义事业建设者和接班人打好基础;

(4) 增进同学之间的了解和友谊,加强班级、团队的凝聚力,加速班集体和良好的班风、学风的形成;

(5) 养成自觉遵守校纪、校规习惯,初步树立爱校、荣校思想。

3. 课程内容

专题一 绪论

一、中国国防战略形势分析

二、军训的意义、价值

思考与活动

专题二 各国各地的军训及基地介绍

一、各国各地高中学生军训掠影

二、军训基地介绍建设

思考与活动

专题三 走进上海中学生军训基地——东方绿舟

一、东方绿舟介绍

二、认识东方绿舟军训基地

思考与活动

专题四 东方绿舟军训准备

一、宣传与流程安排

二、军训网络的架构

思考与活动

专题五 东方绿舟主要军训项目介绍及应对策略

一、部分项目介绍及应对策略

二、部分项目体验案例

思考与活动

专题六 由东方绿舟的武器说起

一、东方绿舟内的武器及解读

二、传说中的一些新式武器

思考与活动

专题七 军训经历暖记忆

一、军训经历暖记忆的视角

二、东方绿舟军训回味的呈现方式

思考与活动

4. 教材编制

（1）教材组成：文本教材、电子教材。

（2）文本教材组成形式：讲座、活动模块。

（3）课程内容来源：国防教材、网络资讯。

5. 课程实施

（1）学习方式：体验式（军事演习、战地帐篷搭建等）、合作交流式（消防演习、战地救护等）、竞技式（射击、兵器组装等）、讲授式（国防知识、特工历史）、欣赏式（3D电影、学生会演）。

（2）多媒体信息技术的应用：视频阅读、网络查询、小报设计

（3）课时安排：总课时18课时，具体如下。

专题一 2课时

专题二 2课时

专题三 2课时

专题四 2课时

专题五 4课时

专题六 2课时

专题七 4课时

6. 课程评价

(1) 评价性质:考察、战地竞赛成绩。

(2) 评价方式:撰写小论文,战地报道,战地小报。

(3) 计分方式:等第。

《东方绿舟》校本教材是一本综合性教材,宗旨在于整合资源,形成处处、时时能育人的意识,探索提升学生综合素养的实践。教材虽然综合性很强,但地理教师编写,地理视角、地理元素无处不在。在"各国各地高中学生军训掠影"中渗透进地理区域差异理念,展示不同国家军训文化差异以及训练基地与项目的选择。在"走进东方绿舟"中,通过对青浦以及淀山湖地区自然和人文地理环境的介绍,使学生对这块军训基地生发情感。在"定向越野"中融进地理读图能力实践应用策略,在基地课程设置中研讨"军训基地旅游开发的价值""3D实战中的地理知识",以及由人造航母上与基地展示的各类武器引发的"气象武器开发"话题等,无不彰显地理学科思维的张力所在。

五、基于学校屋顶花园的校本课程开发

随着城市的快速发展,人口密集区不断增加。人均绿地空间越来越少,空气质量也呈现不断下降的趋势。为此,进入 21 世纪以来,我国一些大城市的一些单位、学校都建设了屋顶花园,这些空中绿化成为城市一道亮丽的风景。学校的屋顶花园,其价值不仅在于净化空气,降低温室效应,降低噪声,为师生营造美好舒适的环境,它还是独特的校本资源,具有丰富的教育教学价值,充分有效利用屋顶花园开发校本课程,可以彰显学校特色,改善学生学习方式和学习效果,促进学生多样化和个性化发展。然而,从已有研究文献来看,目前国内鲜有这方面的研究。上海民立中学在这方面做了很好的尝试,为我们提供了典型的案例。下文首先简要分

析屋顶花园的教学价值,在此基础上介绍民立中学的实践和探索,分析其意义,期望对其他学校开展类似研究与实践有一定启发与借鉴。

(一) 学校屋顶花园的教学价值

屋顶花园作为一个小的生态系统,兼具实用性与观赏性,其教育教学价值是多维、多元的,几乎学校任何一门学科的教学都可以以其为资源,丰富课程内容和教学方式。各门学科中,生物、地理、物理、化学等学科价值更为直接,下面从这些学科的角度简要分析。

1. 生物学科

屋顶花园作为一种城市可持续发展的重要措施,已有许多相关的生态效益方面的评价。若将这种课程资源引入生物教学,其学科价值不可估量。首先,屋顶花园作为一个小的生态系统,具备种群群落的基本特征。其次,屋顶花园不同于普通的花园,其栽培基质的培养、植物的选择等都有特殊的要求。因此,在基于屋顶花园的生物校本课程中,可以引导学生学习不同的种群群落特征,识别不同的植物类别,为增加城市生物的多样性出谋划策,加强学生的环保意识。

2. 地理学科

地理学科旨在培养未来公民的地理素养,关注人口、资源、环境和区域发展等问题,形成可持续发展的观念,珍爱地球,善待环境。屋顶花园通过植物的蒸腾作用、对雨水的收集等,降低了能源消耗,缓解了热岛效应,美化了环境。基于屋顶花园的地理校本课程,可以让学生学习自然地理学中的相关内容,如探讨为何选用耐旱抗寒的矮灌木和草本植物,屋顶花园如何缓解城市的排水系统的压力,屋顶花园如何缓解热岛效应,它又是如何有效降低楼房顶层教室室温的。同时,从人文地理的角度分析屋顶花园带来的社会、经济效益。丰富的课外实践活动,让学生学习生活中的地理,感受生活中处处有地理。

3. 物理、化学学科

屋顶花园有负荷的问题,尤其是雨天,屋顶泥土、植被蓄水后,屋顶承受压力陡增,这个如何测定?化学是在原子、分子水平上研究物质的组成、结构、性质及其应用的一门基础科学。现在,化学已成为生命科学、材料科学、环境科学、能源科学、信息科学等领域的重要基础。屋顶花园是屋顶绿化的一种特殊形式,屋面荷载是发展屋顶花园的首要问题。为了减轻屋面的承重,屋顶必须选择轻质的复合基体材料。同时,为了促进雨水的循环，须选用截留更多雨水的绿化屋顶。另外，屋顶花园作为化工原料的基地，还可以培养一些药用植物。因此，基于屋顶花园的物理、化学校本课程，密切结合物理、化学与社会生活的联系，不仅传递了物理、化学知识，同时培养了学生的动手能力和科学的态度，形成化学学科素养。

屋顶花园课程资源丰富，依托它，其他学科如艺术学科可以开发相关的植被绘画、景观素描、摄影比赛等微型课程；信息技术则可以开发"互联网+屋顶花园大数据工程"，所有植被建立二维码档案，实现线上与线下联动学习；语文组也可以开设以屋顶花园为主题的写作等微型课程。

（二）民立中学基于屋顶花园的校本课程开发实践

民立中学作为沪上著名的百年老校，校园环境优美，人文氛围浓厚。学校教学大楼的顶部建有美丽的屋顶花园，面积3400平方米，由乔、灌、草组成，营造了优美的景观效果。虽属空中花园，但完全可与街头绿地景观媲美。屋顶花园一方面为师生营造了优美的生态校园，另一方面作为学校特色资源，被有机地融入了学校的校本课程和学生的探究活动中，成为学校践行"为民而立"办学宗旨和"勤学笃行"校训重要的平台和资源。

学校基于屋顶花园的校本课程主要从生物、地理、物理、化学等学科视角展开，例如，学校化学组开设"双新课程"，其中中药化妆品的原料部分来源于屋顶花园的植被。下面主要介绍生物视角和地理视角的校本课程与活动。

1. 生物视角的校本课程与活动

自2012年以来，生物教研组的教师联合信息教研组等其他教师，围绕"绿色校园"这一主题，根据不同学段学生的心智发展特征，结合相应学段的教材内容，进行校本课程开发，逐步形成系列化的学科组特色活动，可概括为以下几个方面：

（1）校园植被调研

通过课题的形式，指导学生对校园植物的种类、数量和分布进行调查，同时查阅、收集各物种的生物学特性、观赏特性以及文化内涵特性等，结合学校校园规划进行相关园林生态学、景观生态学的研究。

（2）校园植物日志的制作

学生自主选择校园中感兴趣的植物，拍摄带有校园背景的植株全景、枝叶近景和花果近景的照片，并从网上或其他专业途径收集植物的相关资料，完善植物信息，运用科学的分类方法，建立专业的植物资料档案，制作植物介绍的简报。

（3）校园植物知识普及

在学生调研的基础上，举办"校园植物鉴赏"系列讲座、"校园植物识别"竞赛活动，进一步结合屋顶花园，普及植物知识，帮助学生运用所掌握的生物学知识，对学校植物的多样性、特征和生长环境等产生更深入系统的认识。

（4）"民立网上绿色天地"活动课

2014年9月以来，生物教研组教师与信息技术教研组合作，组织开展题为"民立网上绿色天地"的素质教育及改革创新项目，将校园绿色生态活动延伸到校园网上。该课程旨在建立网上互动平台，开展体现学生个性发展的学科特色活动，主要包括三方面的内容：

第一，建立民立校园植物档案。以屋顶花园为试点，初步建立校园植物档案，档案包括植物图库、资料卡片等，同时研究设计相应的网页结构与版面。

第二，建立民立校园植物浏览网页。完成网页的制作，在校园网上征询改进意见。

第三，利用网页开展互动性的校园活动。以科技节为载体，开展以校园四季变化为主题的摄影比赛、植物竞猜等网络活动，提升网页的知名度。

（5）绿色校园文化活动

以学校主题活动为载体，开展"我拍校园植物"摄影大赛、"最美校园"台历设计、"最佳校园景观"园林生态改造方案评比等活动，激发学生的想象力和创造力，宣传介绍校园生态、生物多样性。其中台历的设计要学生利用自己拍摄的校园植物照片，采用电脑多媒体技术设计台历；台历分为正反面，正面为校园植物摄影作品，搭配一年中一个月的月历，反面可以是介绍植物的自创诗歌、植物科普性内容，或者校园博雅文化内容等，台历风格不限。

2. 地理视角的校本课程与活动

2014年，在教师带领下，民立中学学生创建了Green环保社团，并申请了微信公众号，自2014年秋季开始，该社团相继开展了丰富多彩的活动，学习、宣传和践行环保理念，培养人文情怀，其中不少活动都与屋顶花园相关。这些活动使同学们有机会到自然界中去观察和探索，感受自然

界的美丽和奥妙,从而喜欢植物、亲近大自然、关心身边的环境、关爱身边的自然。社团活动可以大致分为以下几类:

(1) 种植实践类

环保社团的同学们运用课堂上学到的知识,在屋顶花园开辟了一个小小"有机农场",开展各种"农耕"活动,观察和呵护"作物"的生长。通过这些活动,同学们对书本知识有了更深刻的理解和体会,对学习新知识也充满了期待。以下是社团王之钦同学2016年3月11日发的一条微信:

新学期的种植:3月2日,我们环保社进行了新学期的第一课,首先我们对上学期进行了回顾,把学习内容又温故了一遍,令我受益匪浅,感慨万分——原来经过一学期我们学到了这么多知识啊!课程的后半段我们拿上种地用的工具一起到了屋顶花园里的"有机农场"查看了情况,发现薄荷已经长出了很多,而因为防鸟网没来得及订做,上学期种的别的作物都被鸟类啃食殆尽,但是我们仍然不灰心,进行了新一轮的清理、春耕、播种、洒水,怀着期待之情我们又种下了板蓝根、奶油生菜、小白菜、樱桃萝卜等作物。

除了种植类活动,同学们还利用屋顶花园的果实等材料开展其他探究活动,如自制香草手工皂(迷迭香来自有机农场)、制作环保酵素、简易植物标本等。这些活动锻炼了他们的探究实践意识和能力,丰富了学习生活,促进了课内学习。

(2) 知识宣传类

同学们结合时事、节气与生物生长、人类的生活等,搜集、学习和播报相关信息,进行科普宣传。例如,6月5日是世界环境日,环保社团在2015年6月5日发布信息,介绍该节日的来源、目的、意义、主要活动、主要议题、2015年世界环境日的主题等。再如,2015年4月20日是农历三月初二,谷雨节气。这天该社团发布一条微信,介绍了"谷雨"的含义及其气象、农耕意义,并附上郑板桥的七言诗《清》:"不风不雨正晴和,翠竹亭亭好节柯。最爱晚凉佳客至,一壶新茗泡松萝。几枝新叶萧萧竹,数笔横皴淡淡山。正好清明连谷雨,一杯香茗坐其间。"知识学习与诗歌欣赏相得益彰。

(3) 自然创作类

社团的同学们利用来自屋顶花园的落叶、小树枝、果实等自然物品,开展自然创作。自然创作,就是利用来自大自然的东西进行艺术创作。

广义的自然创作包括自然写作、自然音乐、自然物制作成艺术品等。社团的同学们开展的是狭义的自然创作,包括叶拓、拼图、植物染等,运用植物里的东西发挥自己的想象力,创造出各种各样的艺术品,画出美丽图案。学校的人文节为同学们展示自己的这些作品提供了平台。例如,2015年12月的人文节上,初二年级地理专场就展开了以"慧眼赏自然·巧手展创作·灵心品野趣"为主题的自然创作作品展示。

(三) 民立中学基于屋顶花园校本课程开发的特点、效果与展望

1. 特点

第一,充分体现学校办学理念。校本课程是相对于国家课程、地方课程而言的一种课程类型,它有三个基本内涵:基于学校、为了学校、在学校中,即基于学校的实际情况,在学校情境中,由学校教师编制组织和实施的课程,其目的是促进学校的特色化发展和学生的多样化发展。民立中学基于屋顶花园的校本课程实践,基于学校浓厚的人文氛围,充分利用学校的课程资源,通过引导学生从自我做起,从了解、关心身边的环境,到关注国家、世界环境保护、生态保护问题,探究解决生态问题的方法,这些都充分体现了学校"为民而立"的办学宗旨和"勤学笃行"的校训。

第二,对国家课程的补充与拓展。国家课程具有权威性、强制性,校本课程要体现学校特色,又要有助于学生学习国家课程,而不是增加学生学习的负担。学校教师结合不同学段的教材内容,设计基于屋顶花园的校本课程内容,这种做法有效地弥补了国家课程的不足,提高了国家课程对本校学生的适应性,使课内外学习相互促进。

第三,校本课程形式多样,与学校的其他特色活动实现了整合与联动。该校基于屋顶花园的课程有明显的学科特色,显示出学科课程的特点。但是由于课程实施与展示的方式多样,这些学科特色的活动又与学校的其他特色活动,如科技节、艺术节、人文节等相融合,各类活动"你中有我,我中有你",教育作用相互累积,共同促进学生的发展。例如,叶脉书签制作、校园植物日志、植物水晶制作活动在学校的科技节展示,校园植物摄影作品在艺术节展示、评价,校园景观台历在人文节和学校组织的义卖中展示与评价。

2. 效果与展望

基于屋顶花园的校本课程开发与实践,促进了民立中学学生、教师和学校的发展。

第一,改变学习方式,促进了国家课程的学习。"屋顶花园"校本课程的实施,充分利用了绿色校园中的自然资源,有机融合了现代信息技术和互动平台,融合了生物、地理、化学、语文、美术、信息技术、历史等多学科的学习,打破了传统的学习模式。学生学习不再局限于教材、局限于教室、局限于课堂、局限于某一学科。同时,"做中学"大大激发了学生学习的兴趣,吸引了更多的学生参与到各项实践活动中。

第二,促进了学生个性化和多样化发展。该校基于屋顶花园的校本课程,活动形式灵活多变。丰富有趣的课外活动,给每一位学生提供了展现自我的平台。多样化的校本课程满足了学生个性化学习的需要,使学生得到充分的发展。

第三,促进教师专业发展。教师作为校本课程开发的主体,在整个过程中承担课程设计、资料搜集与整理、活动策划与组织、课程评价及反思等多种责任,因此必须具备高水准的课程意识和专业素养。"屋顶花园"校本课程的开发,为教师提供了开展教学研究的契机和抓手,基于屋顶花园的校本课程也是民立中学教师开展的市级课题"个性化教育背景下中心城区学校活动课程建设的实践研究"以及"创新实践项目"和"双新课程"的重要内容。总之,基于屋顶花园的校本课程时间为教师专业发展提供了广阔的空间,有助于教师专业水平和能力的不断提高。

第四,彰显了学校特色。民立中学一直以来以"绿色校园"为特色,校内植被非常丰富。基于屋顶花园的校本课程开发,充分利用了学校的课程素材,有机整合学校的其他特色活动,打造博雅课程体系,使学校的办学更具特色,更有活力。

如前所述,屋顶花园的教育教学价值是多元的,民立中学在这方面做了很多有意义的尝试,目前的实践主要以热爱自然为主题,涉及生物、地理、化学学科,融合了语文、信息技术、美术、历史等学科。学校目前希望通过对屋顶花园的系统和屋顶花园教育应用的比较研究,更好地将学校的其他学科如物理、历史等,有机地融入现有的校本课程开发中,更加有效地利用屋顶花园,促进校本课程的多样性,拓宽学生课程学习的选择。

第六章 生活地理问题拓展性思考

当下信息时代,资讯发达,世界各角落的事件传播很快,不论大小,只要公众感兴趣或者有话可说,都会成为热点、焦点。南方旱灾、南海海疆、喀什特区、南水北调、月球探索、孤岛开发、雄安开发、上海水源地建设等来自生活中的地理问题都在网上有众多评论,这些讨论不仅影响人的思维品性、看问题视角,也影响着社会发展的决策。原华东师范大学校长俞立中曾经说过,在国家发展规划中强调的可持续发展、绿色经济、区域发展等观念,有良好地理素养的人都应该具备。而合格的公民应该具备良好的地理素养。不可否认,社会发展、学生博闻、科技进步,对培养与时代匹配的地理素养提出了更高的要求,公众渴望了解事件的真相。地理教学的本意是提升学生的地理素养以及改善学生人格品性,促进学生形成地理视角看问题看现象的习惯,这就需要教师以人为本,带着学生走进地理学科的教学,以地理学科育人。

一、生活地理焦点问题的众说纷纭

地理学科教育从广义上讲内涵丰富、渠道多样。生活中许多焦点话题众说纷纭,但从地理视角去探讨,可能会拨开问题的"云雾"。我试图从以下几种现象入手探讨如何完善地理思维与视角,进而提升人的综合地理素养,接近、达到认知事情、事件真相的目标。

(一) 简单片面

1. 举例:关于三峡工程建设的争论

正面地说,三峡工程建设在蓄洪、航运、水电、旅游、区域发展、经济积累、农民解困等方面产生了巨大的效益,我们的教材中基本如此表述,在以往传统的地理课堂中对三峡的论述谈利的比重远大于弊。现如今的社会有不少人对三峡工程的评价则是弊大于利,把四川地震、江西地震、重庆旱灾、鄱阳湖水位下降、长江河岸的崩塌、三峡水库的滑坡地质灾害日趋严重、原有的三峡风光不再"风光"、长江下游水位下降、白豚的死亡……都归咎于三峡水库的建设。更有甚者联想美国的水库大坝拆除、湄公河上缅甸境内水库的拒建,结合我国"小水库的溃坝"新闻……三峡的建设被日益演绎成工程决策的负面案例。

2. 探讨:真相来自系统分析

其实以上两种分析都有些简单片面了,众所周知,当初建设三峡进行科学论证时,许多专家投了反对票,最后提议建设的专家多于否决的专家,才造就了三峡这个跨世纪工程,但这不影响那些反对专家的意见价值。三峡建设中许多难题的预见、攻克恰恰来自反对专家的科学研究。因此,三峡工程建设的利弊在规划设计阶段就已大部分预见。今天人们提出这样那样的分析,反映出公众对三峡认识的局限,也离不开我们以往片面的、过多强调三峡之利的宣传教育。三峡工程建设的利弊需要摆脱"非此即彼"思维,对工程进行自然各要素、经济、社会等方面作系统分析,明晰三峡工程对长江上中下游各河段影响的差异性,也如实坦陈三峡水库建成后一些问题的出现是建设之前未预料到的。未来的建设者在中学的地理课堂中也希望得到这方面的真相,客观、系统地分析讨论其利弊远胜于单方面或草率下结论,多谈工程的多方面影响,少下结论,留有思考空间,更有利于学生良好思维品性和科学素养的形成。建坝的讨论价值不仅仅止于三峡的利弊梳理。

(二) 事不关己

1. 举例:看待美国大旱问题

某年夏天美国遭逢大旱,影响农业收成,缺钱少草的一些居民把家中的马匹弃养。类似的事情很多,利比亚战争影响世界局部地区供油、冰岛火山爆发影响欧洲的航运,等等。一些事情不发生在我们的周围,我们该如何看待,持怎样的观点?这需要引导。有一些现象是肯定存在的,就是事不关己,高高挂起,或者成为看客,甚至内心由于对发生国固有的不良印象而存有心灾乐祸的心态。地理课堂教学中引用鲜活的时事素材往往用来说明问题,问题可以解释明白,但如果在解释问题时,向学生传递"看客"的心态则不利于学生的健康成长,解读问题思路也很难保证不走样。

2. 探讨:重视来自关系分析

地理环境各要素是互相关联的,在地球演变成"地球村"的今天,空间距离已经不是过去的概念了,世界各地的交往、联系较之以往任何时候都更加紧密,国与国之间文化、经济、贸易等形成了"你中有我,我中有你"的局面,界限不再清晰,往往彼此牵连。比如美国大旱导致农业歉收,对于世界农产品的价格产生影响,我国每年向美国进口大量的大豆、玉米等农产品,势必要增加外汇支出;农产品价格的波动对于我国农产品价格、农业生产、农民收益、农村经济会产生一系列的连锁影响。冰岛的火山喷发难道不影响中国航班吗?不影响中国人的出行吗?就算不影响个人出行,在今天这个经济紧密联系的时代,冰岛火山爆发都会对你我产生或多或少的影响。在地理课堂中分析时政地理时,教师要多想想"关系",在此基础上进行一定的剖析,如此,学生关心时政的同时会养成运用地理学科视角看待问题或事件的习惯。教师的引导很重要,地理学科德育有时候着眼点至善点就在于人的素养提升,而不止于学科知识的掌握。

(三) 信息误导

1. 举例:电视公益广告中的城市化、荒漠化

我们时常在电视中看到一些公益广告,用动画短片的形式描绘地球从森林到城市再到水土流失、荒漠化的演变。这类公益短片由于反映地球环境的变迁,地理教师往往更加关注。如果单纯看内容,的确很直观、很震撼,但要引导学生学会如何去看。其实地区演变具有渐进性,地球不可能在短时间内经历这些演变。制片人用了夸张的手法,目的是引起公众对环保的关注。但这样一种短时间的、夸张的环境变化演绎,对不同学生人群造成了不同的影响。有一部分群体在N次的刺激下会产生地球悲观论,或产生环境焦虑症。我们不愿意看到社会群体由对环境保护的漠视走向对环境改造的恐惧。

2. 探讨:导向来自客观分析

无论是环境的演变,还是城市垃圾的危害、人口的增长、灾害的威胁等,电视视频信息呈现的往往是一种集中反映或"瞬间"展示。电视的受众群体对此的反应大致可以分为三类。第一类,理智型:完全理解,知道"厉害",也知道事实不是这样的,它有过程性、区域性等。第二类,悲观型:由于环境演变等现象在短时间内集中呈现过程和严重程度,自然产生焦虑,进而对人地关系产生悲观的态度。第三类,无视型:电视播放得再多,他/她也认为是"虚张声势",这些现象以前有、今天有,明天还会有,不用紧张、不用多关注。当然,我这里不说看到电视上出现这类公益广告就换频道的人。学生还处于懵懂、求知欲旺盛的时期,认识能力上差异大,

如何看环境演变等公共信息,还需要地理教师进行专业上的点拨。地理环境是渐变的,演变是有区域性与阶段性的,在环境演化的可控阶段演化是可逆的,何况环境还有自我调节的能力。环境是需要改造的,人类的生存、发展历史,就是一部人类认识自然、尊重自然、改造自然的文明史。提高未来公民的地理素养,理智、客观地看待电视信息中的"地球环境的演变",形成正确的人地关系认识、可持续发展观,有助于公民对人类利用自然、改造自然的科学决策。同时,媒体在制作这类公益广告时,应考虑得更周全,减少误导。

(四)情感越过理智

1. 举例:看待日本地震灾害

2011年3月11日,日本东北部海域发生里氏9.0级地震并引发海啸,造成重大人员伤亡和财产损失,并造成日本福岛第一核电站1—4号机组发生核泄漏事故。

一段时间内,我们的电视屏幕被日本地震的悲惨画面以及最新的地震灾害动态所占领。我们当中一些人因为仇日情绪而对日本的灾难感到兴奋,认为日本遭受地震是活该,他们应该受到大自然的惩罚。在这种背景下,我们该怎样看待日本地震灾难?我们的地理教育又该把学生带向何方呢?

2. 探讨:理解来自视角分析

没错,日本人是对中华民族犯下不可饶恕之罪,并到今天为止还谈不上悔改,我们不是神,我们自然带有一些民族情感看待一些问题,但要看什么问题。自然灾害是全人类的痛,它危害到人的生命;自然的生命是平等的,并无国别之分,各国都会随时遭遇自然灾害,需要国际之间互相支援、互相关爱。从这个视角看,我们有必要给予日本国民适切的慰问和精神援助。理性地看待日本遭遇的灾难,并施以力所能及的援手,才是一个成熟的人、一个成熟的民族应该做的事。拥有这种胸襟和眼光,我们才有理由相信,我们在遭遇困难时,会得到国际社会的多方面支援,在走向世界时会得到更多的理解。

(五)思维定式

1. 举例:对日本国土狭小和资源匮乏的固有认识

有些知识可能是由于对其背景不够了解而误读,例如认为酒泉卫星发射中心在酒泉境内,认为号称"世界第一大峡谷"的雅鲁藏布江谷地一路都是很深的峡谷。但也有些知识误读是因为我们的思维定式影响了对事情真相、事情变化的了解。例如日本是一个资源贫乏、国土狭小的国家,教材上对日本的资源与面积基本就是这样定性,地理教师和学生已对此有了惯常的思维,认识日本就是在这一框架下逐步展开的。

2. 探讨:突破来自创新分析

海洋是人类未来发展的依赖之一,海洋资源的价值和地位日益凸显,人们越来越关注蓝色国土,我们自然不能再把国土简单地看成是陆地拥有量,而忽视了海洋的存在。

我国陆地面积为 960 多万平方千米,而拥有资源开发权的海洋面积仅为约 300 万平方千米,而这约 300 万平方千米还被邻邦觊觎。日本陆地面积约为 37.8 万平方千米,而它的领海与专属经济区的面积要远远超过陆地面积。这个事实颠覆了"日本是狭小国家"的看法。日本的资源需要具体分析,传统的石油、天然气、煤炭、铁矿石、铜矿等矿产资源拥有量与其需求量比较是微不足道,但森林资源、淡水资源、甲烷水合物(可燃冰)等储量极为可观。日本国土的大部分由森林覆盖,是世界上少有的森林国家,森林覆盖率达到了 68.2%,排在不丹、芬兰和老挝之后,名列第四位。生长着屋久杉树的屋久岛,淡水已成为出口产品;中东产油国最近几年开始越来越多地讨论从日本进口淡水的问题。根据资源机构(JOGMEC)的调查和推测,在日本列岛周边海域中蕴藏的甲烷水合物,按照现在日本每年的天然气消费量,足够使用超过 100 年。由此可见,再也不能以简单的思维来看待日本国土面积以及资源情况,不然的话,会产生很多的误判。地理教师需要常常更新我们以往的认识,引导学生在具体背景中思考问题。

二、仰望星空:建构自己的"地理世界"

我与学生交流,强调一点,每个人要学会建构自己的"地理世界",培育地理探索的情感。我给准高三地理学生提出三大策略。

(一) 策略一:增加地理信息获取,进一步了解地理

高三学地理前,理应搞清楚地理是什么,对地理学科有宏观了解,并厚实你的地理知识。准高三同学可以通过阅读《中国国家地理》《华夏地

理》《时间简史》《重新发现地理学》以及美国高中主流教材《科学发现者》等优秀书刊,厚实你的地理概念。如今的阅读对象,不仅有文字阅读,还有电影、电视等;《龙卷风》《2012》《后天》《唐山大地震》,在带给大家艺术享受的同时,也带来了许多地理专业知识信息,增进你对大自然的了解,并让你对地理学科价值有新认识和肯定,进而对地理产生兴趣。

(二)策略二:知晓地理名词、相关纪念日,进一步消除地理的陌生感

媒体中常见的地理名词,我们可以当作趣味知识去查询其要义,如常见的"循环经济""清洁生产""低碳经济""绿色GDP""金砖四国""北斗导航系统""长江口束水工程"等,还有一些新鲜、有意思的名词,如"牧童经济""玻璃地球""离岛经济"等。与地理联系密切的纪念日相当多,如"气象日""世界水日""地球日""世界湿地日""世界环境日""地球熄灯一小时活动"等,都有指定的日期,并且每年都有不同的主题,了解这些信息,对你学习地理有一定的指引作用并使你对地理产生亲切感。

(三)策略三:走进自然,观察社会,初步学会通过地理视角去感知生活环境

假期时间,能远足当然最好,可以与大自然亲密接触,触摸岩石,亲近海水,领略湖光山色、云天雾海,感性认识地理;如果没有机会出游,没关系,你周边的河流、植被、公园里的盆景假山也是你的观察对象,特别是风、云、雨等天气现象。当小雨时,观察地表的水流怎样;当大雨时,地表的水流又有何不同?还可以留意雨后树叶怎样,雨后空气怎样,雨后的河水是清澈的还是浑浊的,家的四周哪里雨后积水较多,人们为了不让水流入地下车库、地铁站等,采取了哪些措施,等等。再如思考:上海居民选房为何多挑选南向房间的套房?上海的旧公房改平顶为尖顶,难道仅仅考虑美观吗?善于把所学的地理知识与现实情景、个体经历结合起来,是活学地理的重要基础,也是地理探索的动力源之一。

三、地理本原问题探讨(以海洋知识教育为例)

地理学科育人,不是简单、机械、片面、僵硬地赋予学生更多的知识。面对"知识爆炸"的时代,面对较之以往知识面更广、头脑更灵活、学习渠道更广泛的学生,再施以百科知识普及式的教学,必然会受到教育对象的质疑。我们的地理课堂需要随时更新知识,突破传统思维,解读地理现象

的内涵,探讨地理事物、规律的客观真相,帮助学生树立正确的认识观、世界观、价值观,为未来公民拥有良好的地理素养打下扎实的基础。地理教学本原就是教人求真,为人的完善服务的。林培英老师在回答网友"对于中学生,我们要教给他们的最重要的是什么"时,提出:"给他们看待世界、看待人和自然关系的一种方法……学会从地理角度思考一些问题";"地理本身不是目的或一个事物,它是看待世界的一种视角,会随着我们知识的丰富和想法的改变而变化。因此,地理课不仅仅教给学生们地理知识,还应教会他们学习的方法和观察世界的视角"。

下文以上海高中地理教育加强海洋知识教育的探讨展开。

人类文明正迎来第四次浪潮。继农业革命、工业革命、信息革命之后,21世纪,"海洋革命"将开启人类"蓝色经济"时代。2012年丽水世博会的主题是"生机勃勃的海洋和海岸",倡导通过创新型科学与技术合理利用开发和保护海洋资源,促进海洋与人类的和谐共存,实现海洋的可持续发展。中国馆以"人海相依"为主题,以可持续发展为主线,从海洋和海岸开发与保护、海洋科技、海洋文化三个角度,介绍我国的海洋事业发展成就和发展目标,传达中国人民关爱海洋、构建人与海洋和谐关系的海洋事业发展理念。由此可以思考与海为伴的上海,能否在高中地理教育中强化海洋知识教育,增进上海学生的海洋认识,提升生活质量。

(一) 关于上海学生需要新海洋知识的思考

1. 人类生存与海洋贡献

海洋占地球表面积的71%,它蕴含着丰富的矿产资源、能源资源、水资源及食物资源。在人口剧增、资源短缺、环境恶化等问题日益严峻的今天,人类越来越把生存与发展的希望寄托于蓝色的海洋。发达国家依靠在海洋高科技中的领先地位实施其海洋产业发展战略,不仅抢占海洋空间和资源,而且都把发展海洋高科技当作海洋开发的重中之重。2002年,加拿大制定了《加拿大海洋战略》;2004年,美国出台了21世纪的新海洋政策《21世纪海洋蓝图》,公布了《美国海洋行动计划》;2004年,日本发布了第一部海洋白皮书,提出对海洋实施全面管理。发展海洋产业正成为世界高新技术竞争的焦点之一。我国也于2007年出台了《21世纪中国海洋经济发展战略》,开始对无人岛等加强管理,采取有序性、保护性开发。

海洋是人类生存与发展的资源宝库和最后空间,发达国家的目光正从外太空转向海洋,人类社会正在以全新的姿态向海洋进军。就经济而言,2009年全球现代海洋产业贡献的总产值达1万亿美元,占世界GDP总值23万亿美元的4%。2009年我国海洋经济GDP为3.2万亿元,2011年全国海洋生产总值突破4.3万亿元,海洋经济增长远远高于同期GDP的增长率。这也预示着海洋经济未来蕴含的巨大增值空间。

西塞罗说:"谁控制了海洋,谁就控制了世界。"我国拥有1.8万千米的大陆海岸线,岛屿6000多个,领海宽度为12海里,拥有可管辖海域近300万平方千米。然而,在历史上,中国的统治者们大多"重土轻海";今天,渤海遭受石油开采以来最严重的海洋污染,钓鱼岛问题愈演愈烈,南海油气资源被周边国家疯狂盗采,大片蓝色国土正被邻国蚕食……重视海洋知识学习、提高公民海洋意识已是刻不容缓。

2. 上海发展与海洋情结

地名中有"海"字的上海,七百年前,只是扬子江口堆积而成的沙洲,一个小小的渔村,这村镇只有七八条街巷,居民不及一百户。村民以捕鱼为业,家家张着捕鱼的网,小河边上横着几十只小船,水面群鸭浮游其间。今日的上海已成为繁华的国际大都市,是长江与东海交汇处。近几年,上海屡屡出手东方大港洋山港等海洋工程大手笔,为上海的新发展带来无限生机。

2010年上海世博会吉祥物"海宝"一经推出,广受欢迎。海宝有多重象征,但最重要的是反映了上海这座城市与海洋的密切程度以及海洋文化的辐射力。上海承接长江,面向大海,海纳百川,包容了多元文化,逐渐造就富有独特韵味的海派文化。1843年开埠以前,上海文化从属于中国古代的江南文化,而渊源在于古吴越文化。首先,吴越文化是一种水文化,水是流动的,海派文化传承了吴越文化的亲水性特征,从本质上说是一种动态文化;其次,海派文化还继承了吴越文化的敏感和细腻,对异质文化表现出一种宽容的姿态,吸纳消化一些外国的文化因素,创立了新的、富有自己独特个性的海派文化。海派文化的基本特征是具有开放性、创造性、扬弃性和多元性,体现在城市的诸多方面。如上海的建筑文化,体现出中西并存、中外合璧、艺术交融,典型的有外滩特色建筑、石库门、里弄洋房等。又如上海的音乐文化也是土洋相融,既有《紫竹调》《梅花三弄》和广东音乐,又有欧美的交响乐、铜管乐、管弦乐;一些优雅的老歌,《夜上海》《花样年华》《花好月圆》《天涯歌女》等被传唱一时。

当然，海洋润泽上海这座城市不限于此。海洋为上海不断提供"新鲜"的土地，扩大了上海这座城市的生存空间，造就了如今的江南造船厂、浦东机场、金山石化总厂等生产用地。上海因靠海，海风、水汽带来适宜的气候环境，同时，也使上海天空中比内地城市如重庆，少了一些雾和尘埃，临海、海风有利于空气的净化。上海的水运、养殖、海洋天然气开发等海洋产业更是创造了丰厚的效益。

3. 上海未来与海洋认识

近几年，上海重大的发展围绕海洋展开。南隧北桥工程沟通了上海本土与长兴岛、崇明岛，使台风、大雾不再阻碍两地联系；崇启大桥更是连接崇明与江苏启东，使江苏的黄海之滨成为投资的沃土；东方大桥、洋山港的建成，使上海的集装箱运输量跃上新的台阶，为成就上海未来的国际航运中心奠定了基础；2010年长江口深水航道三期工程12.5米水深全线贯通，这项迄今为止我国最大的水运工程，历时12年，消除了千百年来长江口"拦门沙"对长江航运的制约；崇明东滩生态城已于2012年2月开工，它是由道路桥梁、市政公用设施、水系湖泊、绿地景观组成，这里将建设一个以生态、低碳、长寿为特色，集生态城镇、绿港农业、湿地公园三大园区为一体，争取建成为城乡统筹发展的生态示范区；还有长江江心的青草沙水库工程为上海开辟了第三水源地，大大改善了上海饮用水的水质。所有这些都着眼于上海未来的发展。

21世纪，国家规划把上海打造成为国际金融、航运、经济、贸易中心，这必将使得面海依江的上海以更包容的心态，迎接更多层次的四方来客，引发上海新一轮多元文化的交融，海派文化内涵也将随之更丰富。

海洋是一个动静结合、连接水陆的复杂系统，充满了魅力。没有靠海的内地都渴望多了解大海，居住在海边的上海人更有必要更新传统的海洋知识，了解海洋，利用大海资源，利用邻海优势，具备海一样的胸怀，发展上海的经济、文化、艺术等，提升生活品质。

（二）关于上海高中地理教育需要增加海洋知识教育的探讨

1. 地理教育与海洋知识

地理学是和哲学、医学并列的三大古典学科之一。哲学研究人的思想，医学研究人的身体，地理学研究人身外的世界；外面的世界都是地理研究的范畴，海洋也不例外。如今的海洋，不再是一个简单自然系统的概念，而是如钱学森对地理系统所言"是一个开放的复杂巨系统"，且区域性和综合性强。它内部复杂,又与外界环境要素有密切的联系,当然也影响着人类生存的方方面面。高中地理学科是基础教育中唯一横跨自然与社会两大领域的学科,也是中学生认识海洋的主渠道,在人海关系日益密切的今天,以地理视角观之、究之,则有利于人们立体认识海洋。早在20世纪90年代,上海的陈国新老师就曾经呼吁在地理教学中加强"海洋国土"观念的教育并探索开展了许多海洋知识的教育探索实践活动;裘腋成老师则编著《海洋:未来的财富》一书,在资讯不发达的当时,为中学地理教师开展中学海洋知识教育提供了重要讯息。随着科技的进步,海洋神秘的面纱正日益打开,今天人类对海洋的认识、利用,已不同于往日,像我国的"蛟龙号"深海载人潜水器下潜到几千米以下,观察深海世界,这在过去是不可想象的。

2. 海洋知识与差异要求

因为课标差异,地理教材不可能相似。尽管教材永远滞后于时代的发展,但目前的上海二期课改高中地理教材已经增加了不少新的学科发展成果和时事信息,尤其是融进大量上海乡土地理知识,如上海大卖场的布局、上海人口金字塔以及长三角的形成等,这呼应了上海课标中的"关注贴近学生生活的地理""关注实践与应用的地理"等理念诉求,使得教材充满了乡土味。在上海的高中地理课标中,与海洋知识相关的一些要点分散于各模块中,如潮汐安置在《月相》,海岸地貌安置在《地貌》。

国家地理课程标准中则有不同要求,它对海洋知识学习要求则相对聚焦。以课标要求编写的人教社高中地理选修2《海洋地理》教材中,关于海洋开发、人类与海洋的协调发展分七方面学习内容:海岸带的开发;海洋资源的开发利用;海洋能的开发利用;海洋空间的开发利用;海洋自然灾害与防范;海洋环境问题与环境保护;维护海洋权益,加强国际合作。其中,教材中出现了崇明东滩图文资料,并设置了问题:"根据下面有关崇明东滩的背景资料,说明不同时期海岸带开发利用方式的变化(由围垦为农田转为休闲度假区的建设)。"人教社选修教材在海洋板块还设置开放性问题或任务,如:"想一想,造陆可能出现哪些问题?""举办一期以海洋开发为主题的宣传栏。"

美国《国家地理标准》指出,地理学是生活化的、终生的、维持生活、提升生活的学科。以"维持生活"而言,地理教育有利于提高公民的生存能力,可以将地理知识运用到将来的未知情景,为个人发展选择提供信息支持。"提升生活"意味着丰富的地理知识有助于个人根据区域差异来欣赏各区域的人文和自然景观,提升精神内涵。浙江教育出版社出版的美国地理教材中文版中,海洋知识专门设置了一块"人海关系最密切的海岸线"内容,并附有一则地学制图实验,"附美国加州部分海岸线图,识别沿岸地貌",不仅要求学生识别海岸线、解释成因,并分析沿岸运输的方向,尤其需要实验分析如果海平面上升10米或下降6米,沿岸区域将如何变化。显然,它十分重视学习与人类生存密切相关的那部分海洋知识。

上海高中地理课标中关于海洋学习要求,除了分散部分,相对集中于"海洋环境与海洋资源"模块,要点是"海洋资源及其开发""海洋权益"两点;在实践与应用常规形式中要求"讨论海洋利用的特点及其开发现状";在说明中要"介绍世界上海洋资源开发利用的新进展"。在与之对应的上海高中地理教材上册专题15中呈现了三部分内容:海洋石油资源的开发、海洋空间资源的开发、海洋权益。教材最后的"思考和实践"提了一个问题:"为什么一些面积很小的岛屿会引起严重的国际纷争?"与上海高中地理配套的教参还对教学提示:"为什么钓鱼岛、南沙群岛问题会成为敏感的国际政治问题?""空间资源开发利用项目,他们分别属于什么领域?"

在上海高中地理教材和配套的教参中,分散的海洋知识也为海洋知识教育提供了丰富的教学素材,教材的问题设计也会引发学生的思考,但在内容聚焦上,与其他模块相比,海洋板块教材中"上海乡土味"就不够了。而上海是海边城市,因海而生,又不缺少海洋素材,海洋知识理应在教材中得到更多的呈现。

3. 上海高中地理教育需要与之匹配的海洋知识教育

从全国地理课程看,地理的生活性表现为课程内容紧密联系生活实际,突出反映学生生活中经常遇到的地理现象和可能遇到的地理问题,有助于提升学生的生活质量和生存能力。从上海来看,要"关注贴近学生生活的地理";从美国来说,"提升生活",地理知识有助于个人根据欣赏各区域的人文和自然景观,提升精神内涵。因此,可以在教材"海洋环境与海洋资源"模块中加入上海的一些较新的、具有全国意义的海洋工程,以此增强上海教材的乡土味,让学生在学的过程中更能联系实际、贴近生活,并产生自豪感。

大小金山受海域阻隔,不便于考察;洋山港开发后,洋山岛的山和基岩海岸,成为不可多得的海岸地貌学习、实践考察的资源,引入教材与课堂或作提示，引导学生观察，可以促进学生全面、直观认识海岸地貌类型。而长江口深水航道工程作为全国最大的水运工程项目，受台风、流水、波浪、潮汐等影响，工程十分复杂，可以思考设计坡度问题，增加思维容量，也有助于了解海洋的复杂性。上海地理教材中关于海洋专属经济区的图，很清晰，但对领海基线没有强化认识，其实它是学生认识我国海洋疆域界线、强化海洋国土意识的基础。领海基线有三种，我国采用的是直线基线，即连接岛岸基点的直线。在大陆沿岸上和沿海岸外缘岛屿上先选定某些点作为基点，将每两个邻近的基点之间连成直线，为领海基线。领海基线内水域称为内水，这种方式一般适用于海岸线比较曲折和沿岸有一系列岛屿的国家，因此，我们很多时候看到的海水水域，还不是领海水域，而是内水水域。清晰领海基线、领海范围，对于学生增强海洋国土观念，具有极大的促进作用，这一点，在海洋权益日趋冲突的今天尤为重要。当然，上海学生认识海洋不能局限于上海的临近海域。世界海洋是一个系统，实际是无法分割清楚的，但世界上各海域特点有差异，也有类似之处，我们可以作迁移分析。

  课标制定地理教育的最低标准，引导教材编制，教材为教师的课堂教学提供载体与素材。教师在课堂中可以借助于教材，筛选内容，引进教材外的知识，丰富课堂；教师还可以依据课标，自行组织教学内容，实施个性化、有区域特点的课堂教学和课外探究。每年6月8日是联合国确定的"世界海洋日"，2011年的世界海洋日之际，上海市海洋局、上海市科学技术协会和新疆维吾尔自治区科学技术协会在上海共同举办"携手看海去"系列活动，活动分"在线答题、了解海洋科普知识""国际海洋日宣传活动""暑期主题夏令营"三部分，旨在促进青少年关注海洋、探索海洋、热爱海洋、保护海洋。这是搭建平台，让学生了解海洋、亲近海洋的有益探索。在信息渠道多元化的今天，探讨高中地理能否多增加一点海洋知识，除了以上的分析思考外，还有一点：上海现有的高中地理教材中还没有让教师完整认识海洋的知识模块，尤其是基于上海境况的，配套的地图册、练习册也没有很好地弥补，地理试题中也难以、不便于提出关于海洋、海岸及其开发利用的深层思考问题。长此以往，上海高中地理教师的海洋意识、海洋能力以及海洋知识的关注度难免有所下降。而这与今天上海依托海洋大发展的局面是不匹配的。高中学生已经积累了一定的生活实践经验，有了独立的分析判断能力，他们渴望了解身边的一切,渴望融进这个社会,在我们的高中地理教材、大课堂中多一点基于上海的海洋知识教育(生活地理),必将提升他们未来的生活品质,由他们创造的上海新海派文化也会更具魅力。

第七章　与青年教师共研生活地理

人生有很多乐趣,也有许多学习渠道和途径,但与青年人沟通,与青年教师一起探讨"地理教育教学"的真谛,其乐无穷,并且是最有效的学习途径之一。地理前辈们能洞察地理教育存在的问题,与他们交流,他们往往能点出教育教学中的问题所在并指引一条可以努力的道路,他们脑海中成功和失败的案例信手拈来。青年教师则有三大明显的优势:一是有新知识,精力充沛,信息技术能力与情报能力强;二是与学生年龄相近,熟悉学生的语境,懂得学生更容易接受哪种学习方式;三是因为年轻受到的约束也比较小,敢于尝试探索。与他们沟通、共研,往往会灵光迸发,并可以将一些教育理想落地。

一、教师资格面试应对

有一批年轻人,我们每年见面次数也就一次,或许两三次。那就是参加教师资格证考试的准教师们。八年前,我作为上海教师资格证面试考官时,发现来面试的人什么样都有,有博士生、硕士生、本科生,也有许多社会人士。我遇到其中一位特殊的人士,自我介绍从事广告多年,比较富足,喜欢旅游,走了世界好多地方。他觉得自己既然走过、看过很多,走上讲台必然能广征博引,受到学生的欢迎,站稳地理课堂。然而等他的"绝招"亮相后,我感觉夸夸其谈的成分明显多一些。

当时的教师资格面试试题多采用人教版教材内容,我们自己也做了一些命题工作。整个试讲卷是一张A4纸,内容分三部分:题目(如板块构造学说部分);内容(图文并茂,一般取教材的部分内容);试讲基本要求——有简单的教学提纲(含课题、教学目标和教学步骤等),教学过程须有提问环节,结合教学内容设计板书,合理利用材料中的图表,试讲时间10分钟左右。试讲题目分几组,学员抽取题目后,30分钟拟好教学提纲,整理思路后进入考场面试。当年师范类大学学生大学毕业就能自动获得教师资格证,因此来面试的学员多来自五湖四海,地理本体知识相对不足,弱势明显。

近几年,上海与国家教师资格证考试二合一,并且师范生也需要参加国家统一的教师资格证测试。社会人士一般不大会出现,基本是清一色的本科生、研究生,师范与非师范都有,有些大二、大三学生就来考,有些已经进学校授课,但还未进入正式编制。综观起来,如今的考生总体素养比以往学员高很多,对教育理念、教育思想、教育发展了解清晰,头脑灵活,也知晓面试考试的目标、内容和流程。

教师资格考试(面试)目标、内容和要求

测试目标:

(1) 良好的职业道德、心理素质和思维品质。

(2) 仪表仪态得体,有一定的表达、交流、沟通能力。

(3) 能够恰当地运用教学方法、手段、教学环节规范,较好地达成教学目标。

测试内容和要求:

(1) 职业认知:热爱教育事业;关爱学生、尊重学生。

(2) 心理素质:积极开朗,有自信心;有较强的情绪调节与自控能力。

(3) 仪表形态:仪表整洁,举止大方,肢体语言得体。

(4) 言语表达:语言清晰;善于倾听、交流,有亲和力。

(5) 思维品质:思维严密,条理清晰,逻辑性强。

(6) 教学设计:能依据课标处理教学材料,确定教学目标,突出重点和难点。

(7) 教学实施:教学结构合理,条理清晰,能较好地控制教学节奏。

(8) 教学评价:能够采用恰当的评价方式对学生的学习活动作出反馈。

测试方法:

采用结构化面试和情景模拟相结合的方法,通过备课、试讲、答辩等方式进行。

考生按照有关规定随机抽取备课题目,进行备课,实践20分钟,接受面试,时间20分钟。(前5分钟回答两题随机题,再用10分钟试讲,最后5分钟回答考官提问。)考官根据考生面试过程中的表现,进行综合评分。

当时,为了更好地进行检测,经过研讨,我们还制定了如下面试实施要点:

教师资格考试地理学科面试要点

类型	题型分类	教学设计抓手	教学实施要点
地图地球类	(1) 经纬网地图 (2) 地理事象分布图 (3) 等值线图	(1) 地理事物的位置分析 (2) 地理事物分布特征分析 (3) 图上数据（单位）与变化分析 (4) 地理特征的区域性综合分析	(1) 情境创设，设置启发性的问题 (2) 本体知识的系统性、准确性 (3) 教学情感与学科表达素养 (4) 地图解读和运用能力的指导 (5) 教学板书与板图 (6) 与信息技术的整合
景观图照片类	(1) 景观图 (2) 照片	(1) 景观图中地理信息（隐性、显性）的挖掘 (2) 记忆中原有相关照片的联想 (3) 景观图和照片反映地理原理的分析 (4) 景观图位置和时代的背景解读	(1) 情境创设，设置启发性问题 (2) 本体知识的系统性、准确性 (3) 教学情感与学科表达素养 (4) 景观图和照片地理核心信息的挖掘 (5) 教学板书与板图 (6) 联系生活地理的能力
统计数据类	(1) 数据表格 (2) 几何图形 (3) 文字表格类	(1) 各种统计图类型判读 (2) 统计图表坐标、数据及其变化的解释 (3) 统计表格中文字要素差异的比较 (4) 统计数据反映的时空差异	(1) 情境创设，设置启发性问题 (2) 本体知识的系统性、准确性 (3) 教学情感与学科表达素养 (4) 景观图和照片地理核心信息的挖掘 (5) 教学板书与板图 (6) 联系生活地理的能力

(续表)

类型	题型分类	教学设计抓手	教学实施要点
示意图类	(1) 要素联系 (2) 因果推理	(1) 地理原理的演绎和规律的分析 (2) 箭头的粗细、方向及其变化的关注 (3) 联系线上文字辅助说明的运用 (4) 树立地理要素的关联意识 (5) 掌握逻辑推理能力	(1) 情境创设,设置有坡度的问题 (2) 本体知识的系统性、准确性 (3) 教学情感与学科表达素养 (4) 地理原理的演绎和规律分析能力 (5) 教学板书与板图 (6) 与信息技术的整合
文字素材类	(1) 经典资料 (2) 时事资料 (3) 生活资料	(1) 标题的含义 (2) 事件发生位置、背景等地理信息分析 (3) 圈出描述事件的主要信息文字和数据	(1) 情境创设,设置启发性的问题 (2) 本体知识的系统性、准确性 (3) 教学情感与学科表达素养 (4) 地理信息关键词的把握能力 (5) 教学板书与板图 (6) 与信息技术的整合

如今的考生青春、阳光、富有知性,但还需要在以下四方面下更多功夫:一是地理本体知识;二是地理教学知识;三是教与学的形式还需要作多元化思考和实践,估计考之前思考得多,但实战时由于缺乏经验积淀,容易遗忘;四是施教突破"以我为主"的思考,需要强化"以学生为主"的意识。

二、与青年教师共研课堂教学

上海纽约大学校长(原华东师范大学校长)俞立中先生在《地理教学》创刊50周年纪念研讨会上的讲话《重建信息时代的中学地理教育》中讲道:"与美国教育相比,中国教育的弱点在什么地方?我们缺的不是综合分析能力，也不是演绎和推理的能力，最大的不足是想象力，反思、假设的能力。地理教学内容涉及面广、综合性强，宏观和微观结合，跨自然、人文、社会科学，又面向人类生存发展的很多重大问题，可以有很多的想象空间。"因此，我与青年教师小高探讨，选取《板块构造学说》这一章节，试着上一堂需要点想象力的课。《板块构造学说》经典教案很多，要新颖，还需要让学生进行想象力"体操运动"着实不易。

当时，我们共研下来，本节课教学设计有五个点需要具备：一要有学生发挥想象力的空间；二要用"六顶思维帽"进行逻辑思维锻炼的设计；三需要任务驱动，创设任务单；四要与信息技术结合起来；五是要与区域教育研究的方向"个性化教学"相结合。这样，让青年教师上一堂课能完成若干种教育任务，尽量用好用足，挖掘好一堂地理课的价值。当时我是从理想化角度去思考，目标不仅仅在于落实课堂教学知识点，更重要的是激发小高老师以及学生的创新欲望、想象能力和给予逻辑推理的方法。小高老师虽然接触高中地理时间不久，但我知道他信息技术、情报能力很强，也勇于探索。当然在过程中，我们与诸位同人共同研磨过多次，作了多次微调。以下是这次课程的详细记录。

一、教学内容分析

本专题作为第二篇的开篇内容，介绍了20世纪全球构造理论的最重要成果——板块构造学说，它是继1912年大陆漂移学说诞生、1962年海底扩张学说诞生后，于1968年由英国学者麦肯齐和法国学者勒皮琼等提出的又一全球构造理论。这一理论在综合分析大量海洋地质、地球物理和海底地貌等资料的基础上提出，能较好地解释全球性的大地构造问题和矿产的分布规律，以及地震火山活动规律。为岩石与矿物、地貌的学习做好了铺垫。以"从大陆漂移学说到板块构造学说的'三级跳'"为题设计专栏，为在地理教学中培养学生科学精神和科学能力提供了许多创新支点。

二、学习者特征分析

学生在初中已经对地球的内部结构和岩石圈的内容有了初步的了解，知道板块具有运动的特性，但是大部分学生对全球板块的分布和板块构造学说的发展知之甚少。学生对本专题关于"三级跳"专栏突出的科学发展的继承性和批判性思维有感性的了解，但缺乏具体的事例进行理性分析。本节课在板块构造学说发展的学习中，不同知识基础的学生会有不同的收获,通过个别化教学环节的参与,使每个学生在原有基础上有所提高。

三、教材目标

(一) 同步教学

(二) 知识与技能

(1) 知道六大板块的名称和分布,了解板块的消亡边界与生长边界。

(2) 了解大陆漂移学说、海底扩张学说的主要依据和论点。

(3) 掌握板块构造学说的主要观点。

(三) 过程和方法

(1) 运用"海底扩张示意图"阐明海底岩石年龄的分布规律。

(2) 运用板块构造学说分析海沟、岛弧链和高大山脉的成因。

(四) 情感态度价值观

(1) 通过海陆变迁的过程,对日积月累、量变到质变有更深的体会。

(2) 通过板块构造学说的发展,培养学生大胆猜想、敢于质疑权威的精神,了解科学发展的一般规律:继承—批判—发展。

(五) 个别化教学

1. A层

(1) 运用板块构造学说解释东非大裂谷、大西洋、马里亚纳海沟、喜马拉雅山脉等地形的成因。

(2) 发现大陆漂移学说、海底扩张学说、板块构造学说的缺陷与不足。

2. B层

(1) 发现大陆漂移学说、海底扩张学说、板块构造学说的证据。

(2) 读"全球板块分布及板块运动示意图",说出六大板块的名称和分布,找出板块的消亡边界与生长边界。

(3) 根据板块构造学说指出不同板块分界处的地形。

四、教材重点

(1) 板块构造学说的基本内容及其发展历程。

(2) 板块构造学说的意义。

五、教材难点

板块构造学说的意义。

六、课时安排

1课时。

七、教学过程

【激趣导入】北纬30°是一条神秘的纬线,它串起了长江入海口以及世界最高峰——珠穆朗玛峰等奇特的地理事物,上海和珠峰的纬度距离很接近,虽然上海面临着地面沉降和海平面上升的威胁,但是珠峰依旧昂首挺立,而且始终保持长高的活力!

【提问】珠峰一直以来都是山峰吗?它的高度在发生怎样的变化?

【学生回答】珠峰的高度不是一成不变的,追溯到4000万年前,喜马拉雅山脉曾经是一片广阔的海洋,经过沧海桑田它才长到这个高度,而且仍然保持上升势头。

【介绍】珠峰为什么会不断长高呢?板块构造学说可以为我们解释这个问题。但是发现这个理论并不是一蹴而就的,是很多科学家经过一步步探索才发现的,今天我们进行一次头脑风暴,运用平行思维来回顾板块构造学说的发展历程。

活动一:"戴帽子析学说"

阅读材料并在关键语句处画线,用平行思维回顾板块构造学说的发展历程,请戴白色帽子的非洲板块、南极洲板块和太平洋板块组找出三个学说的证据,戴黑色帽子的印度洋板块组指出每个学说的不足之处,戴绿色帽子的美洲板块组提出每个学说的进步之处,戴蓝色帽子的亚欧板块组对每个学说进行综合评价,其他板块组也可以对回答进行补充。

【提问】我们首先来回顾大陆漂移学说的发现,多媒体投影非洲和南美洲轮廓图,请戴白色帽子的非洲板块的同学回答有什么发现。

【学生回答】非洲西海岸与南美洲东海岸轮廓吻合。

【介绍】非常好!德国地球物理学家、气象学家魏格纳正是在病床上发现了这个巧合,经一系列的研究之后,于1912年提出了大陆漂移学说。

【提问】但是只凭非洲与南美洲轮廓吻合就能证明大陆漂移学说的正确性吗?戴白色帽子的南极洲板块的同学是否可以找到其他的证据?

【学生回答】魏格纳以古气候、古冰川、古生物以及地质结构和大洋两侧的岩石等相互吻合为依据,较完整地论证了大陆漂移学说。

【提问】很好,我们发挥白色帽子的优势认识了大陆漂移学说,但是大陆漂移学说完善吗,是否可以解释板块运动的其他问题呢?请戴黑色帽子的印度洋板块组谈谈在魏格纳以后的科学家的看法?

【学生回答】虽然魏格纳为理论找到了确凿的证据,但对于大陆漂移的原因,他解释为天体的引潮力与地球自转的离心力作用引起大陆的分裂,这个解释不能让所有人信服。

【提问】那么我们可以对大陆漂移学说给出怎样的评价呢?请带蓝色帽子的亚欧板块组回答。

【学生回答】魏格纳的发现引起了轰动,他当时发现了这些证据:大陆轮廓吻合、古生物群连续分布、古气候相似、地质构造吻合。但是魏格纳对该理论的原因解释不能让所有人信服。虽然这个理论从一开始就颇受争议,但大陆漂移学说发现了陆地板块移动的事实,开创了人们从全球视角研究地壳运动的先河,所以为该理论体系起到了重要的奠基作用!

【过渡】在此之后,持怀疑态度的地理学家走上了这条探究板块异动原因的道路。20世纪50年代以后,随着海洋探测技术的飞速发展,地球科学家们开始了对海洋盆地以及洋底岩石学的研究,并揭示了洋底的基本面貌。请戴白色帽子的太平洋板块组结合"全球海底岩石年龄图"说出海底岩石年龄分布有何特点。

【学生回答】岩石离海岭越近,年龄越轻;离洋脊越远,年龄越老。同一年龄岩石在海岭两侧对称分布,海底岩石年龄一般不超过2亿年。

【提问】以赫斯和迪茨为代表的海底扩张学说怎样解释这样的分布特点呢?

【学生回答】海底扩张学说以地幔对流说为基础,认为洋壳不断地生长并向两侧推移,俯冲入地幔深处而融熔消失,这样使整个海底不断自大洋中脊向两侧扩张。

【学以致用】接下来我们就思考两个问题:印度发现的古冰川和南极发现的煤炭是怎样形成的?地中海和红海哪个历史更悠久?

【学生回答】印度发现古冰川和南极发现煤炭说明了大陆漂移。地中海位于板块消亡边界,红海位于板块生长边界,所以地中海较红海历史更久。

【过渡】海底扩张学说在大陆漂移学说的基础上把全球构造理论进一步推进,虽然离真理还有距离,但是他们的工作为后续的研究提供了宝贵的经验。请戴蓝色帽子的亚欧板块组从板块构造学说的角度谈谈大陆漂移学说和海底扩张学说对该理论发展的作用。

【学生回答】大陆漂移学说提出科学假设,验证科学设想;海底扩张学说探测了科技成果,提出了逻辑推理。1968年,法国地质学家勒皮雄等人总结前人成果并不断完善,提出了板块构造学说,该学说认为大陆漂移和海底扩张可能是若干岩石圈板块相互运动的表现。该学说经过不断完善,得到了大多数科学家的认同,成为最盛行的全球构造理论。以板块构造学说的建立为标志,地球科学进入了新的时期。

【过渡】这一理论形成的过程,再次印证了牛顿的名言"如果说我看得比别人更远,那是因为我站在巨人的肩膀上"。我们要学习科学家虚心学习理论知识,敢于大胆猜想和质疑权威的精神,并经常使用平行思维思考问题,提高思考的效率。

接下来我们就一起来学习这一重要的理论,首先请同学们看书第44页"全球板块分布及板块运动示意图",快速记住全球六大板块的名称和位置。

活动二:"识板块知地形"

请各位同学根据自己所在的位置记忆全球六大板块的分布情况,并结合示意图讨论自己所在板块的形状像什么。

【提问】下面关于板块的提问,请对应的板块组长回应:

两个大洲组成的板块是什么？亚欧板块

几乎完全被海洋覆盖的板块是什么？太平洋板块

经度跨度最大的板块是什么？南极洲板块

纬度跨度最大的板块是什么？美洲板块

以大洋命名的板块有哪些？印度洋板块和太平洋板块

以大洲命名的板块有哪些？非洲板块、南极洲板块和美洲板块

美洲板块周围的板块有哪些？除了印度洋板块,其他都是

赤道经过的板块有哪些？六大板块

【提问】接着请各板块的同学说说自己的板块像什么。

【学生回答】略

【介绍】印度洋板块像飞翔的倒霉熊,美洲板块像一只手臂,南极洲板块像帆船,非洲板块像小房子,太平洋板块像一粒蚕豆,亚欧板块像一尊倒立的雕像……

【过渡】板块是怎样运动的？在进一步学习板块构造之前我们需要认识地球的内部结构。我们地球的内部结构是怎样的？什么是地壳、岩石圈软流层呢？我们通过白煮蛋的切面图来认识地球的内部圈层：地壳相当于蛋壳，地幔相当于蛋白，地核相当于蛋黄。板块构造学说认为，岩石圈是由若干刚性板块构成的，由于海底扩张，板块在软流层之上滑动，滑动的结果是产生了大陆漂移的现象。各板块在滑动过程中运动的方向不一，有的相邻板块相向运动，有的相邻板块反向运动。因为这一特点，板块交界处的地壳运动要比板块内部更为活跃，板块相对移动而发生张裂和碰撞，造就了地球表面的基本面貌。

【介绍】由于海底扩张，板块会相对移动，所以六大板块的边界分为生长边界和消亡边界，生长边界就是相邻板块反向运动处，消亡边界是相邻板块相向运动处。结合自己的位置看板块示意图，用红色笔描出板块生长边界，用蓝色笔描述板块消亡边界。

【学生动手】略

【总结】板块的生长边界像英文字母"w"，板块的消亡边界像英文字母"n"。

【介绍】在板块的张裂地区，常形成裂谷和海洋，如东非大裂谷和大西洋，请对应位置的同学讨论是如何形成的。

【学生回答】略

【介绍】在板块相撞挤压的地区情况比较复杂，当大洋板块与大陆板块相撞，由于大洋板块位置较低，密度较大，便俯冲到大陆板块之下直插入地幔中，逐渐融化消亡形成海沟，就是海洋最深的地方，而大陆板块受挤压上拱，隆起成为岛弧和海岸山脉，如太平洋西部边缘的深海沟—岛弧链。请代表形成马里亚纳海沟两侧板块的同学站起来，说说谁是大洋板块，谁是陆地板块，大陆板块上还形成了什么地形？

【学生回答】略

【介绍】当两个大陆板块相碰撞时则形成巨大的山脉，如喜马拉雅山脉，地球上大部分的地震和火山都发生在板块交界处，许多重要的矿产资源和地热资源也分布在这里。请代表喜马拉雅山脉两侧板块的同学站起来，介绍其是哪两个板块碰撞形成的。

【学生回答】略

【提问】还有一些地形，同学们能找出它们的分布并解释成因吗？

地形与板块运动关系表

地形举例	板块运动特点	相邻板块名称
大西洋海岭	大洋板块张裂	美洲板块与非洲板块 美洲板块与亚欧板块
喜马拉雅山脉	大陆板块与大陆板块碰撞、挤压	印度洋板块与亚欧板块
东非大裂谷	大陆板块与大陆板块张裂	非洲板块与印度洋板块
北美洲西海岸山脉	大洋板块对大陆板块碰撞、俯冲	太平洋板块与美洲板块
阿尔卑斯山脉	大陆板块与大陆板块碰撞、挤压	非洲板块与亚欧板块
新西兰岛	大洋板块对大洋板块碰撞、挤压	印度洋板块与太平洋板块

【学以致用】运用今天所学知识解答下面问题:为什么处在低纬度的印度会有冰川(寒冷处形成冰川)?寒冷的南极会有煤炭(森林形成煤炭)吗?地中海和红海哪个形成得更早?

【学生回答】略

【总结】大家掌握得不错,小组谈论一下板块构造学说的板书该怎样布局。

【学生活动】请三位同学合作完成板书内容。

【课后任务】"非洲之角"被认为是未来的"第八大洲",是因为东非大裂谷和红海位于板块张裂边界,这一小块陆地会远离非洲大陆而形成新的大洲,从而改变世界大洲、大洋的格局,这正是板块构造学说的证据。本节课的课后任务就是:搜集更多证明板块构造学说的证据,并请各组自选以文字、图片等形式展现。

八、任务单

北纬30°是一条神秘的纬线,它串起了位于上海的长江入海口以及珠穆朗玛峰等奇特的地理事物,虽然上海面临着地面沉降和海平面上升的威胁,但是珠峰依旧昂首挺立,而且始终保持长高的活力!

(一)任务一

阅读材料并在关键语句处画线,用平行思维回顾板块构造学说的发展历程,请戴白色帽子的非洲板块组、南极洲板块组和太平洋板块组找出三个学说的证据,戴黑色帽子的印度洋板块组指出每个学说的不足之处,戴绿色帽子的美洲板块组提出每个学说的进步之处,戴蓝色帽子的亚欧板块组对每个学说进行综合评价,其他板块组也可以对回答进行补充。

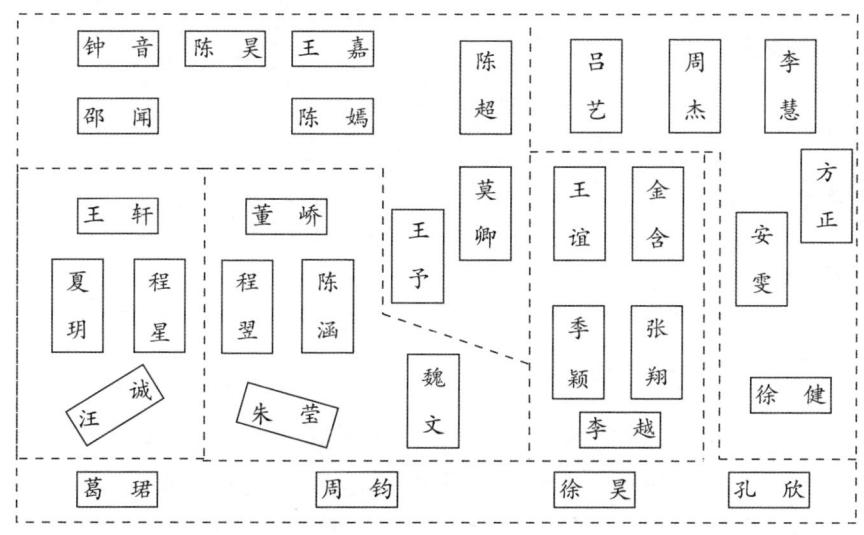

学习"板块运动"时的学生座位图

(二) 任务二

请各位同学根据自己所在的位置记忆全球六大板块的分布情况,并结合示意图讨论自己所在的板块的形状像什么。下面关于板块的提问,请对应板块的组长举手回答:

两个大洲组成的板块是_____

几乎完全被海洋覆盖的板块是_____

经度跨度最大的板块是_____

纬度跨度最大的板块是_____

以大洋命名的板块是_____

以大洲命名的板块是_____

美洲板块周围的板块是_____

赤道经过的板块是_____

(三) 任务三

用红色描出板块生长边界,用蓝色描述板块消亡边界,并用箭头表示板块运动方向。

(四)任务四:填空

地形与板块运动关系填空表

地形举例	板块运动特点	相邻板块名称
大西洋海岭	大洋板块张裂	美洲板块与非洲板块 美洲板块与亚欧板块
喜马拉雅山脉	大陆板块与大陆板块碰撞、挤压	印度洋板块与亚欧板块
阿尔卑斯山脉		
北美洲西海岸山脉		
新西兰岛		

　　小高老师对"板块运动"一课的教学设计较之以往"经典"教学案例更复杂一些,"六顶思维帽"思维方式运用至地理课堂也十分罕见,关于"板块形状的想象"之前也没有听说过,但青年教师经过艰苦卓绝的工作,不仅有了设计方案,而且进行了实战。青年教师课前教学设计,重在谋划,实施期间,重在落实,实施后,重在反思。反思能够促使教师对教学设计和实施的二度理解,也为以后的实战打下基础。这堂课的最大价值在于学生得到了与众不同的课堂学习体验以及小高老师鼓舞了教学创新探索实践的勇气。以下是小高老师本节课基于个性化学习的教学反思。

　　本节课的教学设计根据教材内容和学生的特点,在个别化教学指导思想下,设计了丰富的课堂活动和问题。从课堂实践来看,学生参与度高,不同层次的学生都得到了展示的机会,使学生在发展个性的同时也掌握了地理知识。下面谈谈具体的个别化教学环节:

　　活动一:"戴帽子析学说"。这一环节主要借助平行思维回顾板块构造学说的发展历程,让学生了解学说内容的同时体会科学发展的一般规律。因"六顶思维帽"中不同帽子代表不同的思维,每种思维独立进行后再总结可以高效地解决问题,板块构造学说的发展正好体现了不同思维对该系列学说的推动作用。

　　课前我已经将学生按照学习能力和平时表现分成了六组,并以六大板块命名,非洲板块组、南极洲板块组和太平洋板块组以基础较弱学生为主，印度洋板块组、美洲板块组以中间水平学生为主，亚欧板块组以基础较好学生为主。白色帽子关注事实和证据，黑色帽子代表谨慎的思维，绿色帽子善于创新或者发现新观点，蓝色帽子冷静客观。

教学过程中安排非洲板块组、南极洲板块组和太平洋板块组戴上白色帽子，回答关于大陆漂移学说、海底扩张学说和板块构造学说的证据，印度洋板块组戴黑色帽子找出相应学说的不足，美洲板块组戴绿色帽子发现对应学说的新观点，亚欧板块组戴蓝色帽子对应学说客观的评价。

从课堂教学的实施来看，这一环节因为学生对板块构造学说的内容有一定的知识积累，实施较为顺利，按照个别化的设计，不同难度和特点的问题让不同的学生回答和演说，使所有学生都有收获。但是从上台演说学生的表现来看，学生的理解能力和语言表达能力都很强，所以对这节课的改进之处是给学生更多的展示机会，把板块构造学说的全部内容安排学生阅读讨论后，戴上不同颜色的帽子演说，教师只做中间的串联，这样能最大程度使学生参与进来，使有表演能力的学生得到展示，使这方面能力欠缺的学生得到锻炼。

活动二："识板块知地形"。让学生掌握六大板块的位置、名称，以及板块构造学说对板块交界处地形成因的解释。为了落实个别化教学，把不同层次的学生安排在不同的位置，回答特定的问题。

所以课前按照板块将学生分成六组时，不仅将不同层次的学生分在不同的板块组，还把不同能力的学生分在不同的位置，在每个板块交界处安排思维较活跃、平时积极回答问题的学生，通过设计相应的问题，给这些学生展示和锻炼的机会。

在认识板块交界处的主要地形的环节，由思维活跃的学生代表各板块来解释地形的成因。教学设计同时兼顾到其他上课较安静的学生，在想象板块形状和记忆板块名称的环节给他们组内讨论的机会，再由组长代表回答。从实际教学情况来看，这一部分充分调动了学生的参与性，发挥了学生的想象力，对掌握板块形状和了解地形的成因有帮助。尤其在想象板块形状的环节调动了学生的积极性，学生想出了与我设计不同的结果，比如有学生认为非洲板块的形状像一只耳朵，还有学生认为太平洋板块像一个逗号，仔细一看还真的很像，而且比我选的形象更相似。所以对本环节的改进是注重对学生进行积极过程性评价，肯定他的答案，从而增加这位学生的自信心和对地理的兴趣，这样处理也能进一步释放全体学生的想象力。

课堂总结和作业布置。对于课堂知识的总结部分,让学生在没有完成的板书贴图上进行完善,并安排基础一般的学生将板块交界和板块内部的特征贴在对应位置,请基础较好的学生将板块张裂处形成的地形贴在对应的位置,请综合能力较强的学生将陆陆板块和陆洋板块碰撞处形成的不同地形和名称贴在对应位置,以此来完善板书。最后的作业布置是一个开放性的问题,关于板块构造学说的证据,在没有限定形式的前提下以小组为单位合作完成,能够培养学生协作能力,发挥不同学生的特长。

但是不足之处是对于整节课的时间把握不好,导致课堂总结环节没有按预期进行,而是留给学生课后思考,下节课呈现。反思时间之所以不够,是因为我过于关注知识的传授而陈述性语言过多,占用了学生活动和讨论的时间。改进的措施是把课堂时间更多地交给学生思考和展示,在减少陈述性语言的同时相对增加过渡性语言和评价性语言,这样才能让学生在收获知识的同时得到能力的增长和个性的发展。

总之,本节课结合分组和活动设计,让不同能力的学生带着不同问题参与不同活动,较好地实现了个别化教学的目标,但是在一些细节处要进一步完善和改进。

课堂设计、教学设计以及长短作业任务布置需要用足资源,发挥学生特长,如让美术好的学生绘制城市规划图、我国各地典型民居图,让能说会道的学生课前进行新闻播报或者现场采访,再如让刚转入学校的厦门学生介绍厦门,让去过俄罗斯的学生讲"行走俄罗斯",让语文课代表讲诗人李白的行走足迹,等等。艺术高中的小庄老师要开设"非洲课",我们共研达成三点共识:一要发挥学校艺术特长学生的优势;二要针对学生认知基础和能力薄弱的现实,需要设计深入浅出的学习;三要带领学生"走进"非洲并再"走出"非洲。小庄几经努力完成课堂设计,教学效果良好。以下是小庄老师执教"影视作品带我们走进非洲"一课的记录。

一、教学目标

(一)知识与能力

(1)了解非洲的地理位置特征。

(2)熟悉非洲地形分布,能根据地形图判断地势。

(3)运用非洲降水图分析气候特征及成因。

(二)情感、态度和价值观

(1)能根据所学地理知识,解决生活中的实际困难。

(2) 培养学生对影视作品中地理元素的关注。

二、教学重点

非洲地形、气候特征。

三、教学难点

(1) 撒哈拉沙漠面积广大的原因。

(2) 气候对农业的影响。

四、教学准备

(1) 学生提前准备小品《假如我在野外迷了路》。

(2) 学生提前观看奥斯卡影片《走出非洲》,并写300—400字短小影评。

(3) 教师提前准备影片教学片断,制作PPT。

五、教学过程

"影视作品带我们走进非洲"教学过程

教学环节	教师行为	学生行为	设计意图
导入	介绍一部1986年的奥斯卡影片	看简介	激发学生好奇心
新授	板块一: (1) 首先了解故事发生地——非洲的概况。 (2) 走进非洲,完成学习任务一。 非洲的经纬度位置:地跨南北半球,本初子午线从大陆西部穿过。 海陆位置:西部是大西洋,东部是印度洋,东北为红海,隔苏伊士运河与亚洲相邻。 所跨热量带:以热带为主	(1) 填写非洲所跨越的经纬度。 (2) 填写非洲周围的海洋和大陆。 (3) 根据纬度,观察非洲的热量带。 (4) 对照教师展示的PPT,检查填写正误	在学习任务一中,掌握非洲地理位置特征
	板块二: (1) 播放女主角凯伦和男朋友丹尼斯在飞机上遨游的影片。引导出非洲的地形。 (2) 指导学生完成学习任务二。 在相应位置填写:南非高原、东非高原、埃塞俄比亚高原、刚果盆地、撒哈拉沙漠。 (3) 根据地形图,判断非洲地势	(1) 观看影片,并完成学习任务二,填写非洲的主要地形,包括高原、盆地、沙漠。 (2) 根据地形图,思考非洲地势	(1) 掌握非洲主要地形。 (2) 能根据地形图判断地势。 (3) 培养学生根据图和资料进行思考的能力

(续表)

教学环节	教师行为	学生行为	设计意图
新授	板块三： （1）凯伦为丈夫送军用物资路上迷路，巧遇丹尼斯送给她指南针。 （2）引导：如果没有指南针，在野外迷了路，怎么办？ （3）欣赏表演专业学生小品《假如我在野外迷了路》	欣赏小品《假如我在野外迷了路》，掌握辨识方向的生存技巧	培养学生掌握生活技能，将所学知识转化为生活技巧，解决实际困难
	板块四： （1）观看凯伦在非洲创业时，为在农场中饲养奶牛还是种植咖啡而与丈夫发生激烈争吵的影片。引导出非洲气候特征。 （2）讲解非洲气候三大特征。 （3）分析撒哈拉沙漠面积广大的原因，并完成学习任务三①。 （4）根据非洲气候类型图，引导学生对比丹麦和肯尼亚的气候类型思考，肯尼亚适合饲养奶牛还是种植咖啡以及为什么。并完成学习任务三②	观看影片。 （1）思考非洲气候类型特征。 （2）思考并完成学习任务三①：撒哈拉沙漠广大的原因。 （3）根据丹麦和肯尼亚的气候类型思考，并完成学习任务三②：肯尼亚适合饲养奶牛还是种植咖啡？为什么？	培养学生对地理现象的分析能力。 学生学会使用对比分析法掌握知识
	板块五： （1）播放凯伦创业失败，但依然为当地居民谋出路的影片部分。 （2）欣赏文学专业学生的影评	观看影片，欣赏影片，感受人物魅力	从凯伦的性格分析，培养学生在不同人种间相互尊重的品质。回顾本节课主要内容
总结	总结本节课主要知识点	做记录	巩固所学知识

课后小庄老师对这次课作了两点说明：

这节课创新之一是将影视作品和地理教学有机结合。学生课前看过电影，对其中的故事情节和非洲壮美的大草原都留下了深刻印象。在这种情况下，探讨非洲自然概况，设置诸如"肯尼亚适合种植咖啡还是饲养奶牛""撒哈拉沙漠为什么是世界最大沙漠"之类的问题，自然容易引起学生兴趣。

创新之二是在教学环节上自然而然地加入小品《假如我在野外迷了路》，而且还是沪语版的。小品在课前引起了其他班级学生的兴趣，自然看点也很好。另外在结束部分加入了文学专业的学生带来的影评，也让文学专业学生非常珍惜这样的展示才能的机会。

在正常教学知识方面，本节课也是做得比较充足，一节课中学习了非洲地理位置特征、地形、气候特征等。

小庄老师这节课考虑了校情，充分利用资源，创造性地设计和实施，使传统的课型变得"味道浓郁起来"。以下是青年教师小庄课后留下的反思：

当时我是利用《走出非洲》这部经典电影为线索，讲解《非洲地理概况》，当我把教案学案发给姚老师之后，姚老师很快就给回复了。姚老师不仅修改了教学目标的表达方式，对教学过程，甚至连题目、字体、字号的大小也进行了修改。比如讲把"非洲概况"改为"影视作品带我们走进非洲——非洲概况"。很显然这样的题目更有新意，很有美感，也更符合这节课的主要内容。我之前也写过很多的教案，但从没有注意过这些方面的细节。后来又在同人多次指导下，这节课获得了二等奖。也正是有这节课的标杆作用，本学期我先后在市教委和中国地理学会组织的"小课程"比赛中获一等奖。

早进入地理教学的我，对后生是充满期待的，每一次研修，都是挑战智慧，让我游走于理想与现实之间，与青年教师一起经历成长的过程。

三、与青年教师共商课题研究

（一）与青年教师共商"任务单"微型话题

任务单设计是如今地理课堂教学中的重要一环，直接影响教学目标的达成。没有任务单，一系列的提问也能达到学生思维训练的目标，但是，要使学生在课堂上有一定的思维时空，并且让所有的学生"有话能说、有事能做"，任务单是一种极好的载体和手段，它能让学生通过阅读资料明确学习任务。教师可以通过设计有坡度、递进的任务，激发学生解决问题的学习欲望。设计好的学习任务单对于学生个性化的差异发展具有极大的促进作用，更能从学生完成任务时生成的问题和素材中即时寻找具有活力的教学资源。以下是小王老师在高中《中国地域文化》教学中的任务单设计。

发放学习任务书,让学生以小组为单位用学到的方法讨论其余文化区的文化景观特点,并分析特点产生的原因。学生讨论时,教师要参加,了解学生对方法的掌握情况。

第一组:东北黑土文化区、华南妈祖文化区

同时展示出两个文化区的服装、饮食、民居、交通工具、民俗等图片,请拿到该任务书的小组选代表分析形成以上文化特色的原因,从先结果后原因的顺序考查学生是否掌握了对文化区的学习方法。

第二组:黄土高原文化区、四川盆地文化区

展示两个文化区的自然环境,首先引导学生结合图片分析地形特点和气候条件,请拿到该组任务书的小组选代表汇报这两个区的文化景观特点,并说明形成的原因,从先原因后结果的顺序考查学生对方法掌握的熟练程度。

第三组:内蒙古草原文化区、云贵高原文化区

投影展示文化景观和文化区的组合,如"云贵高原的传统民居是蒙古包""内蒙古草原服饰特点是多姿多彩的少数民族服饰""云贵高原的饮食以肉食、奶食为主""内蒙古草原地区湿度大、云雾多、日照少",请拿到该任务书的小组分析组合是否合理,并且说出正确的组合形式以及原因,通过试错法巩固学生的学习方法。

第四组:新疆荒漠—绿洲文化区、青藏高原文化区

利用Flash动画展示两个地区的服饰、饮食、民居、交通工具、艺术民俗等图片,请拿到该组任务书的学生在电脑上把文化现象放进对应的文化区中,并且解释原因。让学生用自己的语言完整地描述文化景观和自然环境的关系,锻炼学生口头表达能力并考察对方法的运用。

初中学习任务单设计与高中不同,以下是小张老师对于《垃圾管理》教学的任务单设计。

新闻《洋垃圾:从哪来回哪去》你怎么看?

一、垃圾的危害

学习任务一:

思考:垃圾会产生哪些危害?

垃圾会对环境和身处环境中的人类产生不良影响,垃圾要及时处理。

传统的垃圾处理方法有哪些呢?

目前,世界上普遍使用且已形成工业化生产的城市固体废物处理法,主要有:卫生填埋法、堆肥法和焚烧法。(简单介绍)

利用传统的垃圾处理方法,我们解决了一部分问题,也带来了一些新问题。

垃圾数量不断上升(出示两张图),垃圾来得及处理吗?

"垃圾围城"现象不断出现。

二、垃圾分类

分类减量:为什么分类了,就能把垃圾量减下来?

分类减量,除了把垃圾量减下来,还有哪些好处?

好处一:有些有毒有害垃圾使用传统处理方法,会使污染加剧,分类后可特殊处理。

好处二:有很多垃圾是有利用价值的,"垃圾是放错地方的资源"。(你怎么理解这句话?)

学习任务二:

大家知道下列哪些垃圾用传统的处理方法是可能造成污染加剧的?

下列哪些垃圾你认为是"放错地方的资源"呢?

旧书、过期牛奶、废旧电视、干电池、塑料袋、泡沫塑料餐盒、旧衣服、啤酒瓶、旧家具……

传统垃圾处理方法的危害填空表

垃圾种类	传统垃圾处理方法(填埋、焚烧)下可能造成的危害

垃圾分类后的用途填空表

垃圾种类	分类后的用途

资料介绍:不适合传统处理方法处理的垃圾、电池的回收利用。

学习任务三：

将下列垃圾进行分类，并说出分类的依据。

垃圾分类填空表

	具体垃圾	分类依据
类别一		
类别二		
类别三		
类别四		
类别五		
类别六		

在不同的国家和地区，垃圾分类的类别是不一样的。

静安区是如何分类的呢？

静安区生活垃圾分类标志识记。

1. 玩具车　2. 报纸　3. 玻璃花瓶　4. 油漆　5. 过期药片

6. 很脏的塑料袋　7. 易拉罐　8. 鱼骨头　9. 牛奶包装盒

10. 橘子皮　11. 镜子　12. 尿布　13. 旧鞋子　14. 过期面包

15. 破裤子　16. 节能灯管

学习任务四：

按静安区的分类要求，再次分类。

外国垃圾分类情况介绍。

洋波小区垃圾分类介绍。

学习任务五：设计垃圾分类宣传语。

让我们共同携手，为我们自己生活的环境，作出自己的努力吧！

（二）与青年教师研讨教学研究

常有这么一句话，教师可以没有课题，但是不能没有教学研究。教师不研究，往往停留在教学经验层面，得不到理论的提升。通过教学研究，青年教师可以多学习教育理论知识，结合自己的教学经验、教学实践，梳理教学中的积累，寻找基于青年教师自身特点的教学规律，逐渐形成自己的教学风格。因此，我常与青年教师一起共同研讨，开展一些教学探索活动，并做好与理论对接，做好实践反思，而这往往有许多意外收获。以下是小张老师的一些心得。

随着二期课改中学生越来越多的自主学习机会,教师引导作用也日益凸显。那么教师怎样做好适当、恰当的引导呢?在教学实践中,我发现教师的设问非常重要。好的问题可以让学生将所学知识进行整合,培养他们综合分析问题的能力,或者能激发学生的想象,拓展学生的视野;而糟糕的问题只能是浪费时间。

一般情况下,课堂中的问题可分成五类:是何(是什么)、为何(为什么)、由何(由什么得出)、如何(怎样……)、若何(假如……)。而这五类问题中,"若何"类问题是最有趣的,因为此类问题往往没有固定的答案,学生可以从不同的角度回答同一个问题,不同的问答之间又可以互相补充、互相启发。同时,要回答好"若何"类问题,往往需要综合运用所学知识,这对学生综合分析问题的能力大有裨益。而且,特别对想象力非常丰富的初中低年龄段学生来说,此类问题又给予了他们充分的想象空间,很容易引起学生的学习兴趣,激发自主学习的热情。

但设计此类问题有一定的难度。既要有趣,让学生感兴趣,充分发挥想象,又要考虑到知识点的落实,让学生从回答问题的过程中受益。要兼顾到这两点,可不怎么容易。

在"世界地理"部分的教学中,我尝试了利用网络进行教学的方式,学习的内容是"澳大利亚"。在这堂课上,一方面,我让学生在我课前准备好的网络平台上浏览学习,给学生一些自主空间;另一方面,我也想尝试一下如何让问题更好地起到引导的作用,从而更好地引导学生进行自主学习。

在课上,我特别设计了几个问题,让学生根据问题去网络平台上查找资料,进行小组讨论,得出自己的结论。问题主要是:"假如你是到澳大利亚的第一批移民,你会如何选择?""有一位投资商希望在原材料丰富的澳大利亚投资办厂,你能为他出谋划策吗?要说出工厂选择的原材料是什么,厂址在哪里,并说出原因。"这些问题是非常典型的"若何"类的问题,没有一定的答案,但要回答出这些问题需要查找的资料范围基本上是一致的,这样的话,既可以让学生自由发挥,又能够完成事先设定的教学目标,一举两得。

因为这两个问题是开放性的,可以让学生有发挥的空间,所以问题一提出立刻引起不少学生的兴趣,他们在听清要求后立即展开资料的搜索工作。为了避免学生自由上网查找资料过程中出现"资料一大堆,有用的却不多"的现象,我让学生在我给定的教学平台上进行搜索。搜索范围缩小了,学生又是带着问题去搜索资料的,查找方向就比较明确了。找到有关资料后,学生之间展开讨论,经过交流和分析,每个小组最终都找到了他们心目中合理的答案。在这个过程中,教师起到的作用,更多的只是引导而不是单纯的传授知识、给予答案。学生有了更多的机会主动学习、参与学习。同时,这两个问题巧妙地把各知识点串联起来,把学生需要掌握的澳大利亚的位置、地形、气候、资源、工业、农业等知识点一一点到,让学生在回答问题的同时,也培养了综合性分析问题的能力。以第二个问题为例,投资办厂要考虑原材料数量、来源、当地交通情况、消费者情况等多项内容,这就要求学生在大量资料的基础上进行分析整理,综合地考虑问题。这也显示了"若何"类问题相对于其他几类问题的优越性。更妙的是,这些知识点没有由教师直接道出,而是从学生的回答中引出的,学生在不经意间就掌握了这些内容。这比枯燥地讲述地形、气候等地理知识显得更为有效,也更易让学生接受。

在课堂教学中巧妙地运用"若何"类问题,可以使二期课改倡导的"学生自主学习""鼓励学生自主探究、敢于创新"更加充实,从而进一步体现教学的有效性。同时,学生综合性分析问题的能力也得到一定锻炼。更为重要的是,课堂的气氛更为融洽,学生更加投入。"若何"类问题还会不会有更多的作用呢?我想,这将是我进一步探索的问题。当然,这堂课只是一个尝试,在今后的教学实践中,我还会不断尝试,设计出更多更好的"若何"类问题。

(三) 与青年教师共商项目研究

虽然说没有科研项目也能进行教育行动研究,但是如果有了科研项目,在任务驱动下、在理论指导下、在情报检索分析下,开展教育实践和探索,对青年教师的成长则更加有利。通过实实在在的研究后,青年教师对地理教育的领悟会更加深刻。通过共商,青年教师只要明确了行动目标、方向和路径后,其研究往往会带来一个个惊喜。以下是严老师关于"在普美班进行地理开放式教学"的研究报告。

一、"开放式教学"探索研究的理论基础和背景

当前,如何对地理教育的过程进行优化,寻找更适合地理学科特点的教学方法是实施二期课改的关键。根据地理教育改革的实践,以学生的调查研究活动为载体的开放式教学是一种较为可行的途径。

开放式教学,包括:开放学习的空间,使学校、家庭、社会、大自然都成

为学生学习的空间；开放学习的时间，不以40分钟为限；开放学习的目标，不以知识为唯一目标；开放地理教学评价，不追求唯一目标的实现；开放地理教学内容，它来源于学科、社会、活动本身；开放地理教学方式，综合开展多种活动，包括有主题的调查研究活动。

调查研究的主题可以是多方面的，如"城市再生资源的开发与利用""我国的人口发展问题""小区文化建设设计""保护水资源""城市环境污染"等。这些知识与学生的学习生活、家庭生活、社会生活密切相关，都是学生需要学习并且能够学习的。

在这次开放式教学的尝试中，我选择了"城市环境污染"作为调查研究的主题。这是因为环境教育具有广泛性和跨学科性，开展环境教育的主要方法是将它渗透到校内外的各种活动之中，这就为"城市环境污染"的开放式教学提供了广阔的空间。

学生进行城市环境污染调查的地点是他们生活的城市——上海，以及学校所在的区域——静安区。上海市正朝着布局合理、产业结构优化、生态环境良好，国际国内适宜创业和居住的方向发展。静安区作为精品"双高区"，也将建设成我们这个国际大都市的中心商业商务区。这就对上海市，尤其是静安区的环境质量提出了更高的要求。以静安区的环境状况为主题的调查研究活动能使学生直观地面对城市的环境污染问题，更深刻地理解有关环境污染及其治理的教学内容，把地理教学从课内延伸到课外，不仅仅局限于书本上的地理知识，而且还能使学生主动关注生活中的地理以及与社会生产密切相关的地理，使地理教学内容从封闭走向开放。

此外，根据多元智能理论，人的智能是指：在实际生活中解决实际问题的能力，提出并解决新问题的能力，对自己所属文化提供有价值的创造和服务的能力。它具有多元化的特点，包括语言智能、逻辑智能、视觉—空间智能、运动智能、音乐智能、人际关系智能、自我认识智能和自然观察者智能。让学生有目的、有计划、有组织地开展调查研究活动，在课堂以外的社会和大自然中获取直接经验和及时信息，把抽象的地理知识形象化、具体化；并在调查中发现问题，综合运用所学的地理知识提出解决问题的方法；同时，在调查研究过程中不断选择、不断建构有价值的地理知识，把调查的结果用调查报告等形式表达出来。这样既锻炼了学生的语言智能、逻辑智能，也培养了学生的人际关系智能、自我认识智能和自然观察者智能，使学生通过体验学习的过程而获得自主发展的能力。

逸夫中学普美班是在华山美校的基础上创办的普通高中班，学生们具有深厚的美术功底。针对这一校情，基于多元智能理论，在高中阶段的地理学科教学中整合美术教育，让学生在学习绘画设计的基础上用漫画和广告设计的形式表达调查结果，既能够提高学生的学习兴趣，同时又能够培养学生的视觉—空间智能。

二、"开放式教学"探索研究的目的

本次研究是对开放式教学的实践，通过以"城市环境污染"为主题的调查研究活动，尝试着把地理教学从课内延伸至课外，把教学内容从书本扩展至社会，提高学生学习地理的兴趣，培养学生具有搜集地理信息和利用地理信息的能力、分析解决地理问题的能力。

让学生在对静安区及上海市的环境污染的调查过程中，了解静安区的环境历史与目前的环境现状，并能运用所学的地理知识初步探求环境污染的来源和防治措施，有利于提高学生的环境保护意识，从而树立正确的人地观，理解可持续发展的真正含义。同时，在以小组为单位的调查研究活动中，培养学生的团队合作精神和人际交往能力；并且，让学生用漫画或广告设计的方式表达调查的结果与宣传环境保护，能够帮助学生提高创新能力和绘画技能。

三、以"城市环境污染"为主题的开放式教学的实施过程

（一）知识准备阶段

学习环境污染及其防治的基本知识。理解环境污染的含义，环境污染按环境要素和污染物形态的分类，环境污染的危害，产生环境污染的原因及其基本的防治措施，等等。

上网查找或查阅书刊，寻找有关上海市和静安区的环境历史及环境现状的资料。

（二）分组调查阶段

把两个普美班分成五个小组，分别对静安区的绿地和建筑物密度、空气和噪声污染、垃圾分类处理以及光污染等状况进行调查。

第1组由华、谭同学带队去静安区环保局了解本区的环境现状。学生们到静安区环保局去了两次，通过访问调查的方式了解静安区在环境治理中取得的成就以及目前存在的环境问题，并完成了"静安区环境污染情况及其防治"的访问报告。

第2组由潘、胡同学带队对静安区范围内的城市绿地和建筑物密度

进行调查。该小组又分成了两个小队,一个小队负责调查静安寺及曹家渡附近地区,另一个小队负责调查南京西路、成都路高架与北京西路交接处等地区。同学们走街串巷,寻找静安区的大型绿地,在静安公园、延安路高架附近、青海路、昌平路等地区找到了大型绿地,又在静安公园、曹家渡、静安区体育馆附近等地区找到了一些小型绿地,他们把这些绿地标注在静安区地图上。同学们通过进一步访问调查了解到,至2003年底静安区现有绿地面积693500平方米,其中公园绿地39200平方米,街道绿地224400平方米,居住绿地201500平方米,绿地率为9.1%,人均绿地面积2.09平方米/人。在调查过程中,同学们还发现静安区的建筑物密度很大,房子之间的间距很小,有些楼层低的人家终年见不到阳光。

第3组学生由李、吴带领调查静安区的噪声污染与上海市的空气状况。该小组安排两位同学记录3月17日—27日上海市的空气质量,收集到的空气污染指数(Air Pollution Index,简称API)如下:

3月17日—27日上海市的空气质量情况表

日期	3/17	3/18	3/19	3/20	3/21	3/22	3/23	3/24	3/25	3/26	3/27
可吸入颗粒	91	48	51	44	34	52	63	79	60	69	69
二氧化硫	48	19	28	21	19	23	27	31	36	47	47
二氧化氮	46	20	27	27	29	42	46	63	39	44	44

据统计,在这11天时间里,空气中可吸入颗粒物平均值为57.2微克/立方米,二氧化硫排放量为31.5微克/立方米,二氧化氮排放量为38.8微克/立方米。空气质量基本达到良好水平,但有些天可吸入颗粒物和二氧化氮的排放量较大,空气污染比较严重。

此外,该小组还挑选了部分路口进行车流量与噪声分贝的调查,情况如下:

静安区部分路段车辆噪声情况

路段	汽车(分贝)	公交车(分贝)	助动车(分贝)
武宁南路长寿路	75	72	82
胶州路	78	80	74

(续表)

路段	汽车(分贝)	公交车(分贝)	助动车(分贝)
南京西路中信泰富	82	78	80
恒隆广场	82	88	75

静安区部分路段车流量情况

路段	汽车(辆)	公交车(辆)	助动车(辆)
新闸路	255	67	125
胶州路	310	95	65
恒隆广场	260	90	145
铜仁路	305	76	65

两份数据充分说明静安区的环境质量有待进一步提高,要尽快调整产业结构,优化能源结构,尤其是要控制助动车尾气的排放。

第4组的组长是徐和朱同学,他们组织同学去静安区环卫局访问调查,上网查阅有关资料,深入居住小区了解垃圾分类情况。在调查中,学生了解到静安区日产垃圾320吨、粪便200吨、其他200吨,而小区日产垃圾1吨左右。静安区的垃圾分类应该做到区分生活垃圾和有害垃圾,而事实上,多数小区只做到了除玻璃、废电池以外的垃圾的袋装化,并没有做到真正意义上的垃圾分类。这样做不但污染了环境,还浪费了可再生利用的资源。据统计,上海的垃圾再生利用价值可达5.6亿元,可见垃圾分类的必要性。另外,自从上海规定不许用泔脚喂养猪以后,餐厨垃圾的自然平衡被打破了,现在除焚烧外,主要是把餐厨垃圾加工成有机肥加以利用。学生们在经过调查以后认识到了垃圾分类的重要性,希望能通过加强宣传促使人们自觉实行垃圾分类,使我们生活的环境更加美好。

第5组学生在能干的严同学的带领下进行了城市光污染的调查。他们通过实地调查、上网查阅、访问有关人员等方法了解到光污染分为三类,包括彩光污染、人工白昼、玻璃幕墙等。彩光污染多指舞厅中使人眼花缭乱的灯光,它会对人的眼睛造成伤害。人工白昼指的是夜晚繁忙街区中的如同白昼般的灯光,学生在南京路、北京路、静安寺附近做了实地调查,晚上8—9点时,大量的霓虹灯照耀着街区,使整个街区如同白昼,天上的星星显得黯淡无光。而玻璃幕墙污染则会干扰行人的视线,带来交通事故隐患。学生们希望人们能够重视光污染的危害,提出了使用生态颜色和环保玻璃幕墙的口号。

（三）分组讨论与汇报调查结果阶段

这一阶段学生们在组内交流自己的调查结果,并把自己在调查中感触最深的环境污染问题画成一幅画,贴在教室里展出。各小组在交流讨论的基础上完成调查报告,并为"环境污染及其防治"这节课的教学做好准备。教室墙壁上的有关环境污染的漫画冲击着学生的眼睛,整个教室都变成了强有力的学习工具,为开展环境污染教学营造了浓厚的学习氛围。

（四）课堂讨论与广告设计阶段

在分组讨论的基础上,每个小组派代表在课堂里畅所欲言,介绍自己小组的调查成果。本阶段使学生们体会到了当老师的感觉,当他们把调查的结果介绍给大家的时候,就会更加深入地理解所学的地理知识,提高学习地理的兴趣。

为了巩固和扩大本次调查研究的成果,我结合普美班学生的特长,引导学生们用他们手中的画笔进行广告创意设计,并通过他们的作品呼吁每一个公民都投入环境保护的行列中来,自觉地爱护我们所生活的环境。

四、结束语

本次以"城市环境污染"为主题的开放式教学活动取得了较好的效果,在整个教学过程中学生能够积极、主动地学习,真正做到了师生互动、教学相长。开放式教学活动培养了学生搜集和利用地理信息的能力、分析解决地理问题的能力,具有对人类环境深刻的理解能力、一定的地理研究能力和创新能力、人际交往与团队合作能力。同时,本次开放式教学活动还发挥了学生的特长,创作了一批有关环保的漫画作品和广告设计,提高了学生的创新意识和绘画水平,使学生成为关心社会、关心生态环境、关心可持续发展,并能在环境保护中积极承担责任的人。

经常有这样一种说法,职初青年教师首先需要站稳课堂,因为只有能够有效驾驭课堂后,才能针对自身教育教学的困惑提出课题申请,开展课题、项目研究。但在这个快速变化的时代,时间尤其宝贵。职初青年教师如能勤奋施教、用心钻研,照样可以开展青年教师课题研究,通过这些课题深层次研究和实践探索、理论引导,能够更好地设计"教学""教育",并走在其他青年教师前列。小高老师从事高中教学第一年就设计、探索了

"生活地理微视频在教学中应用的研究",以下是课题报告部分节选。

一、研究背景

（一）关注贴近学生生活的地理,让地理知识服务学生的生活

20世纪初,美国教育家杜威指出:学校的最大浪费是学生在校接受一种脱离生活的教育。教材编写者说:"我国过去的地理教材内容,大约有三分之一的内容和知识,学生学过以后从来就用不到。"

教育部颁发的中学地理课程标准,提出的地理教学基本理念中"学习生活有用的地理,学习对终身发展有用的地理",旨在倡导地理教学生活化,即生活地理,是以生活为逻辑起点,以生活为中心和基础,最终以生活为归宿的地理知识。

在新高考制度的指导下,地理学科将更加受到重视。学习对生活有用的地理,不仅有利于学生从容地应对生活中的困难,解决生活中的问题,增强生活的能力,提高对未知环境的适应能力,更大程度地满足生存的需要,而且对当今综合素质人才的培养也是十分重要的。

（二）借助微课程教学,促进学生个性化需求和学习方式转变

在移动终端日益普及、开放教育资源蓬勃发展与优质学习资源亟须建设的背景下,微课程逐渐成为热点并在实践层面上出现了众多尝试。微课程(Micro Lecture),最早是由美国新墨西哥州圣胡安学院的高级教学设计师、学院在线服务经理戴维·彭罗斯(David Penrose)于2008年秋首创的,是指运用建构主义方法形成的、以在线学习或移动学习为目的的实际教学内容。国内学者胡铁生认为微课程是指按照新课程标准及教学实践要求,以教学视频为主要载体,反映教师在课堂教学过程中针对某个知识点或教学环节而开展教与学活动的各种教学资源有机组合。在新型的"翻转课堂"教学流程中,供学生自主学习的教师授课的微视频成了学生自主学习不可或缺的重要组成部分。黎加厚教授认为微课程是指时间在10分钟以内、有明确的教学目标、内容短小、集中说明一个问题的小课程。

微课程建设的意义:首先,微课程最主要的目的是满足学生个性化需求,提供适应性学习环境,依托信息化平台优势,微课程能实现根据每位学生的基础和认知特点,寻找最近发展区,推送不同微课程视频和资源,提供不同的学习策略和学习过程;其次,微课程促进学生学习方式的改变,我国中长期教育改革和发展纲要指出,信息技术将对教育产生革命性

影响,微课程基于先学后教、远程学习、满10分进级,被国外学者称为"翻转课堂",是学习方式变革的一种尝试;再次,微课程能提升教师课程开发能力,课程开发意识和能力是新课程对教师提出的要求,微课程赋予了教师课程开发的权利和可能性,教师可以结合学科内容特点、教材的自我理解、学生兴趣进行统筹考虑后参与开发,以此激发教师主体意识,为微课程注入鲜明的个性特征。

(三) 生活地理是微课程实施的优质载体,微课程是生活地理普及的助推器

微课程以视频为载体,在较短的时间内集中说明某个问题,有助于学生根据自身情况个性化安排学习进度,同时借助视频的微课程突破了传统课堂教学在时间和空间的限制,使学生生活的随时随处都变成了课堂。生活地理问题在微视频中恰当地出现,在丰富微课程内容的同时,及时地解决了学生的困惑,有效地提高了学生学习课程的积极性,是微课程实施的优质载体。

生活地理是地理教学的基本理念,实用的内容有助于学生解决生活中的问题,促进学生综合素质的提高。作为"翻转课堂"重要环节的微课程,给学生提供了在课堂之外接触生活地理的机会,有助于学生独立感悟、思考生活中的地理现象,发挥主观能动性寻找解决地理问题的方法。微课程的运用提高了学生学习生活地理的参与性,有效地调动了学习的主动性,是生活地理普及的有力助推。

从21世纪之初,由于国家统一的课程不能完全适应地方的培养目标以及学生个性化发展的需求,课程改革就在全国展开了,经过十多年的发展,关注生活中的地理知识与问题,开发适合学生发展需求的生活地理课程,结合国家中长期教育改革和发展规划,认识到信息技术对教育发展的革命性影响,注重信息技术在地理学习中的应用,被认为是提高学生综合素养、适应时代需求的必然要求。

众多的实践研究表明,贴近生活中的知识和问题开发地理课程,可以激发学生对地理学科的兴趣,培养学生运用所学知识解决生活中问题的能力,树立关注生活环境的意识,有助于增强学生的地理学习能力和生存能力。以微课程为代表的信息技术在学习中的应用,对地理教学产生了积极的影响,能够满足学生个性化的需求,促进学习方式的转变,并且提升教师的课堂开发能力。

对生活地理的探索研究在如火如荼地进行,诸多学者提出了策略。在生活地理领域,可以在教学目标的设计和教学评价中体现生活化,在教学设计和教学过程中,挖掘教材中的生活因素,利用学生的生活体验和生活环境,结合热点问题和乡土地理,利用互联网展现地理现象,创设问题情景,开展探究性学习,实现地理知识的应用和实际问题的解决。研究者们也发现生活地理教学实施过程中部分教师存在一些问题,如思想观念上存在偏差,对生活化教学资源的开发力度不够,对地理生活化教学资源的筛选及分析把握不准,这都需要不断地改进。在微课程方面,需要精心地进行课程设计,依照微课程设计的五步骤和17条建议保证微课程核心资源微视频的质量,充分、高效地利用微课程资源,在"翻转课堂"过程中发挥重要作用,在实现学生学习方式转变的同时满足每个学生的个性化需求。但是微课程开发过程中也面临一些突出的问题,比如微课程作品质量还有待提高,微课程点播平台有待完善,微课程的应用模式及效益亟待提升等,依然需要时间去探索。

二、研究意义

运用微课程手段开展生活地理教学,在学生层面,能够借助信息技术促进学生了解生活地理知识并解决生活中遇到的地理问题,提高学生学习地理的主动性,满足学生的个性化需求。微课程建设和生活地理教学实施相结合,可以利用对方之所长,有效解决微课程开发中视频质量不高和生活地理实施中教学资源开发不够等问题。然而结合这两方面进行的实践和研究还很少,因此本项目期望在前人的研究基础上,以微课程为手段,探索实施生活地理教学的新途径。

三、研究方案以及目标

(一)研究目标

(1)分析学生和学习内容,针对难懂和枯燥的内容结合生活地理进行课程设计。

(2)运用微视频技术突破教学难点和枯燥的学习内容。

(3)培养学生学习的自主性,养成从生活中挖掘地理知识和运用所学知识解决生活中地理问题的能力。

(4)引导教师提高现代化教学技能和实用性教学设计的能力,以培养学生良好的学习方法和生活的适应能力,提高教学素质和教材的开发能力。

(二) 研究内容

(1) 对学生学习情况和地理教学内容进行研究、分析。

(2) 关于基于生活地理教学设计的微视频技术的应用。

(3) 探究运用微课程进行生活地理教学对学生的学习习惯和教学效果的影响。

(三) 研究方法

(1) 文献查阅法。生活地理教学和微课程建设在全国已经进行多年,研究者也发表了诸多重要的文献资料,有很重要的参考价值。

(2) 观摩学习法。对于生活地理的教学方法和微课程的制作技巧,可以向校内其他教师观摩学习,也可以向校外其他名师观摩和请教指导,然后总结运用微课程实施生活地理教学的方法。

(3) 调查法。通过书面的调查和座谈的形式,分析学生学习的实际情况作为研究的实际依据,制定相应的研究计划,并能根据学情的特点,有计划、有步骤、有方法、有目标地实施教学与研究。

(4) 教学实践法。运用微课程进行生活地理教学,教师在课前需要经过充足的备课,挖掘教材中生活地理的内容,并以此为素材制作高质量的微课程视频,通过教学实践来发现问题和总结经验,不断地补充和完善,教学实践是研究的必要环节。

谁没有年轻过?我们需要动态地看待"青年",你的"青年"不等于年人的"青年",当年的青年教师特征与今天的青年教师特征有极大的差异。"娴熟的现代信息技术""互联网用户至上的思维"已成为这代年轻人的符号。与青年教师一起,可以变得更加具有活力,也由于需要动脑,激活了大脑诸多的"存量"。由此观之,我们与青年教师一起共商、共研地理教育教学,是一件双赢的美妙事件。

附录

基于生活的地理课程资源开发与实施的系列研究

一、成果针对的问题

一是地理教材联系生活的资讯滞后或者案例时效性不强,教材无法及时纳入社会热点与时代焦点,如教材中关于中国宇宙探索的案例还仅是杨利伟先生等。二是地理教育资源脱离鲜活的生活环境,无视身边的地理,忽视了地理资源的校本区域性差异,如市区与郊区。这两点往往难以激发学生学习的兴趣,无法引起学生的话题共鸣,也无法让学生体悟到地理学科的魅力所在。三是地理教育回归生活的渠道窄化,生活地理渗透地理教育渠道不够,同时,地理走进生活的课堂形式单调。四是地理教育贴近生活没有立足于未来公民的地理视角素养培养,而是仅仅为了试题的命题所用或者为了解决知识的难度分析,没有面对学生作为完人的终身发展。三、四两点难以实现地理的"高效课堂""人的课堂"。五是一位教师或者一所学校的地理学科探索往往不是持续探索或者聚焦于某一方面的问题展开系列的研究与实践,不利于学科文化的传承,更谈不上学校学科特色的建设。

二、研究的方法和过程

本人曾是区教研员,一直以来得到上海市地理专家的悉心指导,曾主编区乡土地理教材,为全区学生所用,体验过科研成果分享的幸福感。本系列研究是一个持续不间断长达十年的研究,后者是在前者的基础上开展,彼此无法割裂。整个研究过程大致经历了四个阶段。第一阶段,运用文献法、调查法、观察研究等方法展开对"课改背景下地理课程资源开发的思考"的研究,完成以此为主题的区级课题,课题成果发表于《上海师范大学学报》上,并被人大复印报刊资料收录;这一阶段的重点是挖掘地理课程资源的价值和梳理分类并初步实践。第二阶段,运用案例研究法、思辨研究、行动研究等方法开展"基于生活利用地理专用教室培养创新人才的实践研究",完成上海市普教系统名师培养工程市级课题,相关成果被《上海师资培训》发表;这一阶段的重点是地理课程资源对于学生创新素养培养的探索。第三阶段,运用文献法、内容分析法、叙事研究法、教育解释学研究等方法聚焦于生活地理课程资源的研究,相关成果《生活地理新视角》个人专著由上海教育出版社出版;这一阶段的重点是立足于公民地理视角素养汇总分析时代背景下的生活地理及其对于地理教育走进生活的展开分析。第四阶段运用行动研究、叙事研究、访谈等方法,开展"基于生活的高中地理教育设计的实践探索",一方面进一步丰富生活地理课程资源,另一方面展开基于生活地理的教育实施研究,其主要的思考和实践要点在静安区"轻负担、高质量"国际级课题的论坛上面向全区作主题汇报;这一阶段的重点是生活地理课程资源的再梳理以及基于其的教育实施。

三、成果要点

(一) 个人专著发表

本人参与上海市首批名师培养工程培训,以"生活地理新时代的视角"为话题成功申请上海市名师培养成长文库撰写项目,最后成果《生活地理新视角》由上海教育出版社出版发行。全书分绪论(生活中处处存在有用的地理)、思想篇(关注对生活有用的地理,分4个章节)、认知篇(认识对生活有用的地理,分鉴赏类、生活类、产业类、综合类四类,合计16个章节)、教育实践篇(分7块内容,附录案例)四部分,成为上海市各学校收藏的地理教育学习资源。

(二) 论坛交流与论文发表

在静安区"轻负担、高质量"国际级课题的论坛上,本人主题发言《地理教学因走进生活而增值》,全面阐述了地理课堂因走进生活而延长了课堂的长度、拓展了课堂的宽度、挖掘了课堂的深度、增加了课堂的密度,进而实现课堂增值,《文汇报》《新民晚报》以及多家网络平台进行了相关报道。以论坛发言为基础的文章《地理课堂走进生活的教学探索》由国家级专业核心期刊《地理教学》杂志发表。其他研究文章如《航天中心选址探究》《地理视角观夏季奥运》《地理反制的魅力——谈钓鱼岛》等发表于《地理教育》等刊物上。

（三）校本教材开发

在实地调查的基础上，结合校本地理课程资源，查阅文献，开发了系列校本教材。结合每年组织的高一年级东方绿舟军训开发了《地理视角观东方绿舟》，发挥民立中学毗邻中国历史名街的优势开发了《陕西北路——文蕴探奇》。在民立中学110周年校庆之际，挖掘学校厚实的历史、文化资源，以地理视角审视之，编著了《民立文化地理》，对民立中学的空间历史变迁，民立中学上海优秀建筑（老洋楼）的建筑风格欣赏，学校左邻右舍的优秀建筑和石库门文化以及延安路、威海路的历史变迁等一一作了探析。源于生活的以上文本资源，在国家级课题调研会上受到区域领导、专家的肯定和鼓励。

（四）教育实践探索

探索基于生活地理课程资源积累实施教育的途径和方法设计，开设上海市和区级公开课，如"高三澳大利亚复习再探""从身边的天气系统说起"等，逐步提炼、梳理形成了基于生活问题的地理教育设计等三个原则（理趣原则、启发原则与校本原则）、四项策略（资源整合策略、师生共营策略、传承创新策略以及系统迁移策略）、三条主路径（含课堂教学的六条路径）。公开课案例被选入《静安区课堂增值案例选》。同时，地理组联合政治学科，基于生活地理创设了"模拟联合国""印象中国""地上说政"学校人文节品牌活动项目，提升了学科魅力、地位和价值。在学校市级课题进展对外推介会上地理教研组长作《基于生活的地理活动设计》主题发言。在延安中学举行的华东地区地理名师论坛上本人作《基于生活的有效地理教学探索》主题发言。

（五）助力学科教育科研

由于在生活地理课程资源开发上厚实的历史基础，近两年民立中学地理又成功申请到了上海市信息技术与学科整合的科研项目"个性化背景下基于生活的地理碎片化阅读平台的建设研究"以及华东师范大学的立德树人项目"培养学生生活地理视角提升公民素养的实践研究"等，为学校地理学科教育可持续发展开启了未来更加美好的前程。

四、实践成效

学校地理组开展基于生活的课程资源开发和实施的校本研修活动,形成了相关文本。在上海市教研室对静安区教育督导活动中,作为区域唯一的教研组活动项目接受地理同行专家的检阅,受到极大的褒奖。多年来,学校高中地理备课组多次被评为校优秀备课组。在静安区优秀教研组评比中获得"优秀教研组"称号,也是区域仅有的两个优秀地理教研组之一。

《生活地理新视角》一书被评为上海市图书奖二等奖,课题"课改背景下地理课程资源开发与实践""利用地理专用教室培养创新能力的思考与实践""基于生活问题的高中地理教学设计的实践研究"分别获得静安区第九届、第十届、第十一届科研成果二等奖。科研成果在多个场合的市、区、校层面论坛作主题发言。以此为话题,本人多次为崇明县、静安区的地理教师、高三加试地理考生以及静安爱心学校作公益讲座。

基于生活地理课程资源的学校地理教育,受到家长、学生的肯定。每年选修高三地理学生多,每年地理环保 Green 小组参与学生积极性高,每年人文节地理品牌活动项目已成为学生期待,等等。一批学生的小课题研究如"石库门密码""静安区骑行路线选择"等课题在上海市英特尔青少年科技大赛上获得二、三等奖。走进生活的学校地理课堂效益显著,以今年地理高考为例,据教研员论坛会上交流获悉,由本人执教的民立中学高三地理班以班级均分 122 分名列全市(超过 10 人班级)前三名,最高分学生以 140 分成为全市仅低于 141 分的第二名;大家认为不可能进入本科的王同学,凭借地理 123 分优势,以总分 385 分的成绩超过上海市本科分数线 372 分进入大学(这是我最感到做教师有幸福感的事情之一);尤其值得一提的是,受我启发、指导的"3+1"地理考生小郭同学考进清华大学,为我的地理教育生涯添上了浓重的笔墨。

五、创新价值

通过系列研究与探索,深化了生活地理课程资源的价值认识和实践探索。

基于生活地理的"理趣施教"思考与实践,拓展、丰满了地理教育的渠道和方法。

立足于培养未来公民的生活地理视角素养培养出发,在面向学生的终身发展实现突破。

上海市民立中学　姚伟国
2015年乙未年秋于陋室

(本成果2016年荣获上海市教育科学研究院第五届学校教育科研成果一等奖)

后记一

生活地理与地理生活化

教学30余载,关于"生活地理"和"地理生活化"问题熟视而已,未加深入思考。今天仔细思量,两者无论外延还是内涵,存在的差异还是比较明显的。

"生活地理",也就是"生活中的地理",是一种自然或者社会的存在,是一种没有经过加工的天然存在,只要稍微有一点地理概念的人,都能感知到、意识到,只不过不同的人可能感知有差异性。"地理生活化",则是将地理作生活化编排,是需要人工加以改造的,加工者多数为地理教育工作者,也有师生共同加工的"产品",目标或是拉近教材和学生的距离,或是激发学生的兴趣,或是更好地进行实践活动。"生活地理"是人的"终身伴侣",而"地理生活化"则多数为校园中的"美好故事",当然,我们也希望"故事"能够延续。

"化"字从甲骨文字形(𠤎)来看,左边是一个面向左侧站立的"人",右边是一个头朝下脚朝上倒过来的"人",它是一个会意字,表示"颠倒了"的意思。"颠倒了"就是发生了变化。朱熹说"化"是渐变的完成式,为质变。《中医基础理论》中描述的"化"则是量变,"变"才是质变。不论两种关于"化"的解释如何相左,两者都有"变化"之意。将地理知识作生活化处理,需要有选择性的眼光以及智慧性的加工能力,将天然存在的生活地理,创新加工为学与教的载体、手段、目标。生活地理弥漫在人的生存环境之中,地理生活化则更多的是将生活地理带进地理教与学的过程中,或者将地理大课堂带入生活之中去学与教。

无论生活地理,还是地理生活化,内涵都具有动态性特征,两者只是随着生活地理视角素养的提升而发生变化。小学生乃至更小的孩子,学过一点自然常识,都知道每天的天气预报中有地理知识,但高中生、成人看天气预报获取的地理资讯则更多。不同的人,生活地理视角素养差异决定着他对生活地理关注面、关注度以及诠释能力的差异,也会影响一个人对世界的欣赏、对重大事项的科学决策能力(如水库修建、环保测评、产业布局)等。周游世界的人看到的世界一样吗？答案是否定的,即使面对相同的地理环境和游玩过同样的地方,一些人仅仅看到了某一事物或者现象的存在,而另一些人还看到了它们生存和发展的生态环境组合和要素关联,并能很好地加以诠释。地理生活化一方面培育、提升生活地理视角素养,让学生终身受益;另一方面"化"的力度与效能,也与教与学主体的生活地理视角素养有莫大关系。更优的生活地理视角素养,有助于教与学主体选择更优的"化的视角""化的内容""化的形式"等,"化"是动态的。

  生活地理和地理生活化,按人的先后接触来说,简单表述为"生活地理—地理生活化—生活地理"的过程,其间也含有"由近及远、由远及近"的意境。对于地理教育工作者来说,生活地理和地理生活化两者可以统一起来,平时积累更多的生活地理,可以更从容开展地理生活化教学活动。就任务目标而言,开展地理生活化活动,是一个师生当下的近的目标任务,而地理与生活相融理念、生活地理理念及其视角素养则是愿景、远期(长远)任务目标。地理教师的使命是培养未来公民拥有良好的生活地理视角素养。

后记二

教学科研让地理教师的工作更有意思
——悠悠教改探索心路

走上教师岗位14年后暨两个从教"七年之痒"后,我选择了民立中学,并由行政转型回到教师岗位原点,投入地理教师教学一线,那里距离学生近,每天都会有"变数",而这些"变数"让我十分期待。地理是横跨自然和社会领域的一门学科,自从《敦煌变文章·伍子胥变文》中"吴国贤臣伍子胥,上知天文,下知地理"开始,掌握地理知识便是"知识渊博"的必备条件。但很长时间,中学地理给多数人的印象是"地名+物产"。我则认为地理探索涉及宇宙、地球环境、人地关系、人类微宏观生存世界等方面,以独特的时空视角诠释神秘世界,充满了学科魅力,并有助于人类欣赏这个世界。我为从事地理教育而感到幸运。今天,站在讲台上,要让学生觉得地理学科、地理学习有意思,我想首先要让地理教师感到自己的工作有意思,这是基础又是关键,而科研是主要推动力之一。

2005年我主笔申报并获批区级课题"二期课改背景下高中地理开放性教学的思考与实践",就"高中地理教学内容的开放性教学实践、教学时空的开放性教学实践、教学方法的开放性教学实践、训练系统的开放性教学实践"展开实践研究,其实目标还是让地理学习更有意思。在本课题研究过程中,有四件事我难以忘怀。第一件事是老教师的支持和鼓励。当时学校的副校长束老师鼓励我"大胆假设,小心求证";时任上海市教研员裘老师对课题研究关键词的界定、课题报告的修改做了大量指导。第二件事是学农中打造的地理学习平台。除了在课堂教学中融进情景、热点进行案例教学、变式教学之外,寻找更多的地理活动平台也是我的思考之一。当年高中地理是高二课程,而学农是高二社会实践项目。在目睹民立中学四五位教师晚上在蚊虫飞舞、相当拥挤的教室中监督学生练习英语、数学时,我思考如何解放教师、解放学生,让他们开心一些,哪怕一个晚上。我和我的团队整合学农基地大礼堂空间资源和时间资源,在2005

年的学农中首次开设"上知天文,下晓地理"的地理知识竞赛。由于竞赛题加入了时代元素、体育与文化元素等,又有表演环节、猜谜和练眼力环节,这一晚地理知识竞赛演变成了整个年级的晚会,学生、教师都十分高兴,比赛结束还意犹未尽。以后的每一年学农,地理知识竞赛都成为民立中学师生共同期待的项目,无论在哪里学农,地理团队都如期出席组织开展,前后坚持了八年之久。后来,学校还专门购置了抢答器,知识竞赛由单科竞赛转向综合竞赛。有关此项活动的设计与实施效果,我撰写《整合资源实施综合实践活动的探索》一文发表于《地理教学》(2005年第12期)上。第三件事是与青年教师共同成长。我来到静安区第二年,区教育局就聘我为青年教师导师,当年带的严老师,年龄与我相仿,我除了与她共研教学比武课(并获嘉奖)之外,还与她一起探讨课题研究。她工作十分认真,在学校精心设计实践活动方案,带领学生积极实施开放学习,其研究成果《关于"在普美班进行地理开放式教学"的研究报告》也发表于《地理教学》。如今的她是上海市示范性高中的地理骨干教师,区学科带头人能够见证优秀青年教师的成长是一件尤为高兴的事情。第四件事是成果得到肯定。当年课题主要成果之一《课改背景下地理课程资源开发的思考》发表于《上海师范大学学报(基础教育版)》(2006年第1期),并随后被中国人民大学复印报刊资料收录,这是对我及研究团队教育研究与实践给予的极大肯定。当年,学校推荐"二期课改背景下高中地理开放性教学的思考与实践"科研成果参与静安区第九届科研成果评比,获得二等奖。随着研究成果的"发酵"效应,慢慢地,全体组员也感觉到科研能够让地理教育工作更有意思。那一年,区里组织编写课题科研一书,我还以本课题的研究心路背景撰写了《课题研究方法》收录其中。

2006年我十分幸运,经过考核,进入上海市跨学科普教系统名师培养基地,成为基地16位学员之一(当年开始设置基地时没有地理基地),学员是来自全市各区的优秀青年教师,其中有5位地理同行。基地导师是数学特级教师、上海市跨学科研究专家、儒家文化的传播者刘定一先生,他在学生课题研究指导方面独树一帜。基地培训的方法也很独特,采用"导师讲座""师生对话与学员分组讨论""意见分享"等方法;并请来专家,如上海普教所的胡兴宏研究员、静安区教育学院院长张人利老师等;还带大家出去,如去中国人大附中听刘彭芝校长介绍人大附中的办学理念、教改实践等。学习半程后,上海市下文要求各基地学员申报专项"成

后记二 教学科研让地理教师的工作更有意思——悠悠教改探索心路

长文库"专著以及专项课题。当时,我在学校担任组长一职,此外还负责学校的学生课题研究指导工作、高三"3+1"地理班教学工作,地理班的人数已经达到35人,学校工作不轻松。刘导师展开"忽悠"攻势,积极鼓励,并指导在"本人兴趣、少有人做、贴近时代"领域思考。受他启发,有家人支持,还有区教研员陆鸿德先生、浦东李功爱先生的鼓励,2007年我大胆申报课题"利用地理专用教室培养学生地理创新能力的思考与实践"以及"成长文库"《生活地理新视角》,两个项目都获得通过,这也给我带来了极大的压力。2008年,北京举办奥运会,我专门撰写助兴文章《地理视角观夏季奥运会》发表在《地理教育》杂志上,但项目工作却不能一挥而就,因为这一年我的工作尤其"充实",开始负责全校的科研工作,策划、组织学校的教育教学展示以及统稿学校年终报告。然而一想到项目申报的不容易以及组织的期许,我开始了专著的撰写之旅。我担任教研员时,为学生主编过《奉贤区乡土地理》(上海教育出版社,2004年),有了这段经历,再把平时课堂教学中积累的资料整理出来,形成思想、认知、教育实践三篇,由认识、认知到实践,共分20个章节。该书近20万字,2009年由上海教育出版社出版,并在上海市图书出版评比中获得二等奖肯定。同时,"利用地理专用教室培养学生地理创新能力的思考与实践"课题获得进展。一批学生利用地理专用教室固定的空间,自由地思考,孵化出一个个学生课题,"石库门密码""太阳采光权探讨"等在上海市英特尔科技大赛中获得大奖。每年学校人文大赛,地理专场在地理室开展得有声有色,许多学生觉得地理很好玩,学习起来有意思,组室教师的教改意识也有大改观。相关的课题成果在2010年静安区第十届科研成果评比中获得二等奖。本人追求"生活地理,理趣施教"的风格逐渐成形,被静安区聘为区学科带头人。

2011年本人得到一个影子项目机会,跟随上海市普教所几位专家、教师先后走访了十多所特色高中和新优质学校,开阔了眼界,得到了现场点拨,对课改有了新的认识,更重要的是收获了友谊。近几年,民立中学地理组秉承"让地理工作有意思""地理教学走进生活"的理念和科研引领教育实践的传统,申报成功基于生活地理的研究课题,区级两个、区级青年教师课题两个,并在2015年申报成功教育信息技术应用研究项目"个性化背景下地理基于移动终端碎片化学习平台应用的研究",目前着力探索微信公众号"吾遥地理"的建设和对教育实践的效能研究。上海市民立中学地理教研组十分强调品牌建设,除了"吾遥地理"以外,"地上说政""Green 环保社团""陕西北路文化探索"等项目在区域内外影响力日隆,2014 年被静安区授予"区特色教研组"称号。

科研让地理教师工作更有意思,开花结果不仅在地理课题研究、地理活动开展上,更体现在有意思的课堂教学和学生的发展上。2012 年我在静安区国家级课题打造的"课堂增值行动"教育论坛上,作"地理教学因走进生活而精彩"主题发言,对此作比较全面的汇报,各网络新闻都有报道,相关的论坛内容以"地理教学走进生活的教学探讨"为题发表于《地理教学》上。2015 年民立中学高三地理班高考取得佳绩,一位追随三年的地理班弟子升入清华大学建筑系,这是对我们追求"科研让地理教师工作有点意思"的又一褒奖。2016 年组内青年教师小高在全国地理教学录像课和静安区青年教师教学比赛中荣获教学一等奖,并在静安区首届学术季"百名教师教学风采秀"上展示交流。2016 年本人主持、同人合作的"基于生活地理的课程资源的开发与实践的系列研究"科研成果获得上海市一等奖,并有幸在新静安区首届学术季"科研成果转化"论坛上就该科研成果及其转化作分享交流。

还记得,科研成果市评委专家说的一句话:"这是一项实实在在、很接地气的研究。"是的,这确实是一位一线基层地理教师持续多年教育探索的积累。

2018 年秋,本人幸运成为第四期"上海市普教系统名校长名师培养工程"攻关项目主持人。

最后,感谢我的导师赵才欣和刘定一两位特级教师,是他们的教导使我成为地理教育工作实践者与研究者,感谢陈胜庆教授为拙作撰写序言,感谢所有帮助过我的老师和一路携手走过的同人、团队、朋友,感谢我的学生,感谢教育局与学校领导,尤其感谢夫人、女儿一路相伴和支持。此书献给我所爱的人。

姚伟国
2018 年 10 月 18 日于康馨家园

图书在版编目（CIP）数据

横看成岭侧成峰：生活地理教育求索 / 姚伟国著. —— 上海：上海教育出版社, 2019.9
（静安"拨尖人才项目"人选教育研究系列丛书）
ISBN 978-7-5444-9160-0

Ⅰ.①横… Ⅱ.①姚… Ⅲ.①中学地理课 - 课堂教学 - 教学研究 Ⅳ.①G633.552

中国版本图书馆CIP数据核字(2019)第162288号

责任编辑　林凡凡
封面设计　陈　芸

横看成岭侧成峰——生活地理教育求索
姚伟国　著

出版发行	上海教育出版社有限公司
官　　网	www.seph.com.cn
地　　址	上海市永福路123号
邮　　编	200031
印　　刷	上海展强印刷有限公司
开　　本	700 × 1000　1/16　印张 14
字　　数	220千字
版　　次	2019年9月第1版
印　　次	2019年9月第1次印刷
书　　号	ISBN 978-7-5444-9160-0/G·7561
定　　价	58.00 元

如发现质量问题，读者可向本社调换　电话：021-64377165